THE NAZIS
纳粹警示录

[英国]劳伦斯 · 里斯——著
章程——译

A WARNING
FROM HISTORY

译林出版社

图书在版编目（CIP）数据

纳粹警示录／（英）劳伦斯·里斯（Laurence Rees）著；章程译．—南京：译林出版社，2020.4

书名原文：The Nazis：A Warning from History

ISBN 978-7-5447-8111-4

Ⅰ.①纳… Ⅱ.①劳… ②章… Ⅲ.①德意志第三帝国－历史－通俗读物 Ⅳ.①K516.440.9

中国版本图书馆 CIP 数据核字（2020）第 009649 号

著作权合同登记号　图字：10-2017-191号

纳粹警示录　［英国］劳伦斯·里斯／著　章　程／译

责任编辑　陈　锐
装帧设计　水玉银文化
校　　对　蒋　燕
责任印制　单　莉

原文出版　BBC Books, 2005
出版发行　译林出版社
地　　址　南京市湖南路 1 号 A 楼
邮　　箱　yilin@yilin.com
网　　址　www.yilin.com
市场热线　025-86633278
排　　版　南京展望文化发展有限公司
印　　刷　上海中华商务联合印刷有限公司
开　　本　652 毫米 ×960 毫米　1/16
印　　张　21.5
插　　页　4
版　　次　2020 年 4 月第 1 版　2020 年 4 月第 1 次印刷
书　　号　ISBN 978-7-5447-8111-4
定　　价　68.00 元

献给奥利弗、卡米拉和本尼迪克特

当你凝视深渊的时候,深渊也在凝视着你。

——尼采,《超越善恶》

目 录

致　谢

在此向以下诸位表示感谢。

迈克尔·杰克逊和马克·汤普森，作为英国广播公司(BBC)电视台的前后两任主管，他们使《纳粹警示录》和《世纪之战》这两部电视片得以最终问世，没有他们的支持，这些项目便无从谈起。

很多学者都为此书的撰写提供过帮助，首先我要特别感谢的是伊恩·克肖教授，在《纳粹警示录》和《世纪之战》这两部作品中，他承担了历史和文稿顾问的工作。克肖教授学识渊博、不吝赐教，他对这些作品成形所做之贡献难以估量，我对其感激之情也难以言表。除克肖教授外，还有以下学者对我提供了极大的帮助：克里斯托弗·布朗宁教授、罗伯特·塞尔维斯教授、约翰·埃里克森教授、戴维·格朗茨上校、弗拉基米尔·瑙莫夫教授、科利尔·安德森博士、于利·戈尔科夫上校、塞尔吉·斯拉克博士、斯福特拉纳·亚加斯切娃博士、亚历山大·楚巴利安教授、尼基塔·佩特罗夫、阿列克谢·利特文教授、塞尔吉·库尔特博士、于利·沙波瓦尔博士、沃尔克·里耶斯博士、克里斯蒂安·格尔拉克博士、安德尔吉·安格里克和彼得·克莱因。

本人亦有幸能和一个最高水平的电视片制作团队合作，其中，蒂尔曼·热姆是《纳粹警示录》电视片的副制片人，德特勒夫·西伯特是《世纪之战》电视片的副制片人，两位都是才华横溢的记者。担任助理制片工作的同人还有：萨利·安·克雷巴尔、苏·麦克康纳奇、科琳娜·斯图尔梅尔、玛蒂娜·巴拉佐娃、托马斯·拉希卡和亚历珊德拉·乌米格尔。在德国，也有很多人帮助我们进行了非常重要的研究工作，他们是：玛丽塔·克劳斯、弗里德里希·阿尔巴塔、斯图尔特·卢塞尔、曼弗雷德·奥尔登博格、马塞尔·朱斯和弗朗克·斯图克。在俄罗斯，艾琳娜·雅科夫列娃、玛利亚·柯德尔、伊莲娜·斯莫尼娜、斯坦尼斯拉夫·雷米佐夫、埃里克·舒尔、瓦雷里·阿扎里扬科、安娅·娜琳斯卡娅、玛利亚·娜鲁莫夫斯卡娅、玛利亚·米库索娃、瓦伦蒂娜·加尔萨诺娃、蒂尔德·马特维夫和维克多·比利亚科夫等人为我们做了大量的基础性工作。同样，在乌克兰，罗科索丽亚娜、泰拉斯·舒梅克也是如此。在波兰，旺达·克斯西亚给我们提供了重要帮助。在立陶宛，萨乌留斯·波尔基尼斯和阿莉西亚·扎克斯凯特完成了大量卓有成效的工作。

我还要感谢我们永远积极阳光的拍摄团队，他们是：马丁·帕特莫尔、布里恩·比芬（与理查德·曼顿轮流工作），他们和我跑遍了欧洲和原苏联地区，除了住宿条件有时比较艰苦之外，还要包容我的种种缺点。凯瑟琳·曼勒斯、阿德里安·伍德在胶片研究方面能力突出，而乔安娜·金则擅长图片研究。斯蒂芬妮·哈维和唐亚·巴切勒作为我的私人助手发挥了重要作用。此外，维尼塔·辛格·沃勒、劳拉·达维、哈利耶特·洛维和凯特·格斯特作为制片助理也给予了大力支持。安·加迪尼以及后来接任的雪莉·艾斯库尔特是我们整个团队的理事，我非常幸运地能与安·加迪尼共事十余载，在我看来，她的管理规划能力无人能及，她为这两部电视片做出了富有创造性的巨大贡献，我对此简直无以为报。

约翰·肯尼迪在这两部电视片的绘图工作方面表现出色，杰米·哈、阿兰·里格则在胶片编辑方面做出了突出贡献。BBC图书公司的谢拉·埃博曼、安娜·奥特维尔、玛莎·考特一直给我们鼓励，安德鲁·鲁恩博格则永远都能帮我们平复一切不顺。

我还要感谢我的联合制片方美国的A&E电视台、历史频道和德国的北德广播电视台，没有他们的支持，这些作品无法呈现出现在这样的效果。

当然，我还要感谢所有的受访者，他们的具体名字请参见本书的“亲历者名录”，他们所提供的历史记忆都是无价的财富。

谨以父爱之名将此书献给我的女儿和两个儿子。

导 言

只有回顾过去，生命才会呈现出某种思路。这对个人的生活来说是如此，对历史上的一些重大事件来说也是如此。比如说，我根本没有想到，在20世纪90年代初期开始《纳粹警示录》的创作时，这会是一个如此漫长旅程的开始。当时，柏林墙的倒塌使得可以在东欧获得新的史料，我也充分意识到了这对于该项研究的价值。在试图了解纳粹心理的过程中，我发现希特勒与斯大林的战争是一个极其重要的研究分支，于是我后来又干脆以此为题另行创作了一个脚本。历经数年，我撰写、制作并执导了这部反映纳粹主义与共产主义历史性战争的纪录片——《世纪之战》。

直到如今，我似乎才厘清了这项研究的全部思路，而在过去，我仿佛一直仍在思考。由此，我非常感谢BBC图书公司再版了我的这部《纳粹警示录》，并在原版的基础上，允许我并入了《世纪之战》的很多内容。因为我认为《世纪之战》中的史料（尤其是“不同的战争”这一章）非常生动地展示了纳粹主义的实际后果。我曾游历了俄罗斯、白俄罗斯、乌克兰，也曾听说了纳粹占领时的故事，这些都使得我更深刻地了解到希特勒世界观的本质——从来就无须悲悯，生命充斥着达尔文主义式的斗争,弱者理当受难,因为这本来就是他们的命数。

当然,把一本书与另外一本书混杂在一起,有可能会出现一些问题。有些问题很容易解决,比如信息重复的问题,关于这一点,我对全书重新做了编辑,以防同样的信息出现两次。同时,有些地方的观点我现在已经有所改变,于是我在原版的基础上又进行了修正,特别是纳粹的"最终解决方案"源起的部分。尽管如此,仍然还有一个问题:我把主要的关注点放在了东线战场,也听说了很多苏联老兵的故事,这使得书作可能会让人产生"西线战争无关紧要"的错觉。据此,我需要在此强调一下,这绝非我的本意。我从小就是听着第二次世界大战中英国和美国军人英勇捐躯的故事长大的。我的父亲曾服役于英国皇家空军,而我的叔叔则曾在大西洋护航运输队服役,因为遭到鱼雷攻击而牺牲。我希望了解西线盟军对抗纳粹的真实情况并将其告知最广大的观众,正是出于这个原因,我策划了系列电视片,如《大西洋战场》《从诺曼底登陆到柏林》,并担任了这些电视片的监制。

但是,我想说,现在你拿在手上的这本书还是有些不同的。在本书中,我想做的是尽可能深入地探寻纳粹主义的本质。本书并不是一部第二次世界大战史,也不是泛泛记录战争中的所有重大军事决定,而是试图揭示德国人及其"盟友"为什么要采取这样或那样的行动。正是出于这个目的,我认为很有必要从《世纪之战》中借鉴一些素材。

如今回过头来看我自己的这部作品,我依然感到有些地方当时并未完全了解。为了完成这些书作和电视片,我先后进行了一百多次独有的采访。首访的这些人当中,有很多曾是纳粹党的成员,他们曾对希特勒顶礼膜拜,曾为希姆莱尽职效忠,曾在东线战场作战,也曾作为纳粹党卫军成员而犯下滔天罪行。因为采访的原因,我有机会与这些人见面并交谈。这种机会算不得"空前",但也一定是"绝后"了,原因很简单:受访的这些人如今早已陆续离世。在创作的过程中,我满脑子想的都是节目播放或是出版日期等琐碎细节,当时的我并没有意识到这些作品对后辈世人的价值所在。

当然,随着幸存者人数的逐渐减少,对待纳粹主义和第二次世界大战的态度也会发生改变。对我们这一代人来说,了解我们所成长的这个世界的唯一方式,就是了解第二次世界大战的历史,了解分裂的德国、冷战、苏联对东欧的控制——这些都是第二次世界大战所带来的结果。但是,对如今的学龄儿童来说,情况已经有了很大的不同。我的一位朋友的七岁女儿曾经问我:“阿道夫·希特勒和黑斯廷斯战役谁排在前面?”对这一代人来说,纳粹主义仿佛只是历史的一角,在岁月的“大拼图”中,它和罗马人、诺曼人、亨利八世一样,都只是其中的一小部分而已。

我认为,第三帝国并不仅仅是历史“拼图”中的一小块而已,听到这种观点,你无须感到惊讶。通过对纳粹主义的研究,会使我们对人类的状况产生某种程度的思考,而这种思考是独有的,分析其他时代的历史你不会获得类似的感受。很明显,纳粹在世界横行的时间并不长,在第一次世界大战的前夕,纳粹主义发源于一个文明的国家,这个国家强调民主、人权,有着自身一整套积极的价值观和信仰,在欧洲获得了广泛的认同。在德国,纳粹党在一系列选举中所向披靡并夺取了权力,大多数德国人要么选择共产主义,要么选择纳粹主义,他们把选票投给了专制。而在当今世界,低层次的民主屡见不鲜,这实在是非常值得人们警惕的一件事。

当然,我们需要从历史中借鉴的还有很多其他更重要的经验。在准备这些书作和电视片之前,我曾同很多前纳粹党成员会面,在采访他们之前,我曾先入为主地认为他们会这样说:“我之所以会犯下战争罪行,仅仅是因为当时需要执行命令而已。”但是,当我问一名前纳粹战犯当时的动机时,他却回答道:“在当时,我认为这完全是正当之举。”这实在是一个让人震惊的回答,也超乎我此前的预料。这些前纳粹党成员认为,支持希特勒完全是对他们所处状况的一种理性回应。他们表示,第一次世界大战结束后签署的《凡尔赛条约》让德国充满耻辱,战后的几年中,国家遭受着严重的通货膨胀,各种运动此起彼伏,在20世纪30年代,国家又出现了大规模的工人失业和银行破产的状况。由此,他们希望能有一个“强人”横空出世,重振民族的荣耀,击退共产主义日益逼近的威胁。

随着时间的推移,我面谈过的前纳粹党成员也越来越多,我也愈发意识到:他们对第三帝国的支持显然不完全是“理性的”,而是一种建立在信仰之上的情感。很明显,纳粹主义有一种类似宗教般的感召力,关于这一点,我在本书的第一章会用很长的篇幅加以讨论。但与此同时,我们也需要看到,希特勒本人给了德国人一些其他政治领导人无法给予的东西。希特勒几乎不谈“政治”,取而代之的是“愿景”和“梦想”,这样一来,他很容易就触及了很多人的心灵深处。乔治·奥威尔在评论希特勒的《我的奋斗》时曾说:“人们不仅仅想要满足舒适、安全、缩短工作时间、卫生和节育等基本需求,他们至少偶尔也想要战斗和自我牺牲,更不用说举旗敲鼓地参加忠诚游行了。”或许,奥威尔还可以再补充一点:很多人乐于听到自己比其他人“高级”,因为他们的出身比别人高贵,国家此刻正遭受的灾难与他们并无关系,那只是肮脏的“国际阴谋”所造成的结果。

在开始创作之前,我认为我在很多方面对他人动机的认识是天真的。此前我曾以为,人们都是基于智识和理性的标准对他们的生活做出重大决定。但实际上,无论在顺境还是逆境,很多人追随并且支持希特勒的决定在很大程度上都体现了情感因素。进一步来说,这种情况不仅仅只在德国发生。各位可以审视一下自己的生活,问问你自己:在你的人生中,你所做出的决定有多少是真正“理性的”?买一栋房子或是一辆车?这是一个理性的决定吗?你对周遭的人群有喜有恶,这到底是出于“理性的”原因还是“情感的”原因呢?

近年来,很多结构主义历史学家都强调是环境造就了纳粹主义,尽管如此,我们依然无法回避这样一个令人不适的情况:阿道夫·希特勒绝非一个普通人,他在德国人心中成功地打下了情感的烙印。当然,你可能是有一些先入为主的想法才会相信他所说的内容,从而被他所影响,事实上本书记叙的很多证词也体现了这一点。我们可以看出,是一场希特勒无法控制的经济危机将他从寂寂无名一下推上了权力的宝座。但不可否认的是,当时很多人都把见到希特勒视为改变人生的一件大事。阿尔贝特·施佩尔曾回忆道,在与希特勒会面后,他感到了强大的气场。和他一样,很多非常睿智的人在见到希特勒之后,无不臣服于这位奥地利下士的意志。说到克里斯玛,我们可能会有所怀疑;但是,我们也应知道,对于从“信念”出发而去追随政治领导人的那些人,我们也需要采取类似的怀疑态度,而这一点似乎更加令人担心。

最后,我认为这段历史是很有价值的。大约在六年前,我给《世纪之战》写了一个简介,在文章末尾我这样写道:“这绝非一个让人愉悦的故事,但是,它需要在学校中被讲解,需要被后人所铭记,因为,这就是20世纪人类的所作所为。”

劳伦斯·里斯
2005年10月于伦敦

第一章

获取权力

东普鲁士的拉斯滕堡，即现今波兰的肯琴镇，在此地不远处有一个钢筋混凝土工事，隐匿于密林深处。如今人们很难想象，这样一个身处波兰东部、靠近俄罗斯边境的荒僻地带，距离当时的权力中心是如此遥远。但是，如果将时间倒回1941年的秋天，你就会发现：这里曾是一座指挥中心，而它的主人就是在历史上曾经权倾一时的阿道夫·希特勒。希特勒的士兵们守卫在布列塔尼的海滩上和乌克兰的麦田里。大约有一亿欧洲人，在数月之前还有着自己的祖国，如今则都被希特勒所统治。在波兰，最为惨绝人寰的种族清洗已经启动。希特勒泯灭了人性，他与海因里希·希姆莱密谋，下令对犹太人实施种族灭绝。希特勒在这座工事里做出的一系列决定触及了所有人的生活，也影响了20世纪后半叶的社会——当然，是使其更糟糕了。

德国是一个地处欧洲中心地带的文明国家，这样一个国家怎么能够允许希特勒这样一个人和纳粹党登上权力的顶峰？如我们所知，纳粹对世界造成了无尽的破坏与苦痛，但希特勒竟然在1933年能够以合法身份担任德国总理，这实在是让人无法理解。

关于纳粹党如何登上权力宝座这一话题，有种较为普遍的解释是通过分析希特勒的性格。在历史上，从来没有第二个人的个性被如此长篇累牍地分析，关于希特勒的传记大约是丘吉尔的两倍之多。纳粹自身也极其推崇传记，他们希望以此来分析总结自身的成功。在纳粹党内部，希特勒的信徒们认为他不是凡人，而是超人。时任第三帝国司法部长的汉斯·弗朗克在1936年说："希特勒是孤独的，上帝也是孤独的，希特勒就好似上帝。"[1]而一位热衷炒作、名叫尤利乌斯·施特赖歇尔的人则进一步补充道："希特勒与耶稣相比，大约只有一两处不同——希特勒是如此高大，从而无法跟耶稣的俊美相比。"[2]在20世纪30年代，德国的幼儿园每天都要诵读有关希特勒的语训："亲爱的元首，我们热爱你就像热爱我们自己的父母，我们属于父母，所以我们也属于你，我们对你有无尽的热爱和信任，噢，我们的元首！"[3]

这也是对纳粹执掌权力的解释，其宣传部长约瑟夫·戈培尔希望整个世界都如此认为。(在阅读了《我的奋斗》之后，他曾问希特勒："书中的这个人是谁？简直是半人半神！简直是耶稣下凡，或是圣约翰再世！"[4]) 在纳粹自身的历史版本中，其信徒将希特勒视作天命之主，他执掌德国就如同两千多年前耶稣来拯救整个世界一样，这两者的职责完全一致，早早都由他们的超人天命所定。在如今，这种解释虽然很少能达到这种极端，但依然被业界的很多人所承认，他们认为正是靠着这种"神化"，纳粹党才得以登上权力宝座。这种观点满足了很多人把过去简单化理解的愿望，他们关注的是那些"伟人"的故事，认为这些人无论在怎样的环境下，都在按照自己的意愿将世界操纵于股掌之上。现在，我们需要回答的问题是：纳粹党是如何掌权的？而我认为，以上这种解释是不正确的。

纳粹党参加了1928年5月的德国大选，当时，希特勒作为纳粹党的党首已经有七年之久。广大德国人直到此刻才有了充足的机会来见识他超人般的品性，并陷入他的催眠魔咒。但是，在那次大选中，纳粹党仅得到了2.6%的选票。在帝国1927年的一份秘密报告中，有一段对纳粹党比较敏感的评判，它的原文是这样表述的："纳粹党对广大民众并没有产生什么显著的影响。"[5]由此可见，希特勒并不是在任何环境下都能对民众产生催眠或准上帝般的影响。当然，希特勒个人也绝非一般人物，他在很多事件上的影响力不容低估，但是，光凭希特勒本人的性格特点这一条论据，还不足以解释纳粹党是如何出现的，以及他们又是如何登上权力顶峰的。真实的情况是：如同我们每个人一样，希特勒以及纳粹党也会受到当时所处环境的牵制。只要有了其他人的合作、示弱、误判和容忍，不管希特勒是谁，纳粹党都可以掌权。事实上，如果没有那次撼动世界的危机，纳粹党在一开始可能都不会成立。

随着德国的投降，第一次世界大战于1918年11月宣告结束，德国军队中的一些战士根本不知道为什么会发生这样的情况，一位叫赫伯特·里希特的德国老兵说道："我们对此实在难以理解，因为我们根本没有意识到被击败。前线的部队并没有感觉自己在败退，我们很好奇为什么这么快就停战了，也不知道为什么要如此匆匆地撤离自己的岗位，当时我们仍然站在敌方的领土之上，我们认为这一切都太奇怪了。"谈及自己和同伴们当时的感受时，赫伯特·里希特记忆犹新："我们对此非常愤怒，因为我们并没有感到战斗到了最后一刻。"这种愤怒的情绪产生了危险的后果。有些人开始怨天尤人，对停战的局势也产生了怀疑。"背后捅刀子"的阴谋论也在四处蔓延，一些战士认为，他们在战场上不惜献出生命，而别人却在后方背叛了他们。"别人"到底是谁？——他们是左翼的政客，他们在1918年11月签署了耻辱的停战协议，因此也被人称作"十一月罪人"。1918年末，德国在历史上第一次开始了民主进程，对这些政客来说，继续战争并不符合他们的规划，也就是说，德国必须要输掉战争。但是，很多参战的士兵们并不认同政客们的观点，他们认为，战败的局面使得德国颜面尽失，带来的结果只有耻辱。

在德国南部的巴伐利亚，这种背叛式的阴谋论在复员战士和右翼民众当中尤为盛行，1919年，在其首府慕尼黑就爆发了政治骚乱。社会学家库尔特·艾斯纳在2月份被刺杀，这导致了议会共和国，直至最终1919年4月巴伐利亚苏维埃政府的成立。那年春天，社会上充斥着暴力与动荡，由政府支持的武装雇佣兵在某种程度上构成了右翼军事力量，他们在5月1日至2日对共产党人进行了残酷的镇压。这一事件也表明，在这个传统、保守的地区，很多人对共产主义心存恐惧。在当时，德国共产党的宣传小册子上都有这样一句话："世界革命万岁！"这些话语让右翼势力抓狂且大开杀戒，以至于在社会上形成了这样一种氛围：只有反对共产主义极端政党才能够生存下去。

慕尼黑共和国为什么对右翼的观念产生了如此持续的影响，其中还有一个原因：左翼阵营的大多数领导人都是犹太人。这加深了对犹太人的偏见，认为正是这些犹太人造成了德国当今这样一个局面。一时间谣言四起，有的说犹太人怎样在战争中逃避责任，有的说瓦尔特·拉特瑙这位政府中的犹太人如何虚与委蛇，促成签署了耻辱的停战协议。甚至到了现在，这些谣言仍在继续，认为德国的犹太人出卖了国家，这一行径是国际犹太人组织的世界阴谋行动的一部分。

这些谣言充满了偏见，同时又颇具讽刺意味，因为在德国实际生活的犹太人少得可怜。在1933年6月，在德国的犹太人仅有50.3万，占总人口的0.76%。此外，与诸如波兰这样的其他欧洲国家的犹太人不同的是，他们相对已经被社会所同化。但自相矛盾的是，这些反而被德国的反犹人士所利用，他们妖魔化了犹太人的形象，在第一次世界大战后的德国，右翼势力所厌恶的任何东西最后都归咎到犹太人身上。克里斯托弗·布朗宁教授说道："在政治上，多数人确实很容易聚焦于犹太人，犹太人被贴上了种种不好的标签，比如左翼政治、剥削资本主义、先锋实验文化、宗教世俗化，这一切都使政治光谱中的保守势力感到不安。犹太人成了理想的政治专门用语。"

几百年来，德国的犹太人深受偏见所害，他们在很多生活领域被剥夺了应有的权利。直到19世纪后半叶，他们才获准拥有自己的土地和农庄。在第一次世界大战结束之后，德国的反犹情绪依然十分普遍。在20世纪20年代，一位名叫欧根·列维涅的德国犹太人在柏林长大，因为他的犹太人身份，还是一个孩子的他就感受到了生活的苦痛。在他还是四五岁的时候，他常常和那些非犹太人的小伙伴们一起玩耍，但是，这些孩子们的兄长一旦回家看到这种场景时，就会对他怒斥："肮脏的小犹太人，别在这玩，快滚！"欧根·列维涅说："这些小伙伴们看到这种场景也很难受，但是这些人长大以后，也会一边倒地反犹太人。有一次，一个大孩子将我痛打了一顿，而我则根本不是他的对手。"除了这些苦痛的回忆之外，他还经历了一些奇怪的事情。"在任何一所新学校，第一次课间休息的时候，总有人会过来找你的麻烦，因为你是犹太人，他们想知道你的身体和他们有什么不一样，所以，他们会不断地挑衅你。在还击的时候，其实你根本没必要赢，但如果你赢了，他们基本就会孤立你了。"

除此之外，作为一个犹太人，还要时刻注意自己的言行，以免惹祸上身。大家都知道奥斯维辛集中营，如果认为德国是唯一一个反犹太人的国家，那就大错特错了。真实的情况并不是如此。让人悲伤的是，在第一次世界大战结束之后，很多犹太人从波兰、苏联逃到了德国，他们之所以这样做，有很大一部分原因是为了躲避此前居住地的反犹情绪。与德国此前的犹太人相比，这些“东部来的犹太人”较难融入当地社会，也因此遭受了更多的偏见与歧视。纳粹党卫军军官贝恩德·林于20世纪20年代初期在德国长大，他的父亲曾开了一间杂货店，店里会有“东部来的犹太人”过来买东西，他的反犹情绪就是从那个时候开始滋生的。“我们有很多犹太顾客，在店里他们相当随意，但毕竟他们是我们的客人。就那些居住时间较长的犹太人来说，我们同他们的关系还是不错的。但那些从东部来的犹太人则和他们有很大的区别，这些人进了商店之后从不和当地的犹太人多啰唆，他们在店里的行为增加了我对他们的厌恶程度。”贝恩德·林告诉我们，当他还是一个孩子的时候，就在学校的操场上朝犹太人扔鞭炮，此外还和同学们朝犹太人的信箱中塞入伪造的前往耶路撒冷的单程票。

在第一次世界大战结束之后，弗里多林·冯·斯鲍恩已经长大成人，可以加入自由军团了。和贝恩德·林一样，他也支持纳粹党并且厌恶犹太人，他说：“如果这些犹太人能带来一些好东西，那倒也罢了，但是他们欺骗了我们。他们在赚了大钱的时候就宣布破产，然后带着满口袋的钱溜之大吉。因此，我发现很多人都很反感犹太人，这是一种很普遍的情绪。”斯鲍恩还不无讽刺地补充道：“在我的人生过程中，我与很多犹太人打过交道，他们当中甚至包括孩子，我本人对这些犹太人有着一种厌恶之情。他们当中的所有人没有一个能成为我的朋友，为什么？我认为原因不在于我。我没有刻意做什么事来针对他们，我发现他们唯一感兴趣的事就是利用我，这使得我非常气恼。我想说的是，我并不是刻意要讨厌犹太人，只不过他们的确不讨喜。”

对于这些情况，欧根·列维涅的反应非常直接，他说：“如果两个人犯了同样一个错误，假设这个人是犹太人，你肯定会说，噢，那一点也不奇怪，残忍的犹太人；但假设这个人是英国人，你可能会说，噢，那太奇怪了，这根本不像英国人的行为方式。关于这种区别对待的故事还有很多。反犹人士还会说，为什么我们讨厌犹太人，因为他们弄沉了‘泰坦尼克’。犹太人则会辩解，这种指责实在是太荒谬了，‘泰坦尼克’是撞到冰山后才沉没的。反犹人士则会接着补充一句，艾斯伯格、格林伯格、戈德伯格，你们犹太人都是一路货色。”

在这样的背景下，1919年9月12日，一名三十岁年纪、名叫阿道夫·希特勒的德国陆军下士，走入了德国工人党在慕尼黑斯特恩内克啤酒馆的一次聚会现场。希特勒此行来观察这个政党，是领受了迈尔上尉的命令——迈尔是陆军在巴伐利亚地区的新闻宣传负责人。在当时的会场上，希特勒对一位发言者产生了兴趣，此人当时正在发表演讲，号召巴伐利亚脱离德国，言辞生动、慷慨激昂。这个人就是安东·德雷克斯勒，他曾是一名锁匠，就在九个月前他创立了右翼政党。在见到希特勒之后，他立即鼓动希特勒加入该党。

那一夜，在斯特恩内克啤酒馆，希特勒并不知道自己将会改变历史。在三十岁之前的生涯中，他寂寂无名，被别人称作怪人。他在生活中处处碰壁，在学校中是差等生，在维也纳遭遇挫折，美术学院拒绝录用他，他唯一的成功之处就是在第一次世界大战中成为一名士兵，因为自己的英勇而赢得了一枚一级铁十字勋章。

有关斯特恩内克啤酒馆那次集会之前的希特勒的个人信息并不是很多，较为集中的就是他在1924年开始撰写的《我的奋斗》里谈及的生活。在这本书中，他谈及自己在第一次世界大战之前游历维也纳时的感受：“我开始接触了一些犹太人，我和他们接触得越多，就越觉得他们在人群中是那样的刺眼……但凡谈及污秽、挥霍，都会涉及犹太人，在社会生活中，尤其是文化领域，有无一方彻底与犹太人无关的净土?”这些类似的语句被认作希特勒反犹情绪的最初体现。但是,情况果真如此吗?布丽奇特·哈曼博士最近完成了一些新的研究,是有关希特勒在维也纳时期的生活的。她记录了一些希特勒在维也纳接触的一些人的细节,当时他们住在旅馆中,有一些登记信息得以保留。通过研究,哈曼博士得出了一个令人吃惊的结论。她说:“希特勒在《我的奋斗》中所展现的维也纳的生活并不符合实际,希特勒自称是在维也纳成为反犹者,但是你只要仔细看看这些历史资料就会发现,情况刚好相反,他当时和很多很多的犹太人都是好朋友。他们当中,有一同住在旅馆的同伴,也有代理他画作的老板。”哈曼博士通过研究发现:那些在维也纳与希特勒保持良好关系的犹太人,并不认为他在1913年之前的那段时期有任何反犹情绪,相反,希特勒很愿意将画作卖给犹太代理商,“因为他们喜欢冒险”[6]。

这实在是一个非常重要的发现。这表明,希特勒的真实情况与他本人想传递给我们的情况并不相符,同其他人一样,他也会向现实状况低头。根据哈曼的研究成果,在维也纳,希特勒“没有滋生事端,可谓遵纪守法的好公民,他创作了很多优秀的画作,他是一个正常的、无害的人”。事实上,将这个“无害的人”真正改变的是第一次世界大战及其直接后果,它也使德国的其他地区深受创伤。哈曼认为,在维也纳的生活结束之后,希特勒为了适应周围新的环境,他想起了针对犹太人的黑暗预言,并将它们四处传播。

在希特勒所有的政治哲学中都有一个共同点——“剽窃”。大多数时候,他在辩论中直接照抄别人。但是,也许他知道,一个“伟人”不应该剽窃别人的思想,由此,他刻意把自己反犹太人的根源放在了维也纳时期,而不是1918年至1919年。

希特勒篡改了自己的早期生活,在他出名之后,他急于向世人证明：他是德国工人党最早期的成员之一，是排名第七的人物。很多前纳粹党成员在和我交谈时都谈及了希特勒是德国工人党第七号人物这样一个情况，他们为自己的元首在一开始就塑造了初级阶段的纳粹党而感到自豪。但是，真实的情况却并非如此。1940年1月，安东·德雷克斯勒在一封信中向希特勒抗议道："我的元首，没有人比你自己更清楚，你根本不是工人党的第七号人物，你最多算是委员会中负责宣传的第七号成员。几年前，我在一次聚会中被迫道出实情，你的第一张写有许斯勒和我本人签名的党籍卡是伪造的，我们将编号555改成了编号7……我们有必要告诉后世子孙关于历史的真相。"[7]

尽管如此，但在1919年，希特勒发现了自己的天赋，那就是在公开场合演讲的才能。他开始凭借这一特长来大肆鼓动宣传，工人党愈发体现出"极右翼"的特点，也迅速地发展壮大起来。在最早的一批党员中有一个叫恩斯特·罗姆的人，他曾是一名德国陆军上尉，他迅速地意识到了希特勒具有煽动民众的长处。罗姆是一个雷厉风行的人，他说："既然我不成熟又不是善类，那么，与一板一眼的规矩相比，战争和暴动显然对我来说更有吸引力。"[8]希特勒的工人党正好可以利用像罗姆这样的暴徒。罗姆曾经说道："残暴是一种让人敬畏的行为，民众需要有所敬畏，他们需要某些人来震慑他们，让他们俯首听命。"[9]

在希特勒加入德国工人党之后不到两年的时间，他就成为该党最为宝贵的财富。他的演讲吸引了新的党员，他的性格又促进了该党的壮大。1920年2月，该党改名为民族社会主义德国工人党，简称纳粹党。1921年8月，在经过了一次党内的权力斗争之后，希特勒取得了胜利，他成了党内绝对的统治者。从一开始，这个政党就没有多少具体的政治纲领，而是做情感承诺，丢弃民主，大肆鼓吹革命。赫尔曼·戈林在后来就曾说："我加入纳粹党并不是因为什么虚无的意识形态愿景，而是因为我就是一名革命者。”[10]纳粹党的目标随后变得愈发直白——纠正第一次世界大战末期针对德国所犯的错误，惩治其中的罪人，“抹除马克思主义世界观”。

第一次世界大战结束之后，在德国南部政坛一下子出现了很多极端的小型右翼团体，单纯从整体政策上来看，纳粹党与这些团体并没有多大的区别。纳粹党于1920年2月24日出台了第一项行动计划，具体内容是一个大杂烩，一方面含糊其词地要在经济方面保护中产阶级和小型商业，另一方面旗帜鲜明地表示要彻底剥夺犹太人的德国国籍。单就这些内容来看，并没有什么与众不同的地方。实际上，在其出台的行动计划中，它的执行力度还不如当时其他的右翼团体来得深入。“德国保护与反抗联盟”的报纸就曾经有过这样的评论：“绝对有必要杀死犹太人。”[11]还有其他的小册子这样写道：“我们究竟该怎样对付犹太人？不要听信那些非暴力的口号，我们只有通过暴力才能将那些犹太人驱逐出去。”[12]

同它的理念一样，年轻的纳粹党所采用的标识也不是什么原创，这种十字图案此前在德国的很多右翼团体中就已经被广泛使用。纳粹党卫军后来所用的骷髅旗，也早就被德国骑兵队在之前使用过；甚至举手礼也是从墨索里尼那里照搬来的。

尽管如此，纳粹党在某些方面还是有其自身特点的。尽管那是一个暴力的时代，但纳粹从一开始就是一场特殊的暴力运动。1921年，该党的“体育运动部”启动了“风暴行动”，以此来保护纳粹的集会并干扰对手党派的聚会。随后，纳粹的“风暴军”和其他政党的信徒们展开了激烈的斗争，这种状况成为当时德国政坛的一个显著特征，局面一直持续到1933年。

纳粹党一直鼓吹自身是德国的救世主，他们认为，自身的命运如何，要看国家所面临的困难有多深重。该党在第一次世界大战后的满目疮痍中诞生，也只有在一种政治动荡的氛围下才能够发展壮大。因此，当一场由法国引发的新的危机袭来之时，纳粹党从中大大受益。法国对德国无力赔款一事大为恼火，于是在1923年初派出军队占领了鲁尔。对于德国来说，它已经因为1918年11月的停战协议以及《凡尔赛条约》的强加条款而感到颜面尽失，而法国的这一行径对它来说无疑是更大的一次羞辱。法国军队的占领行动使德国人的羞耻感变得更加沉重。后来担任“德国少女联盟”(BDM，希特勒青年团的年轻女性分支组织) 领头人的尤塔・吕迪格曾说道：“直到那时我们才意识到法国的铁腕手段统治，也许他们只是想要复仇，我对复仇这种情绪一无所知。”参照纳粹后来的残暴行径，这段话听起来似乎有些讽刺，但是吕迪格又说道：“法国人还是稍稍有一些不同的性格，对吧？我想也许是有一些轻微的施虐癖。”

作为法国侵占鲁尔的亲历者，贝恩德・林当时只有五岁。当法国的军队喧嚣而过的时候，他站在祖父门前的小道上，穿着孩童的军装，手上还拿着一把玩具枪。“我刚一转身，一个法国人就上前抢走了我的枪，很明显，他要拿走这把枪给他的孩子玩，我当时伤心极了。”贝恩德・林，一个曾被法国士兵抢走玩具枪的小男孩，后来成了纳粹党卫军上校。

在发生鲁尔危机的同时，德国还正遭受着严重的经济问题，通货膨胀达到了无以复加的地步。在1920年首次与希特勒见面的埃米尔・克莱因说：“在经济崩溃的时候，我曾花了四十亿马克买了一个香肠卷。这样的烂摊子从反面促进了希特勒的运动，帮助纳粹发展壮大。原因就在于，人们再也不想过这样的生活了，随后他们就认为此时需要一个强人来力挽狂澜，结果是，关于强人的这些因素变得越来越多，因为所谓的民主什么事也干不了。”

在法国出兵侵占鲁尔和国内经济崩溃双重打击之下的政治危机之中，右翼的巴伐利亚当局和柏林的古斯塔夫·施特雷泽曼政府产生了冲突。柏林的中央政府试图让巴伐利亚当局审查纳粹党媒《人民观察家报》对古斯塔夫本人及其政府的抨击。但是，巴伐利亚新任的州长卡尔拒绝了这一要求，当地的军事长官冯·洛索将军也采取了相同的态度。在这种内部冲突的环境之下，希特勒试图操纵在慕尼黑贝格勃劳凯勒啤酒馆举行的一次会议，这次会议上卡尔和冯·洛索都会发言。希特勒号召通过政变来推翻中央政府。政变队伍于第二天早晨开始集结，以此来向柏林施压。埃米尔·克莱因也参加了纳粹的游行队伍，与他同行的还有希特勒、戈林和希姆莱。在回忆当时的场景时，他一脸神往："我们当时一路勇往直前，队伍到达了马克西米里安大街，当我来到巴伐利亚旧王宫街角的时候，我们听到了前方的枪响，究竟发生了什么事？"

原来，支持巴伐利亚当局的警察在面临选择的时候做出了清晰的决定，他们不愿意与纳粹合作，于是发生了交火，但是，究竟是警察还是革命者先开的火，这一点就不得而知了。最终，政变行动以惨烈的暴力收场。埃米尔·克莱因说："说到当时的感受，那可能是我首次体会到了政治的含义。这次行动对我是一次打击，对我的很多同志来说也是如此。我明白了一个道理，挫折也是会发生的。"同克莱因一样，希特勒也从这次经历中吸取了教训，从那时开始，纳粹党开始尝试在民主体制内部夺取权力。

与此同时，希特勒被捕入狱，并于1924年2月26日接受审判。他被指控叛国谋反，且证据确凿。在这次政变行动中，纳粹不仅武装抢劫，还在暴力对峙中导致三名警察丧生。与希特勒在一起的还有很多其他的嫌犯，其中就包括第一次世界大战中的英雄——鲁登道夫将军。和这些嫌犯不同的是，希特勒站了出来，为自己的行为承担全部责任。他向法官发表的辩词使得他的名声传遍了德国，他也第一次成为全国性的人物。在法庭上，希特勒这样说道："法官大人，此刻不是你来宣判我们，历史的永恒法庭会对所有针对我们的指控做出它自己的宣判……你可以将我们判罪一千次，但主持历史的永恒法庭的女神会带着微笑，将检察官的起诉书和法庭的判决书撕得粉碎，因为她将判我们无罪。"[13]这份辩词十分大胆，但也充满了欺骗色彩。当时，德国的广大民众并不知道：希特勒之所以这样慷慨激昂，是因为他猜想他最终会被法庭宽大处理，所以这并不算是什么冒险的行为，也谈不上什么英勇。需要说明的是，主持这场政变审判的法官格奥尔格·奈特哈德，在1922年1月还主持过另外一场不太知名的审判。在那次审判中，被告一方被指控在前一年的9月暴力驱散了在卢云堡的一间地下室里举行的集会。最终，这些人仅以最低的扰乱治安罪被判入狱三个月。尽管如此，格奥尔格·奈特哈德依然致信最高法院，希望判罚能够再轻一些，相信"以罚金的形式也可以达到坐牢的效果"。阿道夫·希特勒就是那次审判的被告之一。奈特哈德法官非常想帮希特勒的忙，他动用了自己的超凡手段，将希特勒的判决由三个月的监禁改为一个月并缓期执行。而在这次有关政变的审判中，希特勒所面对的仍是这位知根知底的法官，他确信法官依旧会极度"宽宏大量地"从轻发落。正是在格奥尔格·奈特哈德的法庭上，希特勒对"历史的永恒法庭"慷慨陈词。后来，在纳粹党掌权之后，他搜集了所有关于希特勒的第一次审判的文书，并且将它们付之一炬，联想起这些事情的相关背景，我们就不会感到惊讶了。关于第二次审判的结果也大致如此：按照最低限度被判入狱五年，但参考缓期执行的原因，希特勒在牢狱里并没待多久就恢复了自由。

在1922年，纳粹党在德国的很多州都遭到了封杀，但在巴伐利亚却是例外。这在很大程度上与巴伐利亚政府有关，在这里，纳粹党的发展得到了鼓励。在希特勒被判入狱之后，他在临近慕尼黑的兰茨贝格监狱过着非常舒适的生活，他将自己的大部分时间都用在了写《我的奋斗》上。

希特勒在兰茨贝格监狱服刑期间，纳粹党内部产生了分裂。1924年12月，在被监禁了九个月之后，希特勒被释放，随后在他的带领下，该党才重新团结起来。巴伐利亚当局认可了纳粹党于1925年2月27日在慕尼黑贝格勃劳凯勒啤酒馆的重新成立。但是，当时德国的内部局势对纳粹党并不利，失控的通货膨胀期终于过去，未来充满了希望，纳粹党所希望的不稳定局面似乎不复存在了。20世纪20年代中期是魏玛共和国所谓的黄金时期，但是，这种新的繁荣局面是建立在信贷基础之上的。此前，德国政府是通过借钱才得以向协约国赔款，而此时，仿佛一切又重新恢复了平静。在这种歌舞升平、充满阳光的环境下，纳粹党不可能发展壮大，他们一度缩减成只有少数狂热分子组成的小团体。没有危机的“滋养”，纳粹党就会凋敝。直到20世纪20年代末，在德国的政治生活再一次处于边缘时，纳粹党才再次活跃起来。

其实，在纳粹党陷入低谷的那段时期，它也一直在养精蓄锐，这也为它最终控制欧洲的大部分地区打下了基础。随着时间的推移，希特勒的地位变得愈加稳固。1926年，他在党内略施小小手腕，最终确立了他的绝对权威。希特勒在狱中服刑的时候，纳粹党曾分崩离析，这一事实也表明，纳粹党离不开希特勒，只有他才能将这个党重新聚合起来。

以我们今天的标准来看，纳粹党其实并不是一个严格意义上的政党。它几乎没有什么详细的政策公之于众，只要对希特勒死心塌地，认同革命运动的目标，就足以证明一名党员的忠诚。这是一个不尚言论而重行动，不重政策而重狂热情绪的团体。作为一种处世"哲学"，这种思想尤其吸引年轻人。相关研究成果显示，在这段时期里，加入纳粹党的人员的平均年龄不到三十岁。有一个不太成功的小说作家叫约瑟夫·戈培尔，在二十五岁的时候加入了纳粹党。在纳粹党掌权后，他曾多次回忆起20世纪20年代那段难忘的时光。在同一帮青年人交流时，他充满感情地谈起那些年的奋斗："当时，青年人在他们的标语上写下'Reich'(帝国)一词，以此来对抗这个充满仇恨、中伤和怨念的世界，他们相信，输掉一场战争，并不代表人们将永受奴役。"

在20世纪20年代加入纳粹冲锋队的沃尔夫冈·托伊贝特说道："当时的场景真是令人振奋，队伍中都是志同道合的人，大家为了共同的理想走到了一起，那是一个青年才俊辈出的年代。"像托伊贝特这样的纳粹冲锋队的队员们，穿着统一的褐色衬衫显得非常自豪，纳粹党给了他们一种堪当大任的感觉。尽管他们非常年轻，但穿上统一的衬衫后就好似有了另一重身份。托伊贝特对此说道："我们跟在纳粹的旗帜后游行，走街串巷，在工作时间之外，我们的所有生活都只和冲锋队有关。"当时，它吸引大多数年轻人的一个重要因素，就是打架斗殴。"我们遭到了其他人群的威胁，夜复一夜，我们越来越频繁地为党内集会提供保护，不仅在我们自己的城镇，同时也包括那些需要强化冲锋队组织基础的城镇。我们没有武器，我们能做的最多就是用拳头自卫，或是在必要的时候用拳头还击对方。对于这样的活动来说，有总比没有强！"托伊贝特和他在冲锋队的伙伴们经常与德国共产党内的青年们斗殴，他笑着回忆道："我们砸烂会堂的椅子，拿椅子腿当作武器，这种情况经常发生，双方都会这样干。"

在同一时期，布鲁诺·哈赫内尔也加入了纳粹党，他的入党方式是通过另外一条常规路线——加入一个名叫“候鸟”(Wandervogel) 的组织,这是一个“质朴的”组织,宣扬重返自然并寻求人生的意义。每逢周末,作为“候鸟”组织的一名青年成员,哈赫内尔都会与朋友们去乡野郊外举办活动。1927年,在一家青年旅馆举行的讨论会上,他做了加入纳粹党的决定,回忆当时的场景时,他说道:“据说,成为国际主义者的标准之一就是,你足以接受能和一位黑人女子结婚。这种说法让我非常不舒服。”哈赫内尔加入纳粹党的另一个原因是:该党非常仇恨《凡尔赛条约》和“十一月罪人”。由此,哈赫内尔对诸如共产主义的国际运动有着强烈的抵触,他说:“此前很多人只是简单地说,‘我们首先是德国人’,但现在,有一个团体说‘德国优先’,他们大声疾呼,‘觉醒吧,德国!’”

像哈赫内尔之类的新成员,并不关心他们所加入的是一个反犹太人的政党。“我还记得当时经常有这样的表述:在柏林的医生当中,有50%是犹太人,在柏林的律师当中,有50%是犹太人。柏林以及整个德国的新闻媒体都掌握在犹太人手中,这种情况必须有所改变。”尽管哈赫内尔在思想上认同这种反犹理念,但是在处理自己的家庭生活时,他又能做到很好的调和。“我有一些亲戚,他们都是犹太人,我们在家庭聚会时也会相见。我和两位犹太人表亲还保持了非常好的关系,即使党内的规定也无法阻止我这样做。”

当时,对包括阿洛伊斯·普法勒在内的其他年轻人来说,这种反犹思想对他们加入纳粹党构成了一道障碍。普法勒说:“我觉得这种极端的反犹思想很奇怪,我们不能将所有的事情都归罪犹太人。我了解犹太人,我有一些好朋友就是犹太人,在与他们相处的时候,我并不觉得我们之间有什么不同。我们是人,他们也是人。我会为正义挺身而出。至于什么是合理、正义,那是我的问题。我也会为了正义而抗争,那也是我的问题，无关其他的种族或族群。”阿洛伊斯·普法勒最终背弃了纳粹冲锋队，为了寻找一种激进的方案来解决祖国的问题，他加入了德国共产党。

希特勒将自己的性格视为纳粹党最为强大的力量，他注重培养“伟人”般的言行举止，比如，不管谁在同他讲话，他都会直视对方的眼睛。弗里多林·冯·斯鲍恩回忆起他当时在一次餐会上与元首遇见时的场景：“突然，我注意到希特勒的目光在注视着我，于是我站了起来。那一刻真是非常难熬。他并不是在怀疑地看着我，但是我能感觉到审视。对我来说，长时间地与他保持目光接触实在是太难了，但是我也在给自己鼓劲，我不能转移目光，否则的话，他会认为我有什么想法要隐藏。接下来发生的情况估计只有心理医生才能解释，他的眼睛最初是直直地与我对视，突然之间目光却绕过了我，转向了未知的远方。这种情况非常少见。这种长时间的对视使得我确信他是一个受人尊敬的人。如今很多人并不相信这一点，他们认为我是老糊涂了，但我则坚信这一点，他是一个非凡的人。”

希特勒对其他很多人也产生了影响，赫伯特·里希特也记得在1921年见到希特勒的场景，当时他正走入慕尼黑一所大学后面的学生咖啡馆。“他穿着一件圆领衬衫，身后跟着警卫和随从。我注意到那三四个随行人员，他们的目光一直注视着他。对很多人来说，他一定有着某种魔力。”但这种让旁人神魂颠倒的魔力似乎并没有对赫伯特·里希特产生什么效果。“他开始发表讲话，我即刻就对他产生了厌恶。当然，我当时并不知道他后来会成为怎样的人物。看着他留着的小胡子，我觉得他非常滑稽。他丝毫没有打动我。”同时，希特勒的说话方式也不被里希特所接受，他回忆说：“他的嗓音有些沙沙的，而且他总是在叫喊。当时他就在这间小小的咖啡馆大声地叫喊，但其实他的演讲内容十分简单，我对此实在是非常抵触。他大多数时候都是在批判《凡尔赛条约》，号召大家该如何无视这一条约。”

阿道司·赫胥黎写道：“演说家是这样一种人：已经有了河流，他们还会开漕引渠；在没有水源的情况下，他们也会徒劳地挖地三尺。”依据这种规则，希特勒也不能免俗。像赫伯特·里希特那样的人都善于政治评判，他们认为希特勒不过是一个将浅显直白的事情反复叫嚣的滑稽人物；而对那些买账的人来说，希特勒简直是一位“非凡的人”。希特勒的克里斯玛和演讲天赋经常被作为一个说辞拿出来反复讨论。有人认为希特勒“催眠了整个国家”，但其实并没有。真正的催眠者并不会像希特勒那样夸夸其谈，而只是去说服那些愿意听的人。

纳粹党没有什么民主原则，对此，他们感到很自豪。这个党内高高在上的人物就是阿道夫·希特勒。别的政治组织基本都会有委员会，也会进行政策讨论，而纳粹党则不同：只有希特勒才能仲裁，他是唯一能做出最终决定的人。对一个像这样由独裁者领导的政党来说，由于领导者承担了太多的工作负重，它本应该在建设初期就会覆灭。但是，希特勒不仅没有被独自决策的重担所压垮，反而根本没有受到行政任务的干扰。要解释这种情况，不仅需要知道纳粹党的组织情况，同时也要了解它为什么对年轻人有如此之大的吸引力。查尔斯·达尔文曾在一本书作中谈到了如何来管理一个政党，希特勒依据自己的理解，将其奉为圭臬。

1928年2月5日，在库尔姆巴赫的一次演讲中，希特勒说道：“‘斗争’这个概念可以追溯到生命的起源，在斗争中，你越是强大，就越是无所不能，也就能取得最后的胜利。反之，你越是弱小，就越是什么也干不了，最后只能任人摆布。斗争孕育了万物。人类之所以能凌驾于整个动物世界之上，靠的可不是什么温情、人性，而是最为残酷的斗争。”希特勒总是试图将达尔文的物竞天择理论套用到人类行为上。在1941年9月23日的一次宴会上，希特勒曾说道：“上帝不会区别对待万物，他突然地将广大人类留在广袤的地球上，每一个人都要想尽办法以谋得自身的生存。人类之间相互倾轧，最终，只有强者方能成王。这难道不是最为合理的一种秩序吗？反之，如果不是这样的话，强大、美好、优秀的万物都不会存在。如果我们不尊重自然法则，不让强者来发号施令的话，那么终有一天世界将会彻底逆转，到那时候，野兽将会吃掉我们，然后昆虫再吃掉野兽，最后，地球上除了微生物，什么也不会存在。”[14]

因此，希特勒使用这套偷梁换柱的达尔文理论来管理纳粹党，我们也不必感到惊讶。古斯塔夫·塞弗特曾经致信纳粹党，希望能重新被委任为汉诺威分部的领导。1925年10月27日，他收到了纳粹党的党媒《人民观察家报》编辑马克斯·阿曼的回复：“希特勒认为，党内不应通过‘委任’的方式来确立领导。他如今非常确定，在民族社会主义运动中，最为强大的斗士是那些通过自身的成就而赢得尊重并担任领导的人。你在来信中谈到，几乎所有的成员都听命于你，那么，你为什么不‘接管’汉诺威分部呢？为什么你没‘接管’？对一位年轻人来说，还有什么样的命令比这更让人振奋呢？如果你不接受现实，那么就自己改变它，不要到我们这里来要命令，如果你比对手强大，你最终会胜出。反之，如果你不如对手，那么也没什么好说的，就接受失败的现实吧。”这样的一种思维倾向反映出希特勒的独特观点。在后来战争趋于结束时，希特勒曾说过，德国应在苏联的控制下接受她“应得”的命运。

在纳粹党逐渐掌权的时候，戈培尔在他的电影中也在鼓吹同样的观点：强者生存，弱者毁灭。在他的一部宣传鼓动的电影中，描述了科学家们拿两只鹿角虫做实验的场景。在实验中，他们让这两只虫子相互打斗，这时，实验室一位技术人员对此产生了疑虑，她对她的教授说：“刻意地安排这些美丽、强壮的动物进行生死决战，这实在是很羞耻的一件事。如果此刻在森林中，它们一定过着平静的生活。”而教授则回答说：“噢，我亲爱的孩子，在自然界中没有任何一处地方能真正拥有平静的生活。万事万物无时无刻不在进行着斗争，在此过程中，弱者将会被淘汰。在我们看来，这种斗争再自然不过了，如果你看到猫与老鼠、狐狸和兔子和平相处，这反倒是不正常的情况。”

如果要了解纳粹主义的思维理念，那么这种“物竞天择”的观点就绝对不能忽视。纳粹把人类置于和动物一样的地位，奉行的是动物的价值观：对一头野牛来说，如果它足够强大而赢得斗争，那这是它应得的。对一个小孩来说，如果他因为体弱多病而早夭，那也是他应得的。对一个国家来说，如果它比别国强大，那么它就有理由征服它们。在纳粹看来，心存怜悯、敬畏法律之类的传统价值观不值一提，它们不过是弱者在自然的命数之下寻求自保的挡箭牌而已。这也足以解释希特勒最为痛恨的两个职业就是律师和牧师。纳粹党是第一个有种族主义色彩的政党，它认为，无论是国家也好，个人也罢，只有通过斗争才能决定谁才是地球的主宰。

尽管如此，如果希特勒1928年在纳粹党推行达尔文主义的话，那么他一定会感到绝望，因为在这一年的大选中，纳粹党仅得到了2.6%的选票。德国并不需要他们，因为他们貌似没有什么价值。大选结束后不久，德国的经济、政治形势发生了剧变。首先，国内面临着严重的农业歉收，随后华尔街爆发股灾，美国收回向德国的贷款，这引发了德国历史上最为严重的经济危机。

失业率开始居高不下，由其引发的后果日益严峻。布鲁诺·哈赫内尔回忆道：“在当时，我们这些失业的人每逢周五都会去职业介绍所排长队，他们会在柜台收取五马克。这种情况真的很少有，很多人连糊口都成了问题。”阿洛伊斯·普法勒则说道：“生活真是毫无希望，人们上街都在口袋里装着勺子，因为他们花上一马克可以在救济处买得一碗汤水勉强果腹。”

这种情况严重打击了中产阶级家庭，比如尤塔·吕迪格就是一例，她说：“我的父亲并没有失业，但老板告诉他薪水会减少。”吕迪格担心自己可能无法走入大学的校门了，这时一位好心的叔叔出现了，帮助她支付了学费。像吕迪格这样的家庭情况都不在失业统计之列，但是他们也很痛苦，因为他们害怕遭受更大的磨难。在20世纪30年代初期，德国的失业人数达到了五百万，此时，不仅是失业人群，同时也包括像吕迪格这样的中产阶级家庭在内，大家都希望能有一场激进的变革来解决国家的经济困难。

1930年9月的选举对纳粹党来说是一个突破口：此时他们获得了18.3%的选票。但与此同时，德国共产党的得票率也从10.6%上升到了13.1%。德国似乎在走向两个极端。在国民议会中，纳粹党和共产党都取得了很多的席位，德国总理海因里希·布吕宁开始无视这一现状，颁布了由兴登堡总统依据《宪法》第48条而签署的紧急法令，以此来整治整个国家。德国的民主并不是随着希特勒的到来迅速消亡的，而是在布吕宁的统治之下慢慢消逝的。

因为失业的原因，社会暴动此起彼伏。阿洛伊斯·普法勒回忆道：“你天天得去救济处登记，所有人都在那里碰面，包括纳粹党员、社会党员、共产党员等，在那里大家话不投机就可能大打出手。”加布里埃莱·温克勒则给出了一名年轻女子的观点：“当你过马路时你会感到不安，当你独自一人在树林时你会感到不安。失业的人们躺在沟渠中，打牌消磨时光。”在这种危险和绝望的氛围下，尤塔·吕迪格第一次听了希特勒的演讲。“在你们当中，有很多人认为希特勒希望加剧紧张局面。如今，我想解释一下，在当时，贫穷的人们经历了或正在经历痛苦，希特勒本人以及他的讲话对很多人来说是一种莫大的慰藉。他说，‘我希望能够使你们摆脱苦难，但首先你需要加入我们的队伍’。结果是，很多人都对他的话表示理解。”

在这段时期，纳粹党推行新的宣传形式来兜售自己的观点，即1932年4月总统竞选活动中著名的“希特勒穿越德国”——七天的时间里，他在二十一场集会上发表演说，每场活动之间都是靠轻型飞机衔接。但是，纳粹这种宣传的重要性也不应被过分解读。理查德·贝塞尔博士曾经做过的一项学术研究表明，在东普鲁士的赖登堡区，纳粹党直到1931年都未能在这里建立稳固的组织基础，但是在三年的时间里，纳粹党在这里的得票率不断上升。1928年5月，纳粹党在这里仅得到360票，得票率为2.3%，但到了1930年9月，它一下就得到了3831票，得票率为25.8%。对赖登堡的选民来说，他们不投纳粹党的票，是因为他们厌恶了纳粹党那铺天盖地的宣传；而那些支持纳粹党的选民则是希望社会状况能得到根本的改变。

希特勒的确希望在纳粹党掌权之后对德国的政局进行彻底的转变。1932年7月27日，他在勃兰登堡的埃伯斯瓦尔德发表了一次演说，在演说中他公开表示将对德国的民主采取行动：“工人们有自己的政党，而且不止一个，那远远不够，他们应该有三四个政党。小资产阶级的知识程度更高，他们因此需要更多的政党。中产阶级也必须有自己的政党。商人有自己的政党，农民有自己的政党，而且都有三四个。不动产所有者也需要有一个政党来体现他们的意志和政治利益。当然，佃户也没有落后。天主教徒也有自己的政党，甚至符腾堡人也有一个特别的政党，他们在一方小小的土地上发展了三十四名党员。如今，我们面临着最为艰巨的任务，只有将整个国家的力量紧紧团结在一起，我们才能完成这些任务。对手污蔑我们纳粹党，尤其攻击我个人心胸狭窄、好勇斗狠。他们说我们不愿意与其他的政党共事……我们一个国家现在拥有三十个政党，这种情况正常吗？我不得不承认一件事情：绅士们是非常正确的。我们的确不宽容。我给自己定下一个目标：扫除德国其他的所有政党。"

这篇演说传递了一个非常重要的信息：希特勒及其纳粹党希望在德国发动一场革命，他们对自己的企图直言不讳。在这一方面，纳粹党与德国共产党的目标如出一辙，他们都认为民主已经消亡。毕竟，对德国来说，民主还是一个相对新生的事物，它在诞生之际就碰到了《凡尔赛条约》的签署。在20世纪30年代初期，民主进程生不逢时，它不仅要应对赔款问题，还要面对大规模失业的问题。当时的一些情况我们如今可能都难以想象：在1932年，对德国的大部分民众来说，不管是支持德国共产党还是纳粹党，只要这些政党公开宣称将推翻德国的民主，他们就把选票投给它。大多数人都已知晓民主释放了什么，此时，他们不仅认为别的政党应该有执政的机会，而且也要给另一种制度一次机会。

1932年5月30日，在失去了兴登堡总统的支持后，布吕宁失去了总理的位子。6月1日，弗朗茨·冯·帕彭就任总理，但不久他的政府就陷入了问题。国民议会在7月31日举行了选举，纳粹党的得票率为37.4%，赢得了230个席位，如今他们已成为国民议会中最大的党派。希特勒希望担任总理，兴登堡总统在1932年8月13日对此进行了表态。总理府国务秘书奥托·迈斯纳描述了当时的场景："兴登堡宣称他能看出希特勒的爱国情怀和无私精神，但是，考虑到当前的紧张气氛和自身的神圣职责，他不能将行政权力交给一个没有代表多数选民，心胸不够宽广，缺乏政策纲领，有时甚至还有暴力倾向的政党。在外交事务中，需要采取极度审慎的措施，静候事态成熟，这一点非常重要。我们需要不惜一切代价，避免与别的国家发生冲突。在国内我们也要注重稳定工作，各个对立的党派需要避免严重分歧与裂痕，我们必须将所有的力量集中起来，这样才能缓解经济困难所造成的严峻局面。”[15]

参照这一发言，再考虑到后来希特勒掌权后所发生的一切，我们可以清楚地看出：兴登堡这位年迈的总统很清楚，如果希特勒担任总理，德国将会有很大的危险。所以，希特勒的政治诉求遭到了拒绝。五个月后，纳粹党因为内部的危机而大伤元气，在当年11月的国民议会选举中失去了很多选票。但在此时，希特勒却被兴登堡总统任命为总理，这是为什么？纳粹党的支持率在1932年夏季达到了顶峰，但是该党的支持率天生就有不稳固性，因为它是靠其领导人的克里斯玛的情感和观点将广大受众聚合在一起的，它没有什么切实的政策路线。纳粹党之所以能迅速获得支持，主要是因为德国发生了危机。只要德国的经济稍稍向好，它的成功就会迅速地消失，而标志就是，在1932年6月召开的洛桑会议上签署了政治协定，它有效免除了德国的赔款，这将会促进德国的经济发展。

在1932年11月的选举中，纳粹党的得票率从37%降到了33%。戈培尔之前就意识到了这种不利局面，他在前一年4月的日记中就写道：“我们必须在不久的将来迅速掌权，否则我们最终会在选举中一败涂地。”[16]（贝塞尔博士指出，尽管此前进行了大规模的鼓动宣传，但是纳粹党在1932年11月的选举中仍遭遇了失败，这也证明“一个政党的命运并不是主要靠鼓动宣传所决定的”。）纳粹党遭遇了财政危机，无休止的选举战削弱了它的财政基础。更加糟糕的是，格雷戈尔·施特拉塞尔在1932年12月7日辞去了纳粹党在德国北部负责人的职务。1932年12月2日，冯·施莱歇将军就任新总理，他任命施特拉塞尔为副总理，但希特勒坚持说施特拉塞尔没有接受这一任命。施特拉塞尔最终的确没有就任副总理，但是他呈递了一纸诉状，控告希特勒觊觎总理一职，随后宣布弃政。此事使得纳粹党变得紧张不安，也使得希特勒差一点失去对该党的控制，纳粹党几乎走向生死存亡的关口。（希特勒绝对无法原谅施特拉塞尔的“背叛”行为，在1934年6月30日的“长刀之夜”行动中将其杀害。）

在纳粹党内部起起伏伏的同时，社会上也发生了一系列的事件，它们最终使得年迈的兴登堡总统改变了之前的观点，转而任用希特勒。1932年11月，德国国家银行前行长亚尔马·沙赫特向兴登堡总统呈递了一封请愿信，请求总统任命希特勒为总理。该请愿信言辞恳切，但很明显，沙赫特非常关注的一件事就是：1932年11月的选举中，德国共产党的得票率有了很大的提升。虽然德国很多的工业精英们并不喜欢纳粹党，但是他们相比较而言更加忌惮共产党。同时，冯·帕彭的“男爵内阁”也未得到多少公众支持。沙赫特在请愿信中写道：“很明显，国民议会反反复复议而不决，无休止的选举战加剧了党派斗争，不仅影响政治稳定，同时也对经济造成了严重影响。同时还有一个明显的情况就是，对任何一次修宪行动来说，如果它得不到主流受众的支持，那么只会在政治、经济、民众精神状态领域产生更加糟糕的结果。”请愿信反复要求任命当前“最大的国家集团领导人”为帝国的政治领导人。这个人就是希特勒。这一行动进程“将会唤起当下站在边缘的数百万民众，构成一支坚定的支持力量”。

在过去，希特勒并不是被这些人所重视的什么大人物，但是，一来国内的经济危机十分严重，二来纳粹运动获得了民众广泛的支持，这些都使得他们认为自己需要做出调整。保守右翼势力中的一些重要人物，也希望通过授权这样一种方式来解决德国的问题，除了希特勒，他们想不出还有谁拥有这样广泛的群众基础。德国知名的银行家约翰内斯·察恩曾表示：因为当时的年轻人要么加入了纳粹党的冲锋队，要么加入了德国共产党，两者相权衡，那些商界的人士更偏向纳粹党，因为他们“纪律更加严明，服从命令的意识更好”。除此之外，他还说：“在一开始，你并没有未卜先知的能力，你并不知道纳粹主义究竟会走向何处，它究竟是前途光明，只是有一些不尽如人意之处，还是本性邪恶，只是靠一些花样和伎俩来伪装，在当时你并没有能力分辨。”有人主张采用“驯服”希特勒的策略。冯·帕彭自从在1932年12月2日被迫辞去总理一职而让位冯·施莱歇之后，他就强烈支持这一政策。

随后，兴登堡总统碰到了更多令人担心的事情。1932年12月初，内阁的一次会议对陆军战争演习的结果进行了讨论。武装部队考察了几套假想的国内暴动预案，以此来检验应急处突能力。奥特少校宣读了结论：“……现在的情形不容乐观，一旦有什么导火索，足以引发全国性的危机。但是，通过审慎的分析我们发现，国家和各州的兵力并不足以在对抗纳粹党和共产党而维持宪政秩序的同时保卫边境安全。”[17]陆军部队表示，如果纳粹党和共产党在国内引发内战的话，他们无力控制局势。冯·施莱歇在内阁会议上试图改变这一状况，但是没有取得效果。“最后，冯·施莱歇想要缓和一下气氛，他表示，作为战争演习，一般都会朝着最坏的方向设定预案，大家都不希望这种最糟糕的假想情况最终会真的发生。尽管如此，奥特的发言还是给内阁造成了很大的震动，甚至连总理本人也不例外，他在讲话的过程中不停地揉拭自己的眼睛。”[18]

1933年1月4日，冯·帕彭和希特勒在科隆银行家库尔特·冯·施罗德的私邸进行了会晤，讨论未来的方向。在一系列会晤的最开始，冯·帕彭就表态：他将会力推希特勒当上总理，但条件是他自己要担任副总理，同时，除了希特勒之外，内阁中只能再有另外两名纳粹党成员。希特勒答应了他的要求。经历了一系列的密谋之后，1933年1月30日，冯·帕彭对兴登堡总统施加的影响力最终奏效，希特勒被任命为德国总理。

布鲁诺·哈赫内尔是一名忠诚的纳粹党员，他听到这一消息之后欣喜若狂。但是，纳粹的政治对手对此的表态却显得比较含糊。约瑟夫·费尔德是当时来自德国社会党的一名议员，他表示：社会党内当时以为，既然希特勒现在已是合法推选的总理，那么德国社会党就是合法的反对党，德国社会党可以在正常、稳定的民主秩序下开展自己的工作。费尔德先生说："我们当时根本不知道这种情况意味着什么，我们还一厢情愿地认为，依然可以通过国民议会来控制希特勒，这简直是天真至极！"

当欧根·列维涅听到希特勒被任命为德国总理的消息时，他的担心主要是因为他是一名共产党员，而不是因为他是犹太人。他回忆道："在纳粹冲锋队中，少数成员交的是犹太裔女朋友。对此，很多德国人就认为，噢，情况还不算糟糕，这些纳粹既然有犹太裔女朋友，他们就不可能憎恶我们大家。"除此之外，还有一些个人原因使得列维涅认为纳粹会稍稍克制他们的反犹情绪。"在我曾经就读的一所学校里，有一位纳粹对我说，'你真应该成为我们当中的一员'。我说，'我不能的，你知道，我是犹太人'。他则说，'我们不介意的，像你这样正派的小伙子对我们建立一个全新的德国来说是不可多得的人才'。"

对整个德国共产党来说，他们对希特勒当上总理的消息显然还没有反应过来，也没有因此而掀起革命。欧根·列维涅说道："情况发生得太突然了，大家本以为这需要一个过程。我所在的共产党阵线认为，即使希特勒掌权后也没什么大不了，现实将很快证明希特勒根本没有执政能力,到时共产党就会有机会……出于一些特别的原因,共产党甚至都没有意识到,希特勒一旦上台就会修改法律。”

在阿洛伊斯·普法勒看来,希特勒能够就任总理的原因十分明显,他说:“风险一直都存在,当危机发生后,总会有人跳出来,声称他们拥有智慧和答案,能够拯救受苦的每一个人。”

阿道夫·希特勒依据既有的宪政制度合法地执掌了权力,如今,他将依据自己的承诺,将民主彻底地摈弃。

第二章

混乱与趋同

在一般的大众认知中，德国人有一个优于其他人的品质：讲究效率。他们的汽车广告能体现出这一点——“如果生命中的一切都像大众汽车那样可靠就好了。”他们的国家足球队也能体现出这一点——“他们的踢法体现出注重效率的典型特点。”并不让人惊讶的是，说到这种效率，有很大程度要归因到纳粹身上，因为法西斯主义者有一个显著的特点就是注重效率——墨索里尼据称曾“使火车按正点运行”。就纳粹党成员来说，他们既是德国人，又是法西斯主义者，双重身份之下产生了最注重效率的国家。在莱妮·里芬施塔尔执导的电影《意志的胜利》中反映了纳粹的集会场景，从中就能看出他们注重效率这一特点。这些宣传作品认为，在纳粹的统治下，德国社会处处体现出透明与秩序。但情况并不是如此。

贡特尔·洛泽博士曾是一名外事办公室官员，也是一名纳粹党员，在谈及《意志的胜利》这一类宣传影像时，他说：“元首独自一人朝着前方挺进——这是一种宣传，而且它让人印象深刻。但其实所有的人都站在一条线上，只不过观众看不到‘幕后’的场景而已，哪里有什么秩序井然，彻底乱成了一锅粥。”在20世纪30年代，洛泽博士需要在外事办公室和其他政府部门之间建立联络工作。他估计，自身的工作时间至少有20%是在与其他权力部门争斗不休。他表示，另外一名前外事办公室官员则认为他60%的时间都浪费在了这上面。对于纳粹在20世纪30年代对德国的统治，我们可以用很多词语来形容，但唯独和“效率”这个词不沾边。

在希特勒担任总理的前十七个月中，很多方面的事情都暴露了纳粹执政的激进、混乱和极具破坏性的本质。在执掌权力之后，希特勒迅速地进行了新的选举，但同时也声称：这只是一次信任投票，无论是内阁还是政府，都不会因投票结果而改变。(尽管报纸和公众集会被禁止攻击新的国家政府，数以千计的政治反对派人士也遭到了围捕，但是在1933年3月的这一轮投票中，纳粹党的得票率仅为43.9%，并没有获得他们此前所希望的大多数席位。) 1933年2月27日晚，国民议会大厦被人蓄意纵火（几乎可以肯定是由共产党的同情者马里纳斯·范·德尔·卢贝所为），第二天，政府拘捕了大批的共产党人，随后又出台了《国民议会纵火法令》，它无限期地限制了所有的个人权利和自由。依据该法令的条款，政治犯有可能会无限期地处于“保护性监禁”之下。3月，国民议会通过了《授权法》，该法赋予了希特勒绝对的权力。根据纳粹冲锋队的一名队员回忆，当时街道上一度陷于混乱，“人人自危，不停有人避开规定的官方渠道抓捕别人，人人都在拿保护性监禁威胁别人，人人都在拿达豪集中营来恐吓别人。每一条小街上的清洁工都感觉，他要负责一些他永远无法理解的事情”[1]。

在掌权的最初几个月，这种混乱情况主要针对纳粹党此前的政敌。约瑟夫·费尔德曾是国民议会中的一名德国社会党成员，他被纳粹党抓了起来，投入了位于慕尼黑之外新建立的达豪集中营。在牢房里，他被锁上铁环，纳粹看守拿走了铺在地上的稻草垫，并且说道："你不需要这些，因为你也活不长了。"这种滥用私刑还远没有结束，看守又拿出了一根绳索，向他展示如何以最佳方式将自己吊死。费尔德告诉看守："我还有家庭，我不能那样做。要做你自己做！"费尔德在达豪集中营中被关了十八个月，最终因得了肺病而被释放。

对纳粹政敌中的那些务实派来说，他们有的逃离了德国，有的改变了此前的理念，顺应了新政府的意愿。只有像阿洛伊斯·普法勒那样的一些人属于例外，他们站出来努力抵抗。1934年，他试图重建他的共产党青年团。这种行为颇具英雄主义色彩，但是，对残酷无情的当局来说，他们已将共产党人作为明确的敌人，所以，普法勒他们的失败注定不可避免。最终，普法勒遭到了一名双重女间谍的背叛，这名间谍同时为共产党和盖世太保工作。普法勒被关进了警察局，遭到了严刑拷打，他的鼻子被打断，警察拿皮带抽得他几度失去知觉。他回忆说："当我清醒之后，他们就继续抽我，再昏过去，醒过来再抽，如此反反复复，但我始终未吐一字，最终他们也只得收手。"随后，刑讯战术发生了改变。他们安排一个人坐在打字机旁边，随时记录普法勒的"招供"，而另一个人则站在普法勒旁边，每一次，当普法勒拒绝回答问题时，他就用拳头猛击他的脸部。暴力的警察竟然扭伤了自己的右手，开始使用左手，这时，审讯变得更加残暴，他猛击普法勒的头部，并且打得他耳鼓膜穿孔。普法勒说："随后我就听到了奇怪的声音，那是一种咆哮，仿佛我的头枕在海床上，周围是奇怪的咆哮声。"普法勒决定杀死这个不断实施酷刑的人，尽管最终自己也有可能难逃一死，他也想试一试。在年轻的时候，普法勒学过柔道，他计划挺直身体，将手指插入警察的眼睛。但是，就在他准备行动的时候，他出现了大出血的状况。审讯中止，警察把水桶和抹布递给普法勒，让他自己擦去地板上的血迹。随后，他被带入牢房过夜，随后又被转移到一个集中营，直到1945年，他才最终获得释放。

在那个人人自危的年代，人性是如此的薄凉且脆弱，但是，阿洛伊斯·普法勒自身的事迹却让人感到振奋，他遭受到了对手的拷打，指望他出卖同志，但他立场坚定。“这是一个关乎尊严的问题，他们哪怕将我打死，我也不会背叛任何人，如果非要如此，那么我情愿凄惨地死去。”

大多数德国人并没有对抗新政府，比如曼弗雷德·弗赖赫尔·冯·施罗德，他是一位汉堡银行家的儿子，对新政府持欢迎态度，并于1933年加入了纳粹党。施罗德认为自己是一位理想主义者，而且他认为1933年是一个良好的开端，预示着德国将走向美好的未来。他说：“所有的一切都干净、有序，心中有一种民族重获解放的感觉，这是一个良好的开始。”如同大多数德国人一样，冯·施罗德知道社会党人和共产党人被关在集中营里，但参照历史，他认为这件事情无关紧要。“这并不是什么个例，英国的克伦威尔是这样，法国大革命也是如此，不是吗？在攻占巴士底狱时，作为一名法国贵族可不是什么好事，对吧？人们会说，‘噢，这是一场革命，虽然它是一场令人吃惊的、和平的革命，但它依旧是一场革命’。对于集中营，每一个人都会说，‘噢，英国人在南非发明了集中营，用以对付布尔人’。”尽管这些话无视纳粹集中营的残酷，但由此我们也可以看出：在1933年遍布各地的集中营尽管滥施酷刑，但它和后来战争中的种族灭绝集中营不是一回事。在20世纪30年代，如果你被关进了达豪集中营，那么在里面熬上一年左右的艰难时光，你最后还有可能被释放出来。当然，阿洛伊斯·普法勒是一种特殊情况，他作为政敌身份在1934年被捕，在集中营被关了十一年。一般来说，一年以后被释放时，囚犯们都会被迫签署一项书面协议，保证不会谈及在这里的经历，不然他们就会很快被重新抓回来。因为这一原因，对大多数德国人来说，集中营“不过是”震慑那些对抗政府的反对派的地方。既然酷刑主要施加于纳粹的政敌或是犹太人,大多数德国人即使心生不适,也可以较为平和地看待这一事物。

1933年7月6日,希特勒对外宣布,希望终结街头的暴力行动。他说:“革命不是一个永恒的过程。”说这番话时,他其实已经意识到,纳粹冲锋队的行为已经威胁到了新德国的稳定。军队这一极具权势的集团由衷地赞同他的观点。军人约翰—阿道夫·格拉夫·冯·基尔曼斯埃格回忆说:“人们厌恶冲锋队,是因为他们的面相和行为举止,大多数士兵都很讨厌他们。”冯·基尔曼斯埃格还表示,军队认为冲锋队头目恩斯特·罗姆正试图接管德国的武装部队,而且,他想将纳粹冲锋队并入德国的正规军队编制,并使自己成为其中的最高领导。这一企图既不符合军队的利益,也损害了希特勒的利益。

冯·基尔曼斯埃格强调,支持纳粹与支持希特勒本人是两件不同的事情,认清这一点非常重要。他表示,很多纳粹党员遭到了像他这样的职业军人们的唾弃,但是对于希特勒个人,他们则并不是这种态度。考虑到希特勒建党方式的与众不同,这样一种区分在如今看起来显得有些牵强。同时,希特勒本人也反对这种区别对待的态度,他公开宣布:“元首就是纳粹党,纳粹党就是元首。”尽管如此,冯·基尔曼斯埃格的这种区别对待的态度仍在当时的一些官员中流传。一方面,他们厌恶冲锋队暴徒们的肆意妄为;另一方面,他们又认同希特勒重整军备的计划,也许职业军人们就是靠着这种区别对待的方式来达到两者的调和。

不久,希特勒本人也对冲锋队产生了反感,除了武装部队向他报告相关隐忧之外,他还发现了罗姆行为的堕落变质。罗姆曾谈论希望发动“第二次革命”,以此为冲锋队赢得此前从未有过的荣光。对希特勒来说,他无法接受这一点。海因里希·希姆莱抓住时机,捏造了罗姆计划发动政变的信息，希特勒听信了他的话。希姆莱当时所在的纳粹党卫军还处于冲锋队的荫护之下，但是，在1934年6月30日，他调集自己的人马发动了“长刀之夜”行动来打压罗姆，同时，希特勒也利用这一时机除掉了在1932年12月背弃了纳粹党的格雷戈尔·施特拉塞尔，以及德国前总理冯·施莱歇。在这场活动中，大约有八十五人被杀。

听闻这一消息之后，国防部长冯·布隆贝格感到很高兴，因为他确信军队会感激希特勒的行动。没过几个星期（1934年8月2日兴登堡去世之后），他就安排所有的士兵宣誓向希特勒个人效忠。我们如今也采访了一些当时的士兵，他们所有人都表示：在当时的形势下，这种效忠宣誓极其重要。因为这种效忠无关对方的官衔，而是对其个人的崇拜，这个人就是阿道夫·希特勒。1934年，还是一名年轻空军军官的卡尔·勃姆—泰特尔巴赫也进行了宣誓。和其他很多人一样，这种宣誓对他来说十分“神圣”，其感召力伴随着他直至战争的结束。他一直坚定地认为，如果违背了誓言，那么他就应该“自杀”。当勃姆—泰特尔巴赫1944年在东普鲁士的总部“狼穴”服役的时候，他听到了冯·施陶芬贝格试图炸死希特勒的消息，当时他的这种想法更加强烈。当时，泰特尔巴赫本人没有被安排参加炸弹袭击，但即使安排他参与，他也会拒绝，因为他永远也不会违背自己的誓言。

泰特尔巴赫还担任过国防部长冯·布隆贝格的副官，对他来说，布隆贝格是像父亲一般的存在。泰特尔巴赫说：“布隆贝格是一名优秀的军人。”布隆贝格后来表示，在1933年希特勒被任命为总理之后，他由此而树立了忠诚之魂、崇拜之情、尽职之心。聆听希特勒的一次讲话就能使他热泪盈眶，和希特勒的一次握手就能驱散其心中的寒霾。泰特尔巴赫见证了布隆贝格对希特勒是多么崇拜，因为他要定期把他从作为元首的听众中拉回来：“如果元首没有夸奖他，说他有个好想法，他就很难恢复心绪。”[2]

希特勒除掉了罗姆，兴登堡总统也已离世，此刻，希特勒既是总理，也是国家首脑，军队向他宣誓效忠，他对权力的掌握愈发巩固。他和他的纳粹党掌管了德国，如今，他只追求一项简单的政策——重整军备。至于那些重重地压在大多数政治领导人肩上的日常国内事务，希特勒要么委派给其他人，要么干脆舍弃。尽管街巷上的混乱已消失，但是，纳粹党和政府内部还有些混乱。

弗里茨·维德曼是希特勒的一名副官，他曾表示：“希特勒不喜欢研究文件，有时我向他寻求指令时，哪怕是一些非常重要的事情，也没有看他提出要参见相关档案。他的观点是：如果不加干预的话，很多事情会自行解决。”那么，这种情况会造成怎样的结果呢？用希特勒的新闻主管奥托·迪特里希的话说就是：“在希特勒执掌德国的十二年间，他制造了文明国度里最为混乱的政府工作局面。”

此外，希特勒在当时的日常工作方式也不像个工作狂。弗里茨·维德曼写道：“希特勒会在午餐前短暂露面，草草阅读一下由迪特里希为他准备的新闻剪报，随后就去吃午饭了。当希勒特在上萨尔茨堡的宅邸期间，情况就变得更加糟糕。在那儿，他一般在下午两点之后才会走出房间，随后就去吃午饭。他把下午的大部分时间都花在了散步上，到了晚上会直接去吃饭，然后就去看电影。”

阿尔贝特·施佩尔是一名建筑师，后来成了纳粹的军备部长。他表示，希特勒在慕尼黑期间，一般一天只有“一到两个小时”可以开会。他说：“他大多数时候都在建筑物周围踱步，在音像室、咖啡馆或是饭店里放松，或者是对下属进行长时间的训话，其训话的主题大家都已经非常熟悉，可还是得装出非常认真的样子，不能透露出半点不耐烦的情绪。”[3]施佩尔本人是一个醉心于工作的人，希特勒如此浪费工作时间，在他看来是一件很不好的事情。施佩尔经常反问自己:“他什么时候在真正地工作?”答案不言自明:“在大众的眼中,希特勒是国家的领导人,为了工作他一定夙兴夜寐。但情况根本不是这样。”[4]

希特勒与斯大林不同,他不会下发无数的信函与指令来干预政策,他只会利用自己的终极权威来掌控国家,坐稳独裁者的位子。这种情况是不是很反常?在一个现代国家,一个领导人怎么能将大把的时间花在卧室或是咖啡馆里呢?伊恩·克肖教授对此给出了解答,此前,他仔细地研究了纳粹德国粮食部的国务秘书维尔纳·维利肯斯于1934年2月21日所做的一次貌似不太重要的演讲。维利肯斯在演讲中说道:“所有有机会见识情况真相的人都知道,元首不会事无巨细地将时间花在他迟早都会知道的大小事务上。相反,在新德国中,对那些有着一官半职、为元首工作的人来说,他们都会尽力将工作做到最好……实际上,这也是每个人的职责,他们需要按照元首的意愿,沿着元首的路线努力为他工作。那些犯了错误的人很快就会认识到这一点。对那些为了实现元首的目标而按照既定路线努力工作的人来说,他们在此刻和未来都会得到最高的奖励,也就是以法律的形式对他的工作予以肯定。”[5]

“为元首工作”,这体现的是一种很奇怪的政治框架。在这种框架下,并不是掌权的人发号施令,而是那些权力等级稍低的人自己来把握政府的精神,制定出相应政策,在施行的过程中不断加以调整,直至产生最佳效果。在英国的历史中也有这样的例子,当时亨利二世就经常说:“谁能使我摆脱这些烦冗的公务?”后来,贵族阶层冲入坎特伯雷谋杀了托马斯·贝克特,他们采取这一行动时并没有得到直接的指令,但是这些弄臣们知道如何取悦自己的主子。

克肖教授认为,要想了解纳粹德国在20世纪30年代和战争期间是如何运转的，就需要重点把握“为元首工作”的要义，同时，它也能解释对那些被占领国家下达的很多行政命令的出处。此外，它还能戳穿很多纳粹分子声称“只是在依照命令行事”的谎言。当然，“为元首工作”的说法也不能使希特勒免于其咎。纳粹官员之所以这样行事，是因为他们需要对希特勒的意志做出明智的判断，更多的则是以此给自己的行为披上合法的外衣。这一政权要想正常运行需要两个条件：一是要有希特勒的权威，二是要有那些认为自己的行动都是现实所需的下属们。

“为元首工作”这种说法可以用来解释很多国内政策领域的决策过程，依据希特勒的性格，这些都是他不曾注意的。举例来说，大多数政党都会在他们的核心纲领中明确体现深思熟虑后的经济政策，但是纳粹党并没有。实际上，学术界对此还进行了揶揄——“希特勒的经济政策的具体内容是什么？”“噢，这个问题很好回答，因为他根本没有制定经济政策。”也许，从某些方面来看，这种说法有失偏颇，尽管在政策方面是空白，但是，希特勒也确实有其经济目标。他曾经承诺消除德国的失业问题，只不过在公开场合谈及得较少，但是在他的眼中有比这更重要的事，那就是重整军备。最初，关于如何实现经济方面的目标，他只有一个想法，那就是求教亚尔马・沙赫特，此人是德国国家银行的前行长，也是一位知名的经济学家，希特勒希望从他那里找到办法。在国内的各项政策中，除了重整军备、加大军队建设之外，希特勒均提不起多大兴趣。

让人惊讶的是，一些人本以为只有在政治领导的监管下才能改善经济局面，但是希特勒却将此委托给沙赫特，而且也貌似起到了作用。沙赫特采取的是基于信贷的通货再膨胀政策，同时执行增设工作岗位的计划，以义务工作服务为起点，帮助失业人群找到工作。对一般民众来说，只要不属于政府厌恶的种族或是政敌，生活都开始有所改善。大家并不明白通货再膨胀背后的经济理论，而且他们也并不认为希特勒怠政。他们环顾周围，用自己的双眼来观察政府的所作所为，他们发现，很多情况都和政府承诺的一样。在如今我们采访的人群中，几乎所有人都在强调纳粹在降低失业率方面所取得的成就，大街上满是绝望的失业人群的局面不复存在。相关数据显示，失业人数从1932年1月的六百万之多减少到1934年7月的二百四十万。公共基建领域开辟了很多工作岗位，尤其在建设高速公路方面更是如此，这些都使德国焕发出新的活力。卡尔·勃姆—泰特尔巴赫说："大家都很高兴，有人表示夜晚可以带着妻儿在公园散步了，不用担心受到袭扰。虽然如今情况又变得危险了，但在那时真的很安全，这使得大家都很愉快。"

和大多数官员不同的是，勃姆—泰特尔巴赫在20世纪30年代有机会结识纳粹的高层。在冯·布隆贝格的协助安排下，在晚宴聚会时，他与这些高层坐在一起，眼前的一幕幕让他印象深刻。在这些人当中，戈林被大家所钦佩，因为他曾在第一次世界大战中的里希特霍芬战机中队立下战功，他知道如何与飞行员交流；戈培尔举止优雅，在饮用香槟的时候他会询问布隆贝格最近看了什么电影，这样他也可以推荐一些自己最喜欢的电影，比如《乱世佳人》，这也是戈培尔最为推崇的电影之一。但是，要说到给勃姆—泰特尔巴赫留下最好印象的人当属海因里希·希姆莱了，他是纳粹党卫军统领，到了1936年任德国警察总监、盖世太保首脑。泰特尔巴赫回忆道："他的性格非常好，他的身边总会聚集一批像我这样的年轻人，他会询问空军的情况、我个人的工作情况，以及我与布隆贝格相处得如何等。"勃姆—泰特尔巴赫认为，他所接触的这些高层人士都很擅长自己的工作。很久以后，当他听说希姆莱企图单独媾和的消息时，他简直无法相信，他无法将这个人与当时在晚宴聚会时所接触的那个善解人意的人联系在一起。如今,让人不太容易接受的情况是:在20世纪30年代,不仅仅是纳粹政权被大家广为拥护,同时纳粹当中的很多精英也备受大家推崇,尽管后来这些名字都成了魔鬼的代名词。[6]

在20世纪30年代,厄纳·克兰兹还是一位少女,如今,她已是一位祖母,住在慕尼黑附近。在谈及1934年左右的纳粹统治时,她回忆道:"此前,人们很难看到希望,不仅仅对那些失业的人来说如此,对所有人来说都是这样,因为我们都很清楚,我们都是被压迫、被践踏的人。"对照自己的家庭状况的改变,她看到了纳粹政策的成效:家庭收入提升了,德国看起来重新找准了目标。在采访的过程中,克兰兹一再强调她的话仅仅代表自己的个人观点,害怕别人认为她的观点偏离了政治立场。她说:"那段时光很美好,我很喜欢。我们的生活虽然不像现在这般富足,但秩序井然。"在被问及如何比较现在的生活以及20世纪30年代纳粹统治下的生活时,她回答道:"我认为当时的生活更好,当然,说这样的话有些风险,但我依然要这样说。"

厄纳·克兰兹津津有味地谈起纳粹为年轻人安排的娱乐活动,比如演出盛会和大型庆典等。在这当中,最为有名的"艺术活动"当属"亚马孙之夜"。该活动初创于1936年,每年在慕尼黑举行,一共举办了四届。从仅存的一些彩色影像资料中我们可以看到当时的场景:无上装的半裸德国少女骑在马背上,再现一些历史场景,其中包括希腊神话中的一些猎捕场景。厄纳·克兰兹参与了该活动,但并不是以无上装少女的形象出现,而是穿着低胸领箍衬裙扮演了蓬帕杜夫人。克兰兹并不认为这种活动有伤风化,相反,它一点也不色情。她说:"女孩们所呈现的就是上帝造人的样子,而且我认为,这种活动的本质是一场眼球的盛宴,也是充满欢乐与灵感的海洋,毕竟,在西斯廷教堂中,所有的形象都是全裸的,不是吗?”

对于像“亚马孙之夜”这样的活动来说,它们的目的不仅仅在于满足大家的感官。根据厄纳·克兰兹的观点,这些活动还展示了德国人的精英品质,她说:“人们看了活动之后会认为德国人很特别,认为德国人应该成为第一流的人种,他们理应凌驾于别人之上。”这种观点是有传染性的,“如果你每天对一个年轻人说他很特别,最后他就会相信这一点”。

我们的本意是了解纳粹政权的暴行,但是有人表示,和如今相比,自己在纳粹统治下的生活更加愉快。这实在是对现实的一记嘲讽,但是,对于像厄纳·克兰兹这样的人来说,说出这一点很有必要,因为如果缺乏了他们的证词,我们对纳粹主义就会表现出一边倒式的观点,认为纳粹政权自一开始就压迫德国民众。相关学术研究成果表明,厄纳·克兰兹在描述政府在这一时期的状况时,她的观点并不奇怪。有人在战后开展了一项研究,受访人群中有40%表示,他们怀念20世纪30年代那段美好的时光。这份研究是在1951年进行的,当时德国人已经知道了战争期间集中营的全部真相,最终的统计数据是根据他们的口述而做出的。

这些情况在如今看来似乎难以理解,或者说,只有依据这样的一个假设前提才能理解:德国人非常古怪、与众不同,他们特别容易受到狂热的权威人物的影响。但除此之外,还有一种解释:如果想要充分理解这种情况,大家就要设身处地地想象一下1934年的克兰兹和她的家庭状况。当时,如果他们回顾过去的二十年,社会是一种怎样的状况?一场战争耗尽了这个年轻人的国家,并使得全国人民蒙羞;一纸和平条约割走了它的很多土地,并使得经济雪上加霜;通货膨胀摧毁了人们的储蓄;一时间社会上出现了很多政党,他们彼此之间争斗不休,准军事部队的支持者之间还经常发生街头斗殴；失业率激增，达到从未有过的历史高度。纳粹政权自1934年开始重新稳定了局面，大家对此持欢迎态度也就不难理解了。

很多德国人对20世纪30年代的生活感到满意，这一点确实出乎预料，但是，与臭名昭著的纳粹秘密警察组织盖世太保最近被披露的情况相比，此前的信息也就不算什么了。在大众的传说中，盖世太保肩负着安全、恐吓的职能，他们镇压异见分子，权力极大，眼线也遍布各地。但是，这还不是全部真相。要想了解真正的情况，你需要去一趟德国西南部的维尔茨堡。维尔茨堡乍一看与德国其他的城镇并无多大区别，但是它确实有一样特别之处：在欧洲仅有三个城镇的盖世太保的记录没有在战争末期被纳粹销毁，维尔茨堡就是这三个城镇之一。在维尔茨堡的档案馆中大约有一万八千份盖世太保的文件，它们能够留存下来可以说是侥幸。当时美国军队已经到达，盖世太保这时才开始焚烧文件，他们是按照字母顺序烧的，所以，以A、B、C、D开头的文件几乎未能留存下来，而其他的文件由于来不及烧毁而得以完整保存。

安大略的罗伯特·盖拉特利教授是第一个揭秘这些文件的人。在他对该领域进行研究时，一位德国老人看到了他的工作情况并对他说："也许你会很想采访我，因为当时我就住在这里，我了解很多情况。"盖拉特利约他喝咖啡，问他在这里曾有多少名盖世太保，老人回答道："他们无处不在。"这一回答证实了关于盖世太保的传统观点。[7]

但是，在研究了相关文件之后，盖拉特利教授发现，盖世太保不太可能"无处不在"。维尔茨堡处于下弗兰肯行政区，此处大约有一百万人口。经过准确统计，整个行政区拥有二十八名盖世太保，其中分配给维尔茨堡的有二十二名。在这二十二人当中，大约有一半的人只是从事行政工作。那些认为盖世太保自身在不断监视民众的说法是没有根据的，那么，如此少的人数又如何能实现这样的控制呢？答案很简单，盖世太保在很大程度上借助了普通的德国民众。和很多现代的警察体系一样，盖世太保工作的好坏取决于它能开展怎样的合作。根据文件显示，盖世太保得到了来自外部的高质量的合作，这使得它成为一支非常高效的秘密警察力量。在1933年至1945年间的所有政治犯罪中，只有10%是由盖世太保自身发现的，另有10%是通过常规警察或纳粹党移交给盖世太保的，这也就意味着，剩余80%的案件都是由普通民众发现的，他们将信息告知了常规警察或是盖世太保。这些文件还显示，有些合作没有支付报酬，在这当中，大多数提供线索的人都不是纳粹党成员，他们只是"普通的"市民。其实，他们根本没有告发的义务。维尔茨堡档案馆中的大多数文件都是源于非纳粹党成员的自愿告发，所以，盖世太保并不是一个主动出击以揪出政敌的组织，它的主要工作就是甄别每天所收到的自愿告发信。

单看这些充满故事的文件，并不能充分了解那些告发者的动机。有一份文件反映了这样一个情况：一位来自维尔茨堡的犹太裔酒商与一位1928年开始守寡的非犹太裔妇女有了情史，他自1930年起与她保持情人关系，但是他们也对外表达了要结婚的想法。通过这份文件，人们可以看出：希特勒当上总理的同时，这位寡妇的邻居们开始公然反对这位犹太人的出现，并在公共楼梯里与他发生了冲突。因为这一原因，这位犹太人不得不停止与寡妇的夜间幽会，但他依然在钱财上对她给予帮助，并经常和她一起吃饭。最终，同一栋楼里的一位五十六岁的妇女向盖世太保递交了告发信。她在信中表示：反对这位寡妇与犹太人保持恋情，尽管这在当时并不是什么冒犯行为。从纳粹党与警察之间的通信记录可以看出，这位妇女和一名男性邻居敦促纳粹党采取行动。于是，当地的纳粹党开始向纳粹党卫军施压，在1933年8月，纳粹党卫军闯入这位犹太人的家中，在他的脖子上套上公告牌，将他押入了警察局。这张公告牌上有以血红的颜色书写的羞辱的信息，如今它仍然完好地保存在文件之中。它的内容依然清晰可辨："我叫缪勒，是一名犹太人，我与一名德国妇女罪孽深重。"缪勒先生在监狱里被关押了几个星期，随后，他们在1934年彻底离开了德国。其实，他并没有触犯德国的法律。

在一个偏离了民主的国家体制中，"告发"吊诡地成为德国民众表达意愿、传递心声的一种方式。有人本应服役却没有——这种情况有人告发；有人拿希特勒开玩笑——这种情况有人告发。告发行径也成为个人获利的手段：如果你想要一位犹太老妇人居住的公寓，你可以告发她；如果你的邻居惹怒了你，你也可以告发他。

盖拉特利教授在维尔茨堡档案馆进行了长达数月的研究，他奋力地想在当中找到一位"英雄"，他想知道，有没有一个人能够站出来对抗这一体制，或者你也可以说，是否有一剂针对盖世太保文件研究所揭示的人性冷酷一面的猛药。最终，盖拉特利将目光集中在了伊尔泽・索尼娅・托茨克身上，此人在20世纪30年代以一名音乐专业学生的身份来到维尔茨堡。查阅盖世太保关于她的文件，我们可以看出：她成了被周围人怀疑的目标。第一个告发她的人是她的一位远房亲戚，此人声称该学生对待犹太人过于友好，她还知道很多本不属于女人感兴趣的事情，比如军事事务等。此人还表示，他之所以要向盖世太保告发，是因为他本人是一名后备官员。但是，后备官员的身份与告发行为貌似并无因果关系。于是，托茨克受到了盖世太保的密切监视，但是，这种监视的形式很奇怪，因为盖世太保要求她的邻居们对她进行盯梢。于是，在该文件中，我们看到了这些邻居们提供的千奇百怪、自相矛盾的所谓"证据"。比如：托茨克有时行纳粹举手礼，有时不行举手礼，但有一点很清楚，她并没有避免与犹太人的交往（这一点在当时并不是犯罪）。一位匿名的告发者甚至怀疑托茨克是一名同性恋。但是，最终并没有任何确凿的证据表明托茨克犯了罪。尽管如此，根据这些告发者提供的信息，盖世太保还是对托茨克进行了审讯。通过文件中的审讯笔录我们可以得知，托茨克因为自身的态度而受到警告，但是盖世太保也很清楚，此人并不是间谍，也没有任何犯罪记录可以指控，她只是显得和常人不大一样罢了。尽管如此，旁人对她的告发行动仍在继续，最终，托茨克的文件被递到了戈尔莫斯基的办公桌上，此人是维尔茨堡最为残忍的盖世太保之一，任职于2B支队，专门对付犹太人。

在1941年10月28日，托茨克被传唤审讯。盖世太保已就此搜集了一套完备的记录。托茨克做出保证："如果我再与犹太人纠缠不清的话，我知道最终自己可能会被关入集中营。"尽管如此，她依然和一些犹太人保持着友谊，并且再次被传唤向盖世太保汇报情况。她和一位朋友试图乘坐飞机穿越边境进入瑞士，但是，瑞士的海关官员将她引渡给了德国当局。在德国西南部她受到了漫长的审讯，她说："作为个人，我认为《纽伦堡法》和纳粹的反犹情绪完全令人无法接受。我无法容忍在德国这样的一个国家竟然会出现这样的情况，我再也不想在此生活了。"后来，在维尔茨堡又经历了一次漫长的审讯之后，她被押入了拉文斯布吕克女子集中营。至此，我们觉得她再也没有可能生还了，她的勇气葬送了她的生命。

依据盖拉特利教授的研究线索，我们希望继续深入，试图找到亲历这一事件的人。最后，我们找到了玛利亚·克劳斯，她当时与自己的父母居住在离托茨克住所不到一百米的地方。在我们采访克劳斯的时候，她已是一位七十六岁的老人，从外貌上看，她与维尔茨堡街道上那些体面的老太太并没有什么不同。但是，在盖世太保关于托茨克的文件中，有一份时年二十岁的玛利亚·克劳斯在1940年7月29日所签名的告发文书。文件在开头写道："玛利亚·特里西亚·克劳斯，1920年5月19日出生。于今天早晨到达警察局。"在我们的采访过程中，我们向她朗读了文件中的这样一段文字："伊尔泽·索尼娅·托茨克住在我家附近的一栋花园小屋里，我之所以注意到这个人，是因为她看起来很像犹太人。我要告发的是，托茨克小姐从来不行纳粹举手礼。我从她的说话中觉得她有反德国人的倾向，不仅如此，她还和法国人、犹太人走得很近。她还告诉我，德国陆军的装备没有法国的精良。不时地会有一位三十六岁左右的妇女造访她，此人看起来也很像犹太人。在我看来，托茨克小姐行为诡异。我想她有可能是参加了某些危害德国的行动组织。"在文书的底部是"蕾西·克劳斯"的签名。我们问克劳斯女士这是否是她的亲笔签名，她确认了这一点，但又表示，她无法理解这份文件如何能留存下来。她否认自己曾做出以上的口供，同时表示自己从未造访盖世太保。她对我们说："我不清楚这是什么情况，文件中的地址是正确的，签名也是我的手迹。但这些东西都是从哪里来的，我实在搞不清楚。"蕾西·克劳斯是真的得了健忘症，还是在装糊涂，这些就不好言说了。当然，在如今，出于个人的利益，要使任何一个人承认自己当时曾向盖世太保告发过自己的邻居，恐怕都不是一件容易的事情。在我们对她的采访临近尾声时，我们又进行了一次谈话，她说："我把你们所反映的这些情况告诉了我的一位朋友，她连连惊呼，'上帝啊，难道五十年后还要重提旧事吗？'……我想说的是，我没有谋杀任何人。"

采访结束后，离开克劳斯女士的那一幕至今仍刻印在我的脑海中：她站在维尔茨堡铺满鹅卵石的市政广场上，看起来没有任何的不同，但也因此让人感到深深的不安。此前，你可能会以为，那些在纳粹统治下助纣为虐的人和那些决计不会这样做的人一定是泾渭分明的，但是，同克劳斯女士进行的访谈却使我们深受震动，要不是在盖世太保的文件中看到她亲笔签名的告发文书，你根本无法将此事与眼前的这位与旁人无异的体面妇人联系在一起，像她这样的人，我们本该在一起只是闲聊一些琐事，拉拉家常而已。

不管克劳斯女士是否真的健忘，如果她的确进行了告发，那么这对盖世太保自身来说又意味着什么？它再一次证明，"盖世太保无处不在"的说法只是以讹传讹而已。此外，人们此前还说盖世太保自身都是狂热的纳粹党卫军成员，在纳粹政权成立初期，他们就赶走了警察部门中正常执法的官员，并取而代之。这样看来，这些说法也是没有根据的。真正的情况是：当纳粹政权成立的时候，大多数警察依然在各自的岗位上履职，但他们可以不必像此前那样工作，他们被解除了束缚。在纳粹统治下，对大多数德国警察来说，他们在行事时有很大的自由，他们可以无视嫌犯的基本权利，亦可以依照自己的理解奉行铁腕的政策。

海因里希・缪勒是盖世太保臭名昭著的头领，自1939年开始担任这一职务，他在工作中也不例外。在纳粹掌权之前，缪勒是警察局政治部门的一名警察，其主要工作是对付左翼政党。实际上，缪勒根本就不是一名合格的纳粹党员，1937年，当地的党支部认为他根本就不应该得到提升，因为他没有纳粹所必备的品质。在参考了纳粹掌权之前缪勒对左翼团体所采取的行动之后，支部做出了这样的评价："此人在采取行动时非常严厉，有时甚至无视法律条款。尽管如此，我们并不知道，如果他因任务所需而对右翼采取行动时，是否也会这般如出一辙。"这份评价报告非常怀疑缪勒为纳粹服务的动机："此人野心勃勃，冲动鲁莽，在任何体制下，他都会竭尽一切来取悦他的主子，至于他的主子具体是谁，他并不在乎。"尽管评价非常低，但最终缪勒还是得到了提升。

他的上级是海因里希·希姆莱和莱因哈德·海德里希，他们当时在提拔缪勒时一定是这样的想法：与其找一个只是政治合格的人，不如找一个更有闯劲、更有野心，也更加能胜任工作的人。[8]

当然，大多数德国人可能从来没有和盖世太保接触过。如果在纳粹的眼中你是个守法的良民，那么你就是安全的。他们的目标也不会过于泛滥，但是，如果你不幸是乞丐、社会异见分子、共产党或是犹太人，那你就很倒霉了。

从德国纳粹执政的混乱本质中我们可以看出，直到第二次世界大战开始，纳粹的反犹政策并不是严格一成不变的，尽管这个党一直宣称憎恨犹太人。纳粹反犹的根本立场从未改变，但是迫害的性质经常会有很大的变化。

在1933年3月的选举结束后，社会上就爆发了一系列未串联的针对犹太人的打击行动。我们此前已经谈到了维尔茨堡的一个例子：一位犹太男人因为和一名非犹太寡妇产生了感情而遭到公然的羞辱，最终还被投进了监狱。(在这里要重申一下，他的行为在当时并不违法。)但是，一些非官方的打击犹太人的行动可能会更加暴力。在希特勒就任总理时，阿尔农·塔米尔是一名十五岁的犹太少年。一位朋友告诉他，在希特勒掌权后不久，冲锋队闯入了他们所在的村子，残忍地鞭笞所有的犹太人，这些人被打得遍体鳞伤，“好几个星期都没法落座”。在德国的其他地方，也有报道称犹太人受到了各种羞辱，比如被剪掉胡子，或是被迫喝蓖麻油，等等。

鲁迪·班贝尔当时和他的家人居住在纽伦堡的犹太人社区，他们很快就领教了纳粹冲锋队对待犹太人的暴行。他说：“1933年，冲锋队闯入了这里，他们带走了我的父亲，还有很多居住在纽伦堡的其他犹太人。这些人被带到了一座体育场。那里杂草丛生，他们强迫被带到这里的犹太人用牙齿来‘割草’，这其实是变相地让他们吃草。这实在是一种羞辱，纳粹想通过这种方式来证明犹太人是最低贱的人种。”

尽管希特勒能理解这些施暴者的动机，但其实这些行动都不是他正式下令的。1933年4月1日，希特勒下令抵制所有犹太人开的商店及其他商业活动。在计划过程中，抵制行动本来是无限期的，但是遭到了兴登堡和其他人的施压，他们主要害怕产生对外贸易报复的风险，最终，抵制行动只持续了一天。尽管如此，对德国的犹太人来说，这一天仍具有象征意义。阿尔农·塔米尔看到纳粹冲锋队朝着犹太人商店的窗户上喷油漆，然后就凶恶地站在店门口，阻止人们进去买东西。此外，他们还不停地喊着口号，比如“德国人不进犹太人的商店！”“犹太人招来厄运！”，诸如此类。塔米尔发现有一两个勇敢的德国人强行走进了犹太人的商店，但是，正因为走进犹太人的商店都需要强大的勇气，这也证明了犹太人在德国的地位是多么凄凉无助。他说：“我感觉自己正在坠入一个黑洞，我生平第一次直观地感受到，现行的法律并不适用于犹太人。你可以肆意对待犹太人，犹太人不受法律保护。”从那时起，塔米尔尽量使自己远离那些非犹太裔的德国人。在某种意义上，他希望所有的犹太人都能够这样。纳粹希望犹太人主动与其他德国人隔离开来，在德国建立自己的居住区。于是，犹太人建立了自己的学校、自己的青年俱乐部和体育场所，他们开始主动地将自己与其他人群隔离。考虑到此前很多犹太人是经历了漫长的苦痛才将自己融入当地社会，如今却又不得不将自己隔离，这对他们来说实在是一出更大的悲剧。尽管他们在地域上仍居住在德国境内，但是他们感觉是被驱逐的。

在犹太人当中，包括阿尔农·塔米尔的父母及其朋友在内的一部分人仍抱有一丝希望，他们希望抵制行动并不是直接针对他们这样的当地犹太人，而是那些“国际”犹太人，他们都是老实本分的德国公民。

实际上，1935年秋季出台的《纽伦堡法》就明确了将犹太人从正常的德国民众生活驱离，包括废除他们的国家公民身份，禁止他们与“雅利安人”通婚等，但很多犹太人还认为，纳粹政权最终会控制它的仇恨情绪。经济部长兼德国国家银行行长亚尔马·沙赫特，就因为害怕迫害犹太人会对经济造成影响而施加了压力。此外，为了1936年奥运会上的自身形象，德国也稍稍收敛了自己的言行，这些都使得德国的犹太人在1936年至1937年间确实度过了相对平静的时光。但是，这并不是说针对他们的迫害就彻底消失了，而只是和此前的遭遇相比，他们的生活没有进一步恶化。

尽管如此，犹太人还是遭受了很大的苦痛。“雅利安化”计划，强迫犹太人不准从事商业活动，这也就意味着很多犹太人的生计都出现了困难。在1933年4月1日的抵制行动后不久，阿尔农·塔米尔的父亲经营的小型烟厂就遇到了困难。此前，城镇里的烟草零售商都和他的父亲有着良好的合作关系。突然之间，他们纷纷向他的父亲“致歉”，因为他的父亲是犹太人，所以这些零售商不能再卖他的烟草了。如此这样持续了一两个月的非官方“联合抵制”之后，他的父亲被迫关闭了烟厂。阿尔农·塔米尔说：“这对他来说是沉重的一击，因为此前发生过战争，后来又发生了通货膨胀，现在是他第三次失去生活的基础。有好几个星期，他就一人独自窝在沙发上，黯然神伤。”

此外，还有成千上万的其他犹太人并不像塔米尔的父亲那样因为这些非官方的联合抵制而失去生计，而是因为20世纪30年代出台的一些法律禁止犹太人从事某些职业，比如行政部门等。还有更多的犹太人对此而感到绝望，于是他们离开了这个国家。

卡尔·勃姆—泰特尔巴赫承认，很多犹太人被迫离开德国，确实是纳粹错误的地方，但是他又表示，考虑到柏林的律师有“90%”都是犹太人，他能“理解”纳粹的所作所为。前银行家约翰内斯·察恩据此说道：“大家普遍认为，犹太人在德国的触角已经过深了。”他还表示，像律师等职业长期受犹太人把控的话，未来可能会出问题。在反犹情绪大行社会的情况下，这些话语颇具深意，因为大家可能会认为纳粹的反犹政策违背了大多数人的意愿，但是从我们采访的一系列亲历者来看，很多德国人在当时都是支持纳粹对犹太人设置这些限制的。

至于犹太人为什么集中在某些特定的职业领域，这来自几百年来他们在其他就业领域受排斥的一种传统。阿尔农·塔米尔说：“犹太人处处受排挤，实际上他们是被迫集中到某一个特定领域的，在两百多年以前，犹太人是不能从事农夫、手工匠人等职业的。”对此，官方尽管有各种“合理的”解释，但是这掩盖不了偏见与歧视的本质。

对非犹太人来说，他们一般会从另外一个角度来看待这些问题。我曾问卡尔·勃姆—泰特尔巴赫，在20世纪30年代，为什么会有一些人崇拜希特勒，当犹太人被迫丢失工作、离开德国的时候，他又在做什么。泰特尔巴赫的回答可能代表了其他很多德国人的观点，他说：“你谈的这些情况根本不存在，所有人都认为自己是在一个大家庭中，并没有将这个集体做一些区分。你可能受到了误导。”在回忆20世纪30年代自己在德国空军部队的愉快经历时，他说：“年轻的飞行员整天在天空翱翔，他不想讨论这些问题，他也不想介入一些无谓的纷争。我们归航后就美美地吃一顿，然后要么好好睡上一觉，要么出去跳舞放松。”

但是，阿尔农·塔米尔自童年起就感受到了这种无处不在的反犹气氛，苦痛的经历一直伴随着他长大。他有时会在镜子前长久地凝视：是自己的鼻子太大了吗？还是自己的下嘴唇太厚了？他想和非犹太德国女孩玩儿，却发现她们的周围都是那些恐怖的卡通片，耸人听闻地宣称犹太人要加害别人。阿尔农·塔米尔随后发现，在纳粹的死忠人士眼中，犹太人不仅仅是异端，而且残忍又邪恶。长大后，塔米尔曾在一个建筑工地工作，此时一名年轻的冲锋队队员斩钉截铁地宣称：塔米尔所在村庄的一名犹太妇女是个女巫。此人说这个女巫能变成一头马驹，然后再变回原形。有一天，一位铁匠在她变成马驹的时候抓住了她，给她钉上了铁掌，这样，她就再也变不回去了。阿尔农·塔米尔说："他竟然相信这样的故事，这使我非常地泄气。"当时，德国只有0.76%的人口是犹太人，这使得冲锋队那些毫无根据的偏见思想更容易传播、蔓延。有时，人们似乎很容易被一个并未亲眼见识却拥有所谓超自然力量的"敌人"吓到，而其实他只是住在隔壁的普通邻居而已。

在1933年春季和1935年夏季相继爆发反犹太人的浪潮之后，1938年夏秋季又爆发了第三股浪潮，这一年的11月9日就是后来历史所称的"水晶之夜"，在那一夜，针对犹太人的暴行达到了顶峰。在两天之前，一名德国驻巴黎的外交官恩斯特·冯·拉特被一位叫赫歇尔·格林斯潘的波兰籍犹太人枪杀。此人因为不满犹太人遭到纳粹的不公平对待，心中早已是满腔怒火，而在驱逐活动中，他的家人在穿越波兰边境时又遭遇到了残酷的暴行，这使得他的反抗情绪愈发浓烈，最终导致了枪杀事件的发生。当时，纳粹正在慕尼黑集会以纪念啤酒馆暴动，当约瑟夫·戈培尔听说冯·拉特的死讯之后，他请求希特勒出动纳粹冲锋队来进行扫荡，希特勒同意了。

当鲁迪·班贝尔家的前门被撞开后，他和家人们意识到扫荡行动开始了。回忆起当时的情境时，他说道："在黎明时分，他们砸开前门，开始疯狂地打砸。当时前后来了两批人，第一批人打砸完就离开了，随后，第二批人又来了。"班贝尔本想打电话报警，但是他看到这些行凶的暴徒就是穿制服的人。"我们家一共有三位老太太，她们住在一楼。其中有一个人被暴徒们拖着痛殴，我不知道是因为什么，也许是她挡了这些人的路或是别的什么事情。我也被他们打了，最后他们在地下室的厨房里停了下来。接着他们拘捕了我，把我交给了门外的一名警卫。”但突然之间，冲锋队队员又改变了主意，决定不再扣押他。鲁迪·班贝尔说：“那一夜有很多人被捕，冲锋队很明显也想逮捕我，但此时他们发现自己的头儿已经回家了。很明显，他可能觉得抓的人已经够多了，他一回家，使得这些人非常生气。所以，他们也无心继续，于是猛地踹了我一脚，说了一句‘滚吧’或类似的话，然后就把我扔下了。”但是，当鲁迪·班贝尔再次走进家门的时候，更加凄惨的一幕正在等待着他。“我走上楼，眼看着父亲垂死挣扎，直到去世，我手忙脚乱地想给他做人工呼吸，貌似也起不到什么效果，但真正的原因是时间太迟了。我整个身体都在颤抖，我不明白为什么会发生这样的事情，他们怎能毫无怜悯，对陌生人下如此狠手？”

对厄纳·克兰兹这样的德国人来说，“水晶之夜”让他们感到很震惊，从此以后，他们有了一些新的思考。最初，他们觉得看到了希望的光芒，生活在好转，国家仿佛又恢复了秩序与安全。但随后，一切的一切让他们开始重新审视周围的一切。我们问克兰兹是否因此成为纳粹政权的反对者，她的回答有些急促：“噢，不不，当时四处都在拥护希特勒，我们个人又能做出多大的改变？你只能随大流，我们都在随大流，我们都是追随者，也只能如此，我们也只能做追随者。”

在所有的德国民众中，对待“水晶之夜”的态度还是有差别的，很多人对此感到震惊、气愤或是错愕。该行动所造成的高额财产损毁也引发了批评。有些人认为，在一个文明的国家竟然发生这样的事情实在是一种耻辱，还有一些人对遭受戕害的人群表达了怜悯。尽管如此，大多数人还是对驱逐犹太人持赞同态度。犹太人依然是无依无靠的。

“水晶之夜”后的早晨，在纽伦堡，当地的德国人证明了他们所感受到的鲁迪·班贝尔及其家人所经历的痛苦：他们用石头砸了班贝尔家的窗户。

在“水晶之夜”中，究竟有多少犹太人被杀戮，损毁的财产究竟价值多少，关于这些并没有准确的历史记录。近来迈耶·施瓦兹教授对此进行了研究，他本人是一位特拉维夫的生物学家，其父亲也被纳粹所杀害。根据他的研究成果，当时至少造成四百名犹太人死亡，一千多座犹太教堂遭到损毁。

“水晶之夜”的状况再一次证明：纳粹德国只要稍稍提前策划一下，就能制造如此骇人听闻的事件；只要希特勒稍一点头，那些暗流汹涌的暴力情绪就会如此地搅翻社会。因为这一事件的发生，希特勒的个人威望遭受了一点小小的影响，他从不在公开场合谈及这一事件。

在1938年，也就是“水晶之夜”爆发的同一年，纳粹建造了一座新的总理府，以此作为自身权威的象征，该建筑的设计师是阿尔贝特·施佩尔。但是，在它庄严的外表下，希特勒管理政府的方式依旧是一片混乱。根据外事办公室的贡特尔·洛泽的观点，根本的问题是，希特勒会指令两个独立部门的两套人马去从事比较相似的任务，同时又没有明确的任务分工。这样一来就造成了部门之间的争斗。还有一种情况是，希特勒发出一个宏观的指令，随后下属们依据这个指令再下达一道指令。当出现不可避免的争端时，希特勒很少做出最终决策，也不评判谁对谁错。他总是对他的部长们说：“你们可以一起坐下来商议，在你们想好了之后，可以过来找我。”

在这种竞争精神指导下，希特勒在总理府内的日常工作不仅由一个私人办公室组织，同时还有另外五个责任机构，它们分别是：汉斯—海因里希·拉默斯领导下的帝国总理府办公室，菲利普·鲍赫勒领导下的总理府元首办公室，奥托·迈斯纳领导下的总理府总统办公室，威廉·布吕克纳领导下的希特勒私人助手机构，马丁·鲍曼领导下的元首代表办公室。因为所有这些人都宣称自己代表的是希特勒的指令，所以他们之间很多时候都是在相互争吵，谁也不服谁。他们平日里挖空心思取悦元首，以此提升自己的影响力。在这样的一种体制下，一些偶然性的事件经常会引发激进的政策。其中最自相矛盾、最让人错愕的一项政策就是“儿童安乐死计划”[9]。

在1938年末或1939年初，一位畸形儿的父亲给希特勒写了一封请愿信，这类信件总理府每周都会收到上百封。这位父亲在信中写道：他的孩子先天失明，同时还出现痴呆倾向，此外，他还缺少一条腿，一只胳膊也残缺不全。他希望能够“了断”这个孩子。菲利普·鲍赫勒领导下的总理府元首办公室的官员们接手了这一事务，他们认为，与其自己作决定，或是转交其他政府部门，不如将这封信递呈希特勒。当然，具体给希特勒递呈什么样的信件也是他们的日常工作之一，其主要标准就是看这些请愿是否能引起希特勒的兴趣。他们知道希特勒是一个“社会达尔文主义者”，此前纳粹已经制定了相关法律，对精神疾病患者强制实施绝育措施。希特勒阅读了这封请愿信，随后派自己的私人医生卡尔·勃兰特去了解那个孩子的情况，如果这位父亲所言属实，那么就杀了这个孩子。在总理府元首办公室有一名关键人物叫汉斯·赫费尔曼，根据他战后的证词，这一事件促使希特勒授权勃兰特、鲍赫勒以同样的方式处理类似的事件。

在后续的一段时期内，相关医生和卫生官员在新政策框架下就“儿童是否需要治疗”一事制定了详细的标准。痴呆和先天愚型病、各种情况的畸形，尤其是四肢不全、脊柱裂等情况都需要报备，相关资料会递交给一个委员会，在那里会有三名儿科医生担任评估者。如果这个孩子无法存活，他们就在相应的评判栏标注一个加号，如果能够存活，则标注一个减号。这三名医生没有亲眼见过任何一个参与评判的儿童，他们仅凭书面材料就做出自己的判断。

在战争开始的初期，儿童安乐死政策达到了癫狂的状态，格尔达·伯恩哈特一家就是上千个受害家庭之一。她的弟弟曼弗雷德有一些弱智，他已经十岁了，说话却像个三岁的小孩。他会说“爸爸”“妈妈”“希特勒万岁”，除此之外，别的就不太会说了，其实，他能拼出“希特勒万岁”这样的发音已经让人心生同情了。住在她家附近的一些恶毒的邻居认为，这个孩子最好能被“解决掉”，这样就一了百了了。但是，曼弗雷德的母亲一直在作抗争，最后，她的丈夫认为，他们的孩子应该被送进多特蒙德附近的艾普勒贝克儿童医院，她听信了丈夫的话。此时曼弗雷德已经十二岁，大家心里一直放不下他。在艾普勒贝克有一家农场，格尔达·伯恩哈特的父亲一直抚慰她的母亲，他说曼弗雷德一定可以在农场和动物们玩耍。

曼弗雷德被医院正式接收，他的父母可以两星期探视一次，这些都是规定允许的。格尔达只要有空也会去看自己的弟弟，她会给他带些吃的作为小礼物。随后，在曼弗雷德就医的第一年内，圣诞节逐渐临近了，格尔达发现自己的弟弟有了一些变化。当他被带到接待室的时候，身上仅仅只穿着内裤，而且看起来既面无表情又很虚弱。格尔达最后和他拥抱告别，她当时不曾想到，那是他们的最后一次见面。

在告知家属曼弗雷德死讯的时候，医院方面声称他死于麻疹，属于自然死亡。但是格尔达·伯恩哈特注意到，在那段时间，艾普勒贝克医院死了很多儿童。她向医院请求看一下弟弟的尸体，在一个房间里，她看到了十五个孩子的尸体，身上都裹着白布。护士将尸体逐一翻转并问她：“这是你的弟弟吗？”“不，不是”，格尔达每看一具都是这样的回答，在这当中没有她弟弟的尸体，她弟弟的尸体在医院的另一个房间里。

在举行了葬礼之后，她的父亲对家人说："是他们杀死了我的儿子。"但是，他并没有证据来证明这一点。直到最后，才有人揭开了其中的真实故事，也有人确定地说，艾普勒贝克医院的工作人员谋杀了在这里接受治疗的儿童。

在曼弗雷德就医期间，保罗・埃格特也是艾普勒贝克医院的一名病人。他的父亲是一位有暴力倾向的酒鬼，他们家一共有十二个孩子。在纳粹的眼中，这个家庭被划归为"有过失"家庭，因此，在保罗・埃格特年仅十一岁的时候，他就被强制送往比勒费尔德的一家医院接受了绝育手术，随后又被送往艾普勒贝克医院进行"评估"。因为他精神正常，所以他在医院也被委派了一些工作，这些工作的内容都很奇怪，比如去取一些干净的亚麻布，或者是推一些装满了脏衣服的推车等。有一次，他意识到自己的推车重得不太正常，趁着四周没人，他掀起了这些脏衣服，看到了两个女孩和一个男孩的尸体。

在艾普勒贝克医院，每到孩子们的晚餐时间，噩梦就开始了。医院里有位资深的医生叫魏纳・申根霍夫，每到此时他就和一位护士出现在食堂。他们会选定一些孩子，第二天早晨，这些被选中的孩子需要去他的诊室接受"免疫"注射。但是，慢慢地，所有的孩子开始发现，那些被选中接受"免疫"注射的同伴们就再也没有露面了。在诊室的外面，一个孩子仓皇地跑向保罗・埃格特，大声尖叫着"救命"，随后又被护士无情地拖走。埃格特告诉我们："那一幕场景我怎么也忘不了，一直到现在，只要我睡觉躺在床上时，一闭眼，它就会浮现在我的眼前。"

对于像艾普勒贝克这样的医院来说，搜集关于它们的历史证据是极度困难的一件事情。那些详尽的文字记录在战争的最后几个月几乎被尽数焚毁。1945年后，那些经历或见证了这些可怕行径的人对此什么也没有说。纳粹统治下就在艾普勒贝克医院担任特殊儿童处室负责人的西奥·尼贝尔依旧在行医，直到20世纪60年代退休。当地的历史学家乌维·比泽尔说："只有当时的直接参与者脱离医院时，人们才有可能揭开一些真相。"比泽尔先生认为，这种三缄其口的态度加重了罪孽。他说："1945年后，竟然没有一个人敢于站出来承认自己当时的行径，没有一个人敢于站出来指证自己的同伴，他们要么沉默，要么否认，要么撒谎，试图将其大事化小，这实在是一件非常可怕、可悲的事。"

乌维·比泽尔带领我们走进艾普勒贝克医院尘封的地下室，向我们展示了幸存的少量记录，从这些记录中我们可以一窥当年的历史真相。医院的官方死亡记录显示，大量的儿童死于不起眼的一些疾病，比如麻疹或是"身体虚弱"。在曼弗雷德·伯恩哈特死亡的那一天，还有另外两个孩子去世。在此之前的一星期内有十一个孩子死亡，在此之后的一星期内有九个孩子死亡。乌维·比泽尔推断："从这么高的死亡率来看，不可能所有的孩子都是自然死亡，那些死于所谓的'麻疹'或是'身体虚弱'的孩子，应该是被注射了大剂量的鲁米诺（一种强效镇静剂）或吗啡。"

第三帝国期间，儿童安乐死事件从起源到推行，不仅使人悚然，也引发人们沉重的思考。如同我们所了解的那样，它的产生，不仅仅是出于纳粹的种族主义观念，同时还与第三帝国混乱的决策程序有关。一封写给希特勒的请愿信正中他的下怀，这样一个机会性事件最终葬送了五千多名儿童鲜活的生命。在曼弗雷德·伯恩哈特去世的两年后，这一政策愈演愈烈，像艾普勒贝克这样的医院的医生们，甚至都不需要再进行评估流程了。政策的施行已经彻底失控，工作人员自由掌握着医院每一个孩子的生杀大权。这种纳粹政权与生俱来的混乱的激进主义意味着，德国法西斯永远也无法认真对待现状，无论这种状况是多么可怕、糟糕，这一点和意大利、西班牙的法西斯有所区别。在纳粹德国，希特勒刚刚表达了某种倾向，马上就有狂热的支持者将其付诸实践，以此来取悦他。这样一来，任何一种理念都有可能在瞬间走样、失控，由此而造成的恶果不仅会影响德国自身，还会波及世界的其他地方。

当然，在1939年，大多数德国人并不知道“儿童安乐死”这样一种邪恶的政策，他们也没有意识到纳粹政府混乱的组织框架及其根源。他们甚至也没有想过为什么盖世太保的工作会如此高效。他们一厢情愿地认为，国家正充满活力地朝前发展，而自己就是这个活力国家的一分子。

此前，没有任何研究资料、学术观点能使我相信：在第二次世界大战之前，怎么可能会有人真正喜欢生活在纳粹德国。但是，在采访过程中，一些普通的亲历者向我们描述了当时他们的生活是多么积极，此时我开始稍稍有些理解了。如果你曾经历了无序、屈辱，那么你一定会对安全、有序持欢迎态度，即使要付出“小小险恶的代价”，估计你也可以接受。但事实是，为此而付出的，远不止一些“小小险恶的代价”。此时，我不禁想起了一个古老的笑话。一位男士问一位女士：“你愿意为了一千万英镑和我睡觉吗？”这位女士回答：“愿意！”男士于是又说：“现在我们已经达成一致了，接下来商量商量价格吧。”

对德国人来说，他们就所谓的安全、有序“达成了一致”，但是，他们实际付出的代价却十分高昂。

第三章

错误的战争

在贝格霍夫，希特勒的宅邸被巴伐利亚周围的山脉所荫护，他会在这里观看一些故事片以寻求放松。其中，他最喜欢的是一部好莱坞拍摄于20世纪30年代的冒险动作片《孟加拉枪骑兵》。希特勒之所以喜欢这部电影，是因为他非常认同这部电影所传递的信息：一个“雅利安”国家可以无所畏惧，征服一个人口众多但“劣等无用”的种族。

1941年7月27日，希特勒在晚宴上讲了这样一番话：“我们需要向英国人学习，他们以包括五万名士兵在内的二十五万人控制了印度的四亿人口。”[1]希特勒在此毫不掩饰地宣扬了“雅利安”种族的优越论：英国之所以能以相对很少的兵力来统治印度，那是因为他们的血统更加优良。希特勒在1941年还表示：“印度是英国的，苏联的领土将是我们的，但愿我能使德国民众认识到这块领土对我们未来的价值！”[2]

在1933年就任总理后，希特勒想与英国建立密切关系。德国外事办公室的贡特尔·洛泽博士说：“他想使英国成为自己的盟友，一个真正的盟友。”其他一些外交官对此表示认同。赫伯特·里希特认为，希特勒将英国视为他甄选的“优等种族俱乐部”中的一员。

但是，在1939年，希特勒却与英国开战，这本是他在世界范围内视作盟友的国家；而且在同一年德国与苏联签署了《苏德互不侵犯条约》，苏联本是希特勒认为最有可能与其发生冲突的国家。这场战争本不在计划范围内，但是依照当时的国际紧张局势，再加上希特勒的个人性格、纳粹国家的体制架构，最终战争还是不可避免地爆发了。依照希特勒个人的最初观点，1939年的这场战争是一场错误的战争。对一个经常自诩政治判断力超群的人来说，他如何会使他自己的外交政策陷入如此混乱?

1933年1月，在希特勒掌权后，他迫不及待地“昭告”天下：他要废止《凡尔赛条约》强加在德国身上的枷锁，以此来恢复德国的往日荣光。为了实现这一目标，国家需要大规模地重整军备。帝国的交通部长曾提议建造一座水库，但是在希特勒的眼中，什么样的工程也比不上军备建设重要。他在1933年2月的回复中说道:“在未来的五年，我们需要不断壮大实力，这需要大量的人到军队服役，对那些创造就业机会的公共基础设施建设来说，它在开工前首先要考虑的问题是，自身的建设是否确有必要，是否会影响到参军服役的人数。”[3]

其实，纵然是重整军备也需要经济支撑，只不过希特勒根本不懂经济理论。银行家约翰内斯·察恩说:“纳粹运动非常原始。”他认为是亚尔马·沙赫特使德国的经济滑到了20世纪30年代的最低点。一方面，希特勒可能对如何开展经济工作一无所知；另一方面，沙赫特又认为自己无所不知。察恩谨慎地说:“很明显，沙赫特非常地自信。”1923年，沙赫特四十六岁，他被任命为国家货币管理专员，职责是稳定经济，应对狂飙的通货膨胀。随后，他又成为德国国家银行行长。在1930年，他因抗议德国认同“扬格计划”而辞职，该计划是第一次世界大战后战胜国实施的德国支付赔款计划。沙赫特转而投向希特勒和纳粹，以寻求解决德国问题之道。他说:“我希望看到一个伟大而强悍的德国,为了实现这一目标,我情愿与魔鬼结盟。”[4]

1934年,希特勒任命沙赫特为经济部长,并且专门制定了一项法律,赋予他在经济治理方面至高无上的权力。因为政府的大量创造工作岗位的计划,比如启动高速公路计划等,使得德国的失业率快速下降,经济在整体上得以开始从大萧条所造成的负面影响中回升。为了替重整军备筹款,沙赫特发行了所谓的“半政府债券”(Mefo bills)。作为一种赤字财政的形式,它有两个好处:一是纳粹可以通过信贷的方式支付款项;二是保证了在重整军备充满风险的早期阶段,纳粹可以相对地掩人耳目。此外,政府也能从世界经济的上行中获益。在1932年的洛桑会议中,经布吕宁总理的协商,德国需要支付的战后赔款得以有效减免,这也大大减少了政府的负担。

对希特勒来说,这种经济上的好转完全符合他的意愿。这简直是一种魔术,至于沙赫特是如何实现这一“奇迹”的,依照他的性格,他根本不会关心。在1942年8月,希特勒曾说道:“我从来不会和沙赫特坐下来开会,讨论解决问题之道,我只是简单地说,我想要什么样的结果,我必须达到什么样的结果。”[5]

因为纳粹将重整军备摆上第一的高度,所以军队无比积极地响应希特勒的行动。格拉夫·冯·基尔曼斯埃格是当时的一名军官,他说:“我们对此绝对持欢迎态度,希特勒在这方面根本不计成本。最后,军队的建制需要达到足以保卫德国的水平。德国国防军只有十万人,这显然没有达到标准。别忘了,自第一次世界大战以后,德国一直被周围的主要敌人虎视眈眈。”我们同很多当时的士兵交谈过,他们都表示,重整军备同时还具有精神层面的象征意义,通过这种方式,国家重新获得了力量。另外还有一些人认为,如果这些新整编的武装部队能够早一点去对抗周围的邻国，那么《凡尔赛条约》加在德国身上的不公也能得以纠正，最终德国的局面也会比现在更好。在所有交谈的这些军人当中，没有人认为他们在20世纪30年代的所作所为其实是为一场世界战争埋下了伏笔。早在1924年，希特勒在《我的奋斗》一书中就清晰地阐述了自己的一些外交政策和目标："我们需要重拾六百年前的荣光，我们需要终止向欧洲南部和西部的挺进，要把目光放在东部。在谈论如今欧洲的'新大陆'时，我们需要考虑到苏联以及臣服于它的周围邻国。这是天命指给我们的道路。"[6]至于如何获取这些"新大陆"，他的答案也很简单："在当前，地球上有很多未被利用的土地等着人们去耕种，但是，自然并没有将这些土地预留给某个特定的国家或是种族，相反，对这些土地来说，只有能通过武力去征服、能通过工业来开发的人们才有资格拥有。"[7]

尽管如此，并没有多少人读过《我的奋斗》，或者说，即使有人读了，他们也并没有给予多大关注。外交官曼弗雷德·弗赖赫尔·冯·施罗德说："没有人认为《我的奋斗》这本书有什么重要意义，对一些政客来说，他们如今看着自己在二十年前写的东西又会是怎样的感受？"约翰内斯·察恩说："我有一些小小的不同看法，举例说来，如果你信的是基督教，那么《圣经》会约束你，相关教义也会对你有所要求。但是，你见过哪一位基督徒百分之百（或者哪怕是假装百分之百）地履行基督教的要求吗？对待《我的奋斗》，人们也是同样的态度，书中哪些是要求，哪些又是理念，没有人会严格地逐字逐句地加以采纳。"在外事办公室任职的赫伯特·里希特说："这本书我只看了前五十页，我觉得它太疯狂了，就没有再继续读下去。"

如果这些先生对《我的奋斗》一书的观点加以认真吸收的话，那么他们就会发现，希特勒认为德国缺乏生存空间。如果说生命伴随着种族之间优胜劣汰争斗的话，那么，为了在这场争斗中获胜，德国需要在人口和农业耕地之间实现平衡。但是，根据希特勒的分析，德国的土地十分缺乏，难以支撑其庞大的人口数量。由此，德国面临着生存空间紧缺的问题。

希特勒环顾全球，发现有一个国家很好地解决了生存空间紧缺的问题，这个国家就是英国。在希特勒担任总理的早期，他曾梦想与英国结为盟友，希望通过一对一的方式来处理和欧洲国家的关系，而不是诉诸国际联盟。

在希望与英国增进友谊的同时，希特勒还试图摆脱《凡尔赛条约》的束缚。在试图修改《凡尔赛条约》以使其承认德国军备建设的协议未能最终达成后，德国于1933年10月退出了国际联盟和当时的裁军会议。当时，希特勒希望单独和英国签署一项协定。在这个时候，一个人鬼使神差般地登场了，此人就是约阿希姆·冯·里宾特洛甫。冯·里宾特洛甫之前是个酒商，希特勒对他的印象非常深刻，以至于让他担任自己的特使，并且派他去伦敦斡旋，希望两国能签署互不侵犯条约。这种试图结好的行为背后有不可告人的动机，按照前外交官莱因哈德·施皮茨的话来说就是："英国和德国应该执掌整个世界。英国应该统辖海洋，而德国应该控制从莱茵河到乌拉尔的地区。"

在1935年，这种示好英国的策略似乎起到了一些作用。英国外交大臣约翰·西蒙、外务次官安东尼·艾登与希特勒和冯·里宾特洛甫举行了会晤，并达成了一项协定。该协定允许德国重建海军，其中舰船的数量可达英国的35%，潜艇的数量可与英国的持平。英国之所以和德国签署了这样一份关于海军的协定，其中有一个重要考量就是：德国已经被《凡尔赛条约》惩戒得太重，可以尝试与阿道夫·希特勒进行一定程度的和解。

1935年3月，德国宣称摒弃《凡尔赛条约》对其在防御方面的限制。4月，国际联盟通过了针对德国的不信任案。而英国因为与德国签署了一项关于海军的协定，它对德国的军事扩张并没有提出多大的反对之声，希特勒在听到这一消息时，连连称这是“他人生中最快乐的一天”[8]。

第二年，里宾特洛甫被任命为德国驻英国大使。这一次，他并没有留下良好的第一印象。当他向英国国王递呈了委任状之后，他举起右手行了一个纳粹礼。英国人因此奚落了他，但是，既然已经这样做了，以后他每次觐见国王的时候，都不得不行这种礼，否则就会很丢脸，这使他陷入一个非常尴尬的境地。和里宾特洛甫一起共事的洛泽先生说：“这本是他自己的错误，但他由此开始记恨英国人。”

德国驻伦敦大使馆的气氛并不愉快。外交官莱因哈德·施皮茨曾在那里工作，根据他的观点，里宾特洛甫是个很难伺候的人，他“高傲、自负，又不太聪明”。此外，里宾特洛甫竟然刁难英国的商人，这更加败坏了他的名声。他可以让裁缝们干等上好几个小时，却根本没有意识到，这些裁缝在和其他贵族顾客交流时就会谈论起他的愚蠢行为。施皮茨说：“他的行为既愚蠢又自大，而且英国人不喜欢自大的人。”

讨厌里宾特洛甫的人开始越来越多，戈培尔说：“他是个很贪婪的人，他的名望是花钱买来的，他是一路靠着坑蒙拐骗才混到了如今的职位。”[9]意大利的外交部长康特·齐亚诺评价说：“我们的领袖曾经说过，你只要看看他的头就知道他的脑子有多小了。”[10]在我们采访的过程中，所有的受访人都对里宾特洛甫没有什么正面的评价。赫伯特·里希特认为他“懒惰且毫无价值”，曼弗雷德·冯·施罗德认为他“骄傲自负而又野心勃勃”。在纳粹当中，再没有其他一个人会被自己的同伴如此地厌恶。

希特勒注意到了对里宾特洛甫的极低评价。根据施皮茨先生的信息,戈林曾告诉希特勒:里宾特洛甫是一个不折不扣的蠢货。希特勒则回答说:"但是,他毕竟在英国认识很多重要的人物。"戈林回答道:"我的元首,情况确有可能像你说的那样,但糟糕的是,他声名狼藉,大家都知道他而已。"

既然如此,为什么希特勒力挺里宾特洛甫呢?从本质上来说,答案很简单,因为里宾特洛甫知道如何"吃定"希特勒。从某种程度上来说,他只是个弄臣而已。赫伯特·里希特说:"里宾特洛甫对外交政策一无所知,他一门心思就想着如何取悦希特勒,和希特勒保持紧密的关系,这就是他的政策。"为了实现这一目的,里宾特洛甫无所不用其极,甚至还专门收买"探子"搜集关于希特勒的喜好。如果有人和希特勒吃了饭,他会立刻问这个人:希特勒在餐桌上说了什么。到了第二天,他就会很自然地向希特勒谈论相同的观点,而且还装作这些都是他自己的想法。希特勒则不明就里,反而认为里宾特洛甫很有见地。但除此之外,里宾特洛甫之所以能够这样得宠,还有一个更为复杂的原因。莱因哈德·施皮茨揭示道,当希特勒说"灰色",里宾特洛甫就会说"黑色、黑色、黑色",他经常会说三遍或三遍以上,整个人总是显得十分亢奋。施皮茨说:"有一天,里宾特洛甫不在场,希特勒表示,'和里宾特洛甫相处起来非常容易,他总是那么地亢奋。与此同时,其他人过来找我的时候总是带着问题,他们在心里害怕我,总是这样一板一眼,有时我只好对他们发威。而里宾特洛甫则不同,和他在一起很轻松,我什么也不用做,这种状态更好'。"

因此,尽管里宾特洛甫在工作中犯了很多低级错误,但是他找到了取悦希特勒的窍门,而这些是比他更有工作能力的同事们做不到的。他意识到,希特勒总是对一些激进的行动方案甚感兴趣,单单这一情况就意味着纳粹的外交政策肯定会引发危机。对希特勒来说，在解决任何一个问题时，最激进的那个方案就是最好的方案。至于这个方案最终会不会被采纳，其实并不重要，关键是提议者据此展示了纳粹的精神实质，这就足够了。由此而造成的结果就是：与那些真正睿智且有能力的下属相比，希特勒更喜欢"愚忠"且激进的人。这也是亚尔马·沙赫特逐渐才意识到的情况。他是纳粹政府主要人物中最为睿智的一个，对照自己，他看清了这一点。

约翰内斯·察恩说："纳粹面临着很多明显的问题，比如失业问题和裁军问题，这些都不是真正的经济问题。"在谈到沙赫特1933年至1935年的行动时，察恩说道："纳粹单单依靠增加纸币的发行就解决了问题，而并没有真正理解通货膨胀的概念。"重整军备、修建公路等纳粹政策所面临的困难，正如察恩所说："一条高速公路不像在橱窗里展示的商品，它不能被出售，尽管有人可能买得起。军备不能被出售，尽管也有人可能买得起。"作为一名经济学家，察恩看到了沙赫特所没有看到的一些东西：钱代表的是购买力，但是，如果你培育了购买力，却没有商品可出售，这样就会引发风险。

依据察恩的观点，沙赫特非常清楚自己针对军备建设资金问题所给出的方案只是一种权宜之计，它会给德国的经济造成不稳定的状况，并且会引发通货膨胀的压力。沙赫特知道，工厂需要迅速地制造出产品，这样人们才能在商店里购买商品，要么就将产品出口以换取外汇，否则德国的经济最终将走向崩溃。沙赫特在1938年11月的一次演讲中就清楚地表明了这一现实并回应了察恩的观点：发展经济就是要创造来自那些拥有了购买力但尚未被满足的人们的需求。沙赫特的结论很简单："生活标准与军备生产的规模成反比关系。"[11]

约翰内斯·察恩透露，到了1938年，已经不止沙赫特一人认为纳粹的经济政策注定会失败。他说:“但是,包括我在内,我们所有人都低估了国家机器通过工资冻结、换汇控制和集中营等手段所产生的效果。”

一旦这种赤字财政持续了几年之后,沙赫特一定会反问自己:德国如何才能摆脱困境?在约翰内斯·察恩看来,这个问题的答案非常明确,也令人心惊胆战:“终将有一天,纳粹政权在经济上会轰然坍塌,希特勒会粗鲁地认为只能诉诸战争来挽救局面。因此,战争将不可避免,而且输掉战争也是必然。”

相关文献资料显示,当希特勒看到补贴军备建设所引发的经济问题之后,他并没有发现其根源,而是认为任何的国内困难都是由德国在外交政策上所面临的巨大压力造成的,要解决这一局面,只有大力发展军备建设。在1936年写于贝希特斯加登的一份备忘录上,希特勒说道:“德国一直被视为西方世界对抗布尔什维克攻击行动的焦点,这并不是一个轻松的任务,而是压在我们国家肩头的重担,使我们步履维艰。由于受到别人的限制,我们军事资源开发的规模不能过大,军事建设的步伐不能过快。长此以往,如果我们不能在训练、装备、精神激励方面加大军队建设并使其跻身世界一流行列的话,那么德国终将一败涂地!”在希特勒看来,他的头等大事就是要重整军队,以应对来自布尔什维克的威胁,这时还让他再去关注什么经济理论,实在是很可笑的事情。他说:“所有其他的需求无一例外都要给军备建设让路,因为军备建设任务关系到生死大计,而其他问题则无关痛痒,因此无须过多关注。”[12]

希特勒写这份备忘录是为了开展其“四年计划”找寻借口,与此同时,他决定不再重用沙赫特,转而启用一个精于纳粹的“激进哲学”,同时不是很在意复杂经济理论的人来全力推进军备建设,这个人就是赫尔曼·戈林。沙赫特的工作在希特勒的政府中走到了头。最终，他在1937年11月26日辞去了经济部长的职务。

此前，有很多人对纳粹持支持态度，他们乐于看到这个新政权努力改变魏玛共和国时期的危险和失败的局面，并且为了实现政府中的稳定而不断奋斗——沙赫特就是这些人中的典型一员。对这些人来说，他们希望看到一个强大且繁荣的德国，哪怕这种局面最终要靠独裁统治来实现，他们也还是能够接受。德国的民主进程先天不足，但是，随着希特勒“施政纲领”的不断推进，沙赫特也感到非常不适，他开始逐渐意识到纳粹的真面目。在沙赫特看来，军备建设本身并没有必要反对，相反，在一定程度上它能够帮助德国提振经济，同时也能洗刷《凡尔赛条约》对其“阉割”的耻辱。但是，在希特勒眼中，除了军备建设之外再无其他目标，他总是在不惜一切代价地为备战而忙碌。

在将本书改编成电视系列片的过程中，我遇到了很多同沙赫特一样逐渐觉醒的人，尽管在大多数情况下，他们的觉醒来得有点晚。很多人认为纳粹主义会造福于德国，在新政权的初期，他们看到了变化，在1936年，柏林还举办了奥运会，他们对国家经历的这些变化感到满意。如今，他们当中的很多人试图以自己的经历来解读“不同的希特勒”。这当中，有20世纪30年代的“希特勒”(以“好人”的形象出现)；有战争初期的“希特勒”(以“好战”的形象出现)；有实施大屠杀的“希特勒”(以“邪恶”的形象出现)。这种态度可以理解，因为没有多少人会愿意相信自己所处的社会其实在一开始就已经腐烂。但令人慨叹的是，情况确实就是如此。“长刀之夜”、以达豪为首的一批集中营，以及纳粹最核心的种族主义和仇视犹太人的情绪，这些情况其实在早年就一直有所体现。在与我交谈的这些人中，他们在纳粹统治下的经历就好比一次乘坐火箭之旅：一开始，他们很兴奋，因为这是一种热血沸腾的全新经历。接下来，随着火箭开始穿越云端，他们开始感到了不适，于是会说，“这还算是有趣，但现在可以返程了”。可是，火箭并不会返航，它开始游弋于黑暗、荒凉、令人心生恐惧的空间。最终，在经历了整个可怕的旅程之后，这些人会说，“我当时只是想要一次火箭之旅，并没有想要经历黑暗”。但是，火箭会一直在黑暗中航行，如果他们能够提前知道这一点就好了。

在战争爆发前，还有很多其他人也经历了像沙赫特一样的命运，因为统治他们的，是一个永远不会“消停”的政权。希特勒已经在《我的奋斗》一书中体现了他的理想，他至高无上的权力感和声望要靠不断的成功来支撑。他在1933年宣布德国脱离国际联盟，1936年重新占领了莱茵兰，1938年吞并了奥地利，为了赢取公众对其行动的支持，他举行过一次全民公投，结果如同预料的那样，支持率非常之高。希特勒不是一个害怕重新选举的传统型政客，但他也很害怕政权和整个国家缺乏兴奋和运动的状态。在1937年11月，他曾说道：“经济不再增长，停滞不前，这个时候社会就会失序。”

这番话是否意味着在20世纪30年代希特勒就开始筹划战争？关于这一话题引发的争论最为密集。很多人在争论过程中将重点放在一份叫作《霍斯巴赫备忘录》的文件上。弗里德里希·霍斯巴赫上校是希特勒的国防军副官，他在1937年11月5日出席了在总理府举行的一次会议并做了笔录，参加会议的人员包括空军统帅戈林、陆军统帅弗立契、海军统帅雷德尔、帝国作战部长布隆贝格和外交部长诺伊拉特。

根据霍斯巴赫的笔录，人们可以看出，希特勒在会议上首先发言。笔录上写道：“元首首先表示，这次会议的主题非常重要，在其他国家，这种讨论需要召集整个内阁。但是，元首没有这样做，他不想在讨论结果出来之前就在整个内阁闹得尽人皆知，因为讨论主题实在是非常重要。随后，他阐述了自己的考虑，以及他掌权四年半以来的工作经历。他想向与会人员传达自己的观点：为了提升在国际事务中的地位，德国有必要抓住机遇。着眼德国长久的政策路线，他希望大家认真考虑他的话，万一哪一天他去世了，这也是他最后的愿望和遗言。”[13]

寥寥数行文字记录，人们就可以看出希特勒在政治上的真实特点：他并不相信内阁会议，他也害怕万一自己早早死亡会陨灭自己的荣光，会使得历史上缺少他本人这浓重的一笔。

根据霍斯巴赫的记录，希特勒在会上不断地强调：以德国现有的版图来看，它在粮食和经济上都不可能做到自给自足。德国如今需要在欧洲获取生存空间。尽管在会上并没有提及和苏联开战，但是希特勒表示，最晚在1943年到1945年，德国会朝着捷克斯洛伐克挺进，并且会吞并奥地利，哪怕冒着与西方列强交战、削弱自身实力的风险也在所不惜。

由于《霍斯巴赫备忘录》描述了希特勒的扩张构想，所以在纽伦堡审判中它成了一项重要证物。在该备忘录中并没有提到苏联，有人认为，这是一种故意的行为，“为的是不引起听众的警觉”[14]。从另一个角度来看，历史学家A.J.P.泰勒表示，《霍斯巴赫备忘录》从根本上来说是一个“白日梦，跟后续的真实事件并没有什么联系”[15]。在他看来，该备忘录就是一个“烫手山芋”。在泰勒做出上述判断时，业界的研究成果还不是很充裕，而最新的研究成果则表明：希特勒清楚地知道，如果不诉诸战争，他根本无法实现自己的目标。但即便如此，在阅读《霍斯巴赫备忘录》全文的时候，你也不会觉得这是一个做白日梦的人的痴言妄语，因为在备忘录中阐述了很多详尽的内容：“德国政策的目标就是要维系精英种族，并且将其发展壮大。由此就面临着生存空间不足的问题……对德国来说，如何才能以最低的代价获取最大的收益？……

德国的问题只能诉诸武力来解决，这肯定会伴随着风险。”《霍斯巴赫备忘录》也许并不是希特勒发动战争的“完整蓝图”，但是它清晰阐明了其扩张意图。它也可以作为外交政策上的证据，它给世界其他国家提供的选择其实很简单：要么屈从，要么交战。

我们从《霍斯巴赫备忘录》中还可以看出其他的政策决定：德国和英国的“蜜月期”已经结束。在整场会议中，希特勒将英国与法国相提并论，认为它们都是潜在的敌人，它们对于德国的扩张行为会有怎样的反应，这一点需要德国审慎地分析。里宾特洛甫也开始不断地添油加醋，这加深了希特勒对英国的敌视情绪。在1938年1月，里宾特洛甫在递呈希特勒的信函中声称：“我勤恳工作多年，致力于加深德国和英国的友谊，如果真能实现这一目标，我本人将不甚欣喜。当初，我请求元首派我去伦敦工作的时候还有些诚惶诚恐，不知道自己能否胜任这项工作。然而，在爱德华八世看来，一次最后的努力看上去是合适的。但如今我不再相信这种理解。英国并不希望周围出现一个强大的德国，它认为这将是一个永久的威胁。”[16]

除了里宾特洛甫之外，还有其他人也向希特勒报告了英国的冷淡态度。卡尔·勃姆—泰特尔巴赫曾陪同冯·布隆贝格元帅在1937年出访伦敦，参加乔治六世国王的加冕礼。德国代表团希望借此机会能够与英国的政界高层举行会谈。布隆贝格在拜会了鲍德温、张伯伦和艾登之后，对会谈的结果十分失望，尤其是与艾登会谈时，对方的态度非常不友好。布隆贝格忍不住将这些情况告诉了自己的随从。但是，王室成员对待他们的态度要稍好一些。在白金汉宫举行的加冕礼晚宴上，布隆贝格有幸被安排在国王和女王的那一桌，他看出来，英国王室有意与德国保持友好关系。但令人遗憾的是，英国政客们的态度并不是很令人愉悦。回到贝希特斯加登后，布隆贝格将这些情况对希特勒做了详细汇报。在布隆贝格与希特勒谈话时，勃姆—泰特尔巴赫远远地跟在身后，他们沿着山路走了很长时间。在回到柏林之后，勃姆—泰特尔巴赫问布隆贝格：希特勒在听到这一消息时说了什么。布隆贝格回答道："他什么也没说。"但没过多久，军队建设的力度仿佛又加大了，勃姆—泰特尔巴赫猜测，这一定和加冕礼上获得的信息有关。

当然，根据《霍斯巴赫备忘录》的记载，布隆贝格本人也是那场会议的参与者。在备忘录中，霍斯巴赫记录道：在聆听希特勒的计划时，布隆贝格和陆军统帅弗立契都没有表现出过度的兴奋。霍斯巴赫的原文这样表述道："布隆贝格和弗立契的反应使希特勒意识到，他的政治理念并不会赢得掌声与肯定，相反，会招致清醒、客观的反对之声。而且，希特勒也很清楚，他的这两位统帅都很反对德国主动挑起战争。"[17]

这两位统帅平常不太擅长阿谀奉承，讨希特勒的欢喜，他们清醒、务实的态度与里宾特洛甫狂热的激进主义形成了极度鲜明的对比。不幸的是，希特勒更偏好里宾特洛甫。根据外交官莱因哈德·施皮茨的信息，希特勒有次曾经说道："我的这些将军应该要像凶猛的困兽一样，他们脑子里想的应该只有战争、战争、战争。我可以将所有的行动暂停下来，但这样一来会发生怎样的情况呢？我希望以强悍的政治哲学来朝前看，但是这些将军却试图阻止我，这实在是一种错误。"

在霍斯巴赫记录的这次会议之后的短短几个月内，当时在会场没有对希特勒的计划回以肯定态度的人都被调离了岗位。布隆贝格和弗立契被迫辞职，外交部长诺伊拉特也被解职，转任一个帝国秘密内阁"主席"的闲职。这些事情明显都和霍斯巴赫记录的那次会议有关，而且它看起来仿佛就是一种简单的因果关系：因为这些人没能取悦希特勒，依照希特勒的性格，所以他们被革职了。但是，真实的情况并非如此。只有理解了布隆贝格、弗立契去职之后周围环境发生的变化，才能揭示希特勒和他的骨干分子们如何抓住时机，将自己的计划付诸行动。

布隆贝格曾向希特勒请示，他想迎娶一位名叫格鲁恩的平民女子，希特勒很高兴地答应了这一请求，他很乐意看到一位德国平民女子嫁给高大的布隆贝格。这场婚礼在1938年1月12日举行，并没有大肆操办，希特勒和戈林担任证婚人。布隆贝格的副官卡尔·勃姆—泰特尔巴赫认为这场婚礼的规模太小，而且他自己并没有接到邀请，这使得他有些生气。他对其他的副官说："你们看，这是不是很奇怪？他明天就要结婚了，我们竟然连一杯香槟也没有喝到，这难道不是很奇怪吗？"在正式婚礼后不久，因为布隆贝格的下属们颇有微词，所以布隆贝格不得不在报纸上刊登了一则简短的婚讯。在消息刊登后的第二天，一位警察看到了报纸，他对新娘的名字有些印象，于是就翻查了一下档案，结果发现这名女子此前曾拍摄过一些色情照片，其中有一些图片就留存在档案之中。最后，这些档案被递交到柏林警察局总长康特·冯·赫尔多夫的手中。冯·赫尔多夫给勃姆—泰特尔巴赫打电话，说明了相关情况，泰特尔巴赫迅速帮他安排了与布隆贝格的会见。当时，他是从后门秘密进入了布隆贝格的办公室。在会见后，他对勃姆—泰特尔巴赫说："年轻人，你最好找一份新工作吧。"

1938年1月26日下午，希特勒接受了布隆贝格的辞呈。在德国的军官阵营中，有严格的名誉规定，布隆贝格别无选择，他只有辞职。布隆贝格回到国防部，走进勃姆—泰特尔巴赫的房间，让他打开保险箱。布隆贝格告诉他："这是希特勒最后的愿望，你将它收好，明天和我的指挥杖一起交给希特勒。"随后，布隆贝格流下了眼泪，他拥抱了泰特尔巴赫，说道："再见了，我的朋友。"勃姆—泰特尔巴赫回忆当时的情境时说："我感到整个世界都坍塌了，因为我是如此地信赖且崇拜他，但眼看着他在婚姻方面犯下如此有损自己身份的错误。"布隆贝格选择交还指挥杖，这实在是一个重大而痛苦的决定，因为通常来说，指挥杖是一直可以保留到退休的，只能说，他所造成的耻辱太过深重了。

希特勒也没有预料到这些事件的发生，但是，一旦它们发生了，希特勒及其冷血的下属们就迅速地利用了它们。在布隆贝格去职几天之后，希特勒和戈林又指控弗立契是一名同性恋者，并就此还使用了伪证，弗立契被迫辞职。除此之外，还有十六名年老的将军被安排退休，另有四十四人被调离岗位。在希特勒做出这些决定的同时，他还让里宾特洛甫取代诺伊拉特就任外交部长。[18]

自布隆贝格辞职之后，就出现了如此大规模的人事“洗牌”，这实在是出乎人们的预料。但是，作为政治家的希特勒有其独到的手腕，他能在情况发生变化时，迅速地翻云覆雨为其自身所用。在1924年7月的一次讲话中，他就透露出一些这方面的态度：“理论家只会单纯地宣教自己的观点，眼前就只有那么一点事情。但是政治家则不同，他不仅要制定宏伟目标，还要谋划着如何来实现它。”在这段时期内，德国在外交政策上出现过很多次自相矛盾的情况，其中有一个原因就是：希特勒总是热衷于对一些风吹草动加以利用，他认为自己是在拿短期的代价来换取长远的目标。有一次，莱因哈德·施皮茨出席了一场午宴，希特勒在现场说道：“如果有人引燃了一小团火，那么我就会把它放在我的汤盆下面，把汤加热，分给善良的德国民众，同时，我也会稍稍掐灭一点火势。”在施皮茨看来，这番话清楚地传达了希特勒的态度：“在机会来临时，他会借势利用它，希特勒不是一个固化的人。”

在扫除了元老们的桎梏之后，希特勒如今开始奉行更为激进的外交政策。在这种情况下，奥地利成为他的首要目标。1938年1月31日，阿尔弗雷德·约德尔将军在其日记里写下这样一段话：“元首希望将聚光灯从国防军那里移开，通过部队的大量人事变动给人造成一种集中兵力的印象。这样会打击许士尼格的士气，他会因此而颤抖。”[19]库尔特・冯・许士尼格是奥地利的总理，他一直在自己的国家英勇抵抗纳粹的影响。1936年德国与奥地利签署了一项协定，在协定中奥地利承认自己是德国的一个州，但是可以独立开展自己的内政。在布隆贝格辞职后，希特勒召开了一次内阁会议宣布了一些重大的人事变动。此次会议没过几天，希特勒就开始向奥地利施压，要求它同德国建立更加紧密的关系。1938年1月，时任德国驻奥地利大使的弗朗茨・冯・帕彭向许士尼格递呈了希特勒的邀请函，希特勒在邀请函中请他来贝希特斯加登会面。

这一次的会面安排表明，希特勒的横行霸道已经达到了极点。在奥地利代表团中，有一位成员是奥托・皮克哈姆博士，他回忆当时的情景时说："在楼梯间，许士尼格几乎是被希特勒押着走进了房间。”希特勒要求将奥地利的纳粹党员亚瑟・塞斯—因夸特任命为奥地利内政部长，并且要求奥地利向德国交出经济和外交大权。许士尼格被这些要求彻底震惊了。在当天的午餐中，希特勒假意盛情款待，说了一些无关痛痒的话，许士尼格静静地坐着，沉默不语。在当天的晚些时候，许士尼格在重压下被迫接受了希特勒的要求，他看起来更加沉默和绝望。奥托・皮克哈姆博士说："他的沉默是因为这样一个事实，即他早就应该知道与希特勒的会面不会是令人愉快的。”

在贝希特斯加登会晤后不久，尤塔・吕迪格了解到希特勒本人对许士尼格的看法。当时，她以德国少女联盟主要领导人的身份参加了纳粹党的一场官方晚宴，晚宴时，希特勒和她坐在一桌，随后话题就聊到了这位奥地利总理上来。吕迪格说："希特勒首先讲了一个故事，大意是有一个人喜欢收集蝴蝶，后来他却把采集箱弄丢了。希特勒用这个比喻想阐述奥地利必须和德国绑在一起。希特勒表示，他曾告诉过许士尼格，对一辆汽车来说，单有一个好的引擎是不够的，它同时还需要有一个好的底盘，同理，单有一个好的底盘也无法保证汽车的顺畅行驶。”

许士尼格知道纳粹的最终目标是要吞并整个奥地利，他对此还在尽力抵抗。1938年3月8日，他宣布奥地利将于3月13日举行全民公投，所有人可以就是否愿意使奥地利成为德国的一部分而进行投票。但是，在德国的施压下，许士尼格被迫取消了这场活动。尽管如此，希特勒依然决定把局面弄得更加紧张。他从里宾特洛甫那里得知，英国不会就奥地利一事开战，它现在对其邻国意大利的任何有害反应都倾向于中立。

3月10日，希特勒派黑塞的菲利普王子出使罗马，并请他带去了自己的一封信函。在信函中，希特勒解释道，关于德国对奥地利所采取的任何行动，意大利都没有什么好担心的，他会将勃伦纳山口视为德国和意大利的边境。第二天，黑塞的菲利普王子就打电话给希特勒，向他转达墨索里尼就奥地利有可能被德国侵略一事所持的观点，菲利普在电话里说：“我刚从威尼斯宫回来，墨索里尼非常友好地答应了整个事情，他让我向你转达问候。”[20]希特勒回答道：“那么，请告诉墨索里尼，我永远不会忘记他在这件事情上的表态，永远不会，无论发生什么事情，我永远不会忘记。只要奥地利的事务一解决，我就会准备与他携手，无论发生什么情况也在所不辞。”

从希特勒在电话中的语调就可以得知，他当时对有可能引发的危机显得非常焦虑，并且可以解释为什么他一直到战争的末期都对墨索里尼十分忠诚。历史学家约阿希姆·费斯特表示：“在这场危机中，希特勒的情绪可以说是既狂躁亢奋，又犹疑不决，他的下属们就这一决定的争论陷入混乱。在其事业中第一场扩张行动一触即发之际，希特勒本人也非常举棋不定。从许士尼格宣布将举行全民公投，到3月12日情况发生转变，短短几天时间里，希特勒这边其实也乱成一锅粥——仓促地做出决定，情绪失控，不停地拨打毫无意义的电话，下达命令，随即又取消命令。统帅部参谋长凯特尔形容那段时间简直是'殉难'。"[21]

这不是人们所熟悉的希特勒的样子。在纳粹通常的描述中，希特勒有一个很显著的特点就是干脆果断。但是，最终冷酷地诉诸最激进行动的却不是希特勒，而是戈林，实际上，是戈林给军队下达了入侵的命令。希特勒认为真正的将领应该有如充满斗志的困兽一般，而戈林的行为则很好地诠释了这一点。(戈林如此决断其实也是为了自己，通过入侵行动，他可以使人们转移对德国军队的注意力，不再深入调查弗立契的同性恋事件，以及他本人在这一事件中的所作所为，这显然符合他自身的利益。)

1938年3月12日，希特勒成功地吞并奥地利，这也是他出生的地方。当时拍摄的一些影像资料体现了奥地利人对此事的狂热情绪，他们哭泣着、尖叫着，高声唱道："同一个帝国，同样的人民，同一个元首！"德国军队被鲜花所簇拥，被周围的人群致以飞吻。看着这些未剪辑的资料，我们不作任何评论，但是，听到那些狂喜的奥地利人的呐喊，你依然会被那种情绪所影响。德国人一下子如此受人尊敬，这种气势简直压倒一切。莱因哈德·施皮茨说："在我们进入奥地利的时候，这简直是我人生中最美妙的一天，我和希特勒同乘第六辆车，当时我的眼中噙满了泪水。"

对于像苏西·塞茨这样的奥地利人来说，见到希特勒后他们爆发出一种简单的渴望："所有的人都在以同一种方式回应着希特勒：'让我们加入德国，让我们成为德国人，让我们追随着你！'这些人的反应好像帮助希特勒回答了他自己也没有考虑好的一个问题，因为在那个时候，希特勒的下属们都知道，他其实并没有想好是否要吞并奥地利。”但是如今，希特勒也被眼前这一幕所深深感染，他受到了如此大的触动，以至于他改变了有关奥地利政治命运的计划。在进入奥地利之前，他的计划仅仅是培植一个傀儡政府，而如今，他在自己此前的家乡林茨市受到了如此热情的接待，于是他改变了此前的想法。他决定，奥地利不应该只是一个傀儡，而是应该成为帝国真正的一员，德国和奥地利应该合并。

我们如今很难理解，为什么很多奥地利人如此狂热地对纳粹和希特勒持欢迎态度。实际上，他们如此欢乐的原因非常简单：德国帮助他们扫清了第一次世界大战以后所招致的困厄。就在二十多年前，奥地利还算得上是一个世界强国，沉湎于奥匈帝国的辉煌与荣耀，但是在战争中失利之后，它的地位变得有如瑞士一般。如今，奥地利人认为在日耳曼帝国中能恢复往日的荣光。

在1938年3月胜利的林茨游行之后，十四岁的苏西·塞茨有幸和希特勒握了手，对他来说，那实在是永生难以忘怀的时刻：“希特勒朝着我们走来，四周一片安静，我们是如此地激动，我觉得自己的心脏都要跳到嗓子眼了。当他走到我身边的时候，我几乎都忘了要伸出自己的手。我就直直地盯着他看，他的眼神非常有力。在我的心中，我已经向他做了无数次的保证，我要永远效忠于他，因为他是一个不寻常的人物。那一刻我仿佛像在做梦。随后，我开始践行自己当时的诺言，除了上学，我的课余时间都在努力工作，因为他曾号召我们全体人参与建设他的帝国，所有人都应恪尽职守，将其建设成为一个伟大的帝国，这也是我们的幸福所在。”

但是，合并也是一次残酷的行动。希特勒进入奥地利是由海因里希·希姆莱所陪同，此人在前一天晚上就穿越了边境，为的是“扫清”这个国家的反对势力。奥地利的犹太人随即又遭受了苦难。瓦尔特·卡莫尔林当时是一名十五岁的犹太人,生活在维也纳,他在描述当时的情景时说道:“我们听到街巷中传来嘈杂的声音,维也纳非犹太裔的民众们都还沉浸在欢乐中,而我们的厄运则开始了。犹太人的商店被打砸,第二天是星期六,当你走上街头时,开始有人无故骚扰你,转眼之间,你就成了彻底的违法分子,得不到任何的保护。任何人都可以凌驾于你之上,肆意地欺压你。”纳粹党卫军允许当地的纳粹对犹太人实施各种羞辱,他们强迫犹太人将街道打扫干净。瓦尔特·卡莫尔林说:“我记得当时清扫街道的场景,在人群中有一位衣着讲究的妇女,看起来不像是什么下等人,她高高地举着一个小女孩,这个小女孩一头金色的鬈发,显得非常可爱。因为被举得高高的,所以这个女孩清楚地看见了一位大约二十岁的纳粹冲锋队队员正在狠踢一位犹太老人。这位老人蜷缩着倒在地上,周围的人群发出笑声,小女孩也笑了,仿佛这是什么滑稽的娱乐,那一刻深深地刺痛了我。”

苏西·塞茨认为反犹情绪遍布奥地利,他说:“犹太人在奥地利并不怎么讨喜,我们从不觉得他们是我们当中的一员,他们和我们不一样,彻彻底底的不一样。我们的家庭都拿犹太人开玩笑,我们都不喜欢他们。这就是我所知道的情况。但是,关于此事我们也没有考虑过多,因为我们还有很多别的事情需要考虑,拿我来说,我喜欢游戏和体育运动,还喜欢在全国各地旅行。我知道犹太人不会对我们的祖国产生什么感情。”纳粹党卫军充分利用了奥地利人的这种偏见,他们将此处变成了自己的乐土。奥地利的犹太人开始被迫离开这个国家。在阿道夫·艾希曼的组织下,纳粹党卫军开展了驱逐行动,六个月的时间里,维也纳大约三分之一的犹太人遭到了驱逐。这些被驱逐的人不得不将自己的财富留在原地,最终的果实被纳粹所窃取。

海因里希·希姆莱意识到,领土的扩张意味着党卫军的权势有可能大大提升。1938年11月，他告诉党卫军的将领们："德国的未来，要么是成为一个更伟大的日耳曼帝国，要么什么也不是。我相信如果党卫军能恪尽职守，元首一定能创立更伟大的日耳曼帝国，最终我们将成为地球上人类所创造的最为强大的帝国。"[22]1938年在奥地利的残酷行动让纳粹们初尝了作为统治者的甜头，在德国的边境之外，纳粹党卫军们放下此前的束缚和限制。

在德国合并奥地利后，德国外交部歆享了无上荣光。曼弗雷德·冯·施罗德告诉我说："合并奥地利真是一个国家之梦，通过这一成果，希特勒的威望达到了顶峰，在那时，德国的每个人都深受他的影响。"根据施罗德的观点，这种欣喜的情绪反过来也影响着希特勒，施罗德说："他的内心被巨大的成就感所充盈，这也使他的狂妄不断滋长。"

在兵不血刃地吞并了奥地利之后，希特勒把目光又转向了捷克斯洛伐克，其原因是该国在欧洲的地缘战略地位十分重要。要破坏捷克斯洛伐克的稳定，最明显的一个手段就是煽动住在苏台德区的三百万日耳曼人。作为一个族群，这些日耳曼人一直呼吁捷克斯洛伐克政府给予他们更多的权利。在进驻奥地利不到三个星期之后，希特勒就召集苏台德日耳曼人党的骨干分子在柏林举行了一次会议，在会上，他告诉大家，他有意在不久的将来解决苏台德问题。希特勒很清楚，如果没有一个正当的理由，国际舆论对他进攻捷克斯洛伐克一事肯定会持反对态度，所以，他向苏台德日耳曼人党布置了向捷克斯洛伐克政府煽动仇恨情绪的战术，随后，他就静待事件酝酿、升级。

捷克斯洛伐克政府是第一次世界大战善后的产物，本身也面临着很多先天不足。这不仅意味着纳粹看不起它，而且在它成立的同时也产生了很多的少数族裔，这些少数族裔之间也是在相互猜忌。对诸如英国这样的局外观察者来说，纳粹由此而厌恶捷克斯洛伐克并且支持苏台德日耳曼人党多少还是有些道理的。《泰晤士报》在1938年9月7日竟然还就此发表了一篇社论,呼吁将苏台德区交给日耳曼人。

随着苏台德日耳曼人问题的逐渐升级,英国首相张伯伦开始介入此事,试图解决危机。他于9月15日和22日先后两次造访德国并与希特勒会晤。最终,在9月29日,各方通过在慕尼黑举行专题会议解决了争端。在这次会议上,来自意大利、英国和法国的代表同意:苏台德区应该割让给德国,时间期限为10月1日—10月10日。

此次的捷克斯洛伐克危机使得英国了解了希特勒究竟是个什么样的人。张伯伦首相称他是其所见过的“普通得不能再普通的一条小狗”[23]。英国和法国都见识了希特勒摇摆不定、恃强凌弱、反复无常的外交政策。其实,希特勒本人对《慕尼黑协定》并不是很满意,他一直不清楚英国和法国是否真的会为捷克斯洛伐克冒任何风险,现在看来,下属们给了他错误的建议,这些国家牺牲了捷克斯洛伐克的利益。这样来看,戈林和墨索里尼在会议上根本就无须做什么妥协。曼弗雷德·冯·施罗德当时也在签字仪式的现场,就在慕尼黑会议结束的第二天,他听到希特勒说:“就是他们害得我没法发动战争!”

希特勒在捷克斯洛伐克的“这盘棋”显然还没有下完。尽管纳粹如今得到了苏台德区,并因此破坏了捷克斯洛伐克的人造防御工事及其作为自然防御的山地,希特勒依然将这个国家的剩余部分视作威胁。如今,他故技重演,再一次利用煽动战术来破坏该国剩余领土的稳定。他怂恿少数族裔跳出来反叛,并向斯洛伐克地区的领导人施压,让他们宣布完全独立于捷克斯洛伐克的其他地区。为了达到自己的目的,希特勒恐吓他们:如果不按照他所说的行事,他就鼓动匈牙利宣布对斯洛伐克地区行使主权。这又是一种“社会达尔文主义”的外交手段:我比你强大,如果你不按照我所说的做,那么你就会遭到碾压。其实,从各种条约、国际法、各类国家组织的相互政策也可以看出，这里面体现的都是强者的意志。希特勒推行的不仅是俾斯麦的外交，而且还奉行恃强凌弱的策略。在此之前，他还遮遮掩掩混淆视听，企图为自己恃强凌弱的行径寻找借口，比如：之所以“合并”奥地利，那是奥地利人民自身的愿望；之所以拿下苏台德区，那是因为那里的日耳曼人受到了不公正的待遇；等等。但是到了此时，他已经开始公然展示纳粹的核心“哲学”，即强者就是要“接管”弱者。

1939年3月14日，斯洛伐克地区宣布独立。当天夜里，年迈的捷克总统埃米尔·哈查到达柏林参与会谈。希特勒羞辱了他，首先他让埃米尔·哈查和随从们干等了好几个小时，随后又让他们在新总理府中穿过一个又一个的大厅，好不容易才走到他的办公室，最后他在凌晨一点才举行会议。在会议上，希特勒宣布：再过五个小时，也就是六点钟，德国大军将会入侵他们的国家。希特勒在会议上怡然自得，哈查却坐立不安。过了一会儿，哈查表示想与布拉格方面通话，这时，戈林也开始拿他取乐，声称他要拒不投降的话，德国的飞机会将布拉格炸个粉碎。曼弗雷德·冯·施罗德亲历了接下来所发生的一幕：哈查再也支撑不住，心脏骤停，一下子晕了过去。冯·施罗德赶紧叫来希特勒的私人医生西奥多·莫雷尔，莫雷尔立刻对他进行了注射抢救。大约在四点钟，哈查的身体才得以恢复，他最终在文件上签字，同意将捷克斯洛伐克纳入德国的“保护”。

在捷克斯洛伐克屈服之后，曼弗雷德·冯·施罗德见证了希特勒宽大的办公室内的欢庆场景：“当时有点像是一个庆祝胜利的派对，大家喝着香槟，希特勒喝的是矿泉水。此时，我可以非常近距离地观察他，并很惊讶地发现，当他在这一众欢乐的人群当中时，竟突然显得有些孑然一身的感觉。这和他在公众视野下口若悬河的形象不太一样。

他就那样不太寻常地坐着。”此时，在施罗德的眼光中，希特勒头发蓬乱，衬衫的最上一颗纽扣也没有扣，他坐在扶手椅上，跷着二郎腿。“他在不停地说话，向两位秘书口述两份公文，一份是昭告捷克斯洛伐克人民的文书，另一份是致墨索里尼的信函。我认为他的行为有些像个天才，当然，真实情况肯定不是如此。如今，当我再次回忆当时的情景时，我的眼前仍能清晰浮现他突然站起来，忽而又坐下去的画面，现在再一想，我认为他的行为绝对像个疯子。”

希特勒虽然从捷克那里捞取了即时的好处，但是，在他的那些忠诚的外交官看来，他的判断力也实在是非常之低。莱因哈德·施皮茨说：“那真是最为愚蠢的行为，他实际上把一切都搞砸了。其实，德国根本没有必要去入侵捷克斯洛伐克，因为所有的输电线路、铁路、公路、水管都能在少数民族边境被切断。在慕尼黑会议之后，捷克人可以说已经落入了我们的手中。如果不使用强硬手段的话，我们不仅能赢得他们的土地，还能赢得他们的心。”在曼弗雷德·冯·施罗德看来，希特勒的行动在外交上有如自杀，他说：“这彻底改变了历史走向，因为从那一刻起，希特勒充分暴露了他是一名帝国主义者，他想要的就是征服，这和日耳曼人民的自决再无关系。”

当然，希特勒并不会认为他的行动有什么错。如果德国的军队需要向东挺进开展征服行动，那么就需要解除像捷克斯洛伐克这样具有战略区位的国家对德国所造成的任何潜在风险。但是，如今他依然还没有完成计划，因为德国现在还没有和苏联接壤。在他面前依然还有一个挡路的国家，这是一个依据《凡尔赛条约》重新创立的国家，它就是波兰。

现在有一个棘手的问题是，入侵波兰就意味着发动战争，因为波兰的情况和捷克斯洛伐克有些不太一样。德国此前有一座城市叫但泽，它位于东普鲁士和德国其余领土之间波兰的“走廊”，第一次世界大战结束后，但泽依据《凡尔赛条约》被划为“自由市”，并由国际联盟和波兰行使管辖权。

最初，里宾特洛甫要求波兰人归还但泽，以及横穿波兰走廊的一块德国的领土，那里有连接东普鲁士和德国其余领土的德国人运营的公路和铁路。但这一次，希特勒遭遇了真正的抵抗。1939年3月31日，英国和法国对波兰的边境做出了保证，有了英、法两国的保证，波兰拒绝向德国妥协。随着时间的推移，苏联对此事的立场变得非常重要。如果斯大林与英国结盟，那么德国此时要挑起冲突的话，它将面临两条线作战的风险。但是，出于意识形态和实际情况两方面的考虑，英国并不太想和苏联展开协商。(一方面，斯大林从红军队伍中清洗了上千名官员；另一方面，苏联的兵力被认为并不入流，难担大任。) 从苏联方面来看，斯大林也不想蹚战争的浑水，以他自己的观点来看，在此事上纠缠不清对自己并没有什么好处。最终，纳粹抢抓了一个机会，后来的行动也被曼弗雷德·冯·施罗德称作“勇气”与“天才”之举：德国乘机与苏联签订了互不侵犯条约。此前，苏联可是纳粹德国的头号假想敌。

时间回到1939年3月，斯大林发表了一次讲话，德国外交部注意到了这次讲话的重要性。斯大林在讲话中明确地站在了英国的对立面，他表示：“不会让自己的国家陷入由战争贩子引发的冲突之中，他们的惯用伎俩就是让别人火中取栗。”

汉斯·冯·赫尔瓦特是当时德国驻莫斯科大使馆的一名外交官，他说：“那是一个转折点。”在斯大林发表演讲之后，德国和苏联就进一步密切经济联系开始了磋商。随着夏季的进程，里宾特洛甫带着希特勒的祝福，开始具体推进政治条约的协商，两国最终于8月23日签署了《苏德互不侵犯条约》。乍一看，这一条约似乎根本不可能签署，因为纳粹德国此前一直将苏联视为自己的假想敌，而苏联也一直对纳粹政权存有疑虑。但是，这一条约还包括了一些秘密的内容在当时并未公开。这些秘密内容足以解释为什么两个贪婪于战利品的国家为着自身的利益能够达成协定。汉斯·冯·赫尔瓦特曾亲历了秘密条款的签署。他表示，希特勒在秘密内容中承诺“使苏联得到在第一次世界大战中失去的所有”，这种好处是英国、法国所无法给予的，因为这意味着要牺牲波罗的海各国和波兰的自由，甚至还有可能会牺牲芬兰。

汉斯·冯·赫尔瓦特很清楚《苏德互不侵犯条约》的后果。他在那个夏季告诉他的同事们：“如今我们已经输掉了战争，我的观点是，美国最终会打进来，我们会输掉第二次世界大战。”但是，持这种观点的赫尔瓦特只是少数派，大多数人都认为，与苏联签署了《苏德互不侵犯条约》是一个非常重要的外交策略。英国和法国意识到，它使德国入侵波兰的可能性大大提升。根据威廉·卡纳里斯上将（德国统帅部军事情报局局长）的一份会议纪要显示，希特勒对自己的军事将领们说：“如今波兰对我们来说犹如囊中之物……今天，我们宣布同苏联签署了《苏德互不侵犯条约》，这无疑向外界抛出了一枚重磅炸弹。至于条约签署的后果还难以预料，斯大林也表示，条约的签署将使双方受益。在我们看来，发生在波兰身上的效果将尤为明显。”[24]

这次会议于1939年8月22日在贝希特斯加登召开，会议显示希特勒的震慑力已经达到了顶点，所有的纳粹思想都被整合到一起。他表示，“要进行事关生死的斗争，对方就是劣等的弱者”，这体现的是他的“社会达尔文主义”观点；他表示，“参与作战的不是机器，而是‘人’”，这体现的是他的个人英雄主义；他还表示，“要收起所有的怜悯，打击对手要残酷无情”，这体现的是他对“克制”“怜悯”的彻底摈弃，他认为这些都是弱者寻求庇护的挡箭牌而已。

当希特勒在会议上对其军事将领们发表这次冷酷的讲话时，他已将自己置于颇耐人寻味的境地：他与此前曾被视为假想敌的苏联结盟，而与他曾想交好的英国却有可能开战。如今，我们采访了很多人，在谈到这一情况时，时任纳粹国防军军官的格拉夫·冯·基尔曼斯埃格嗔怨地说道："别忘了，是英国、法国宣布开战，并不是德国。"

卡尔·勃姆—泰特尔巴赫说："我一直希望英国能够看清德国的计划，并且同意和德国在欧洲进行政治方面的共享。"即使到了1939年8月，诸如卡尔·勃姆—泰特尔巴赫之类的军官，也没有意识到他们即将被卷入一场世界战争。他说："希特勒只是想帮助日耳曼人，他并不想入侵捷克斯洛伐克，也不想吞并这个国家，他只是想帮助居住在那里的日耳曼人。对待波兰，情况也是如此。他只是想解除《凡尔赛条约》套在但泽和柯尼斯堡这两个城市身上的枷锁。所以他的意愿和出发点是好的，他只是想扶助日耳曼人并且促成德国的统一……因此，我在政治上支持这一观点。"

纳粹的领导层知道，希特勒可不仅仅是"促成德国的统一"。他在8月22日会议上的论调显示，他关于征服的野心远不止于此。8月29日，戈林乞求希特勒"不要孤注一掷"。希特勒答复道："我的一生都是在孤注一掷。"

9月1日，德国军队入侵波兰，两天以后，英国、法国对德国宣战。这场战争并未事先规划，但从希特勒和纳粹一贯奉行的政策来看，战争的爆发不可避免。

喧闹无序和人事斗争构成了纳粹政府的主要特点，如今，这些特点又将体现在一场世界冲突之中。当戈培尔博士听到英、法宣战的消息时，他对他痛恨的对手里宾特洛甫说："冯·里宾特洛甫先生，这是你煽风点火的结果，发动一场战争很容易，可是要想结束它则困难得多。"[25]

第四章

野蛮的东线

1946年6月20日，在波兰西部的波兹南举行了一场庆典。人们从四面八方汇集而来，他们爬上篱笆墙和大树，都试图找到一个最佳位置来见证一场期待已久的绞刑，接受绞刑的人是阿尔图尔·格赖泽尔，他是波兰瓦尔特高地区的前纳粹头目。安娜·杰佐科沃斯卡当时是和一位朋友前往的，她说："在格赖泽尔被吊死在绞刑架上的那一刻，人们爆发出一阵欢呼，大家是如此兴奋，以至于他们相互拥吻。大家高兴得手舞足蹈，有人还高声呐喊并唱起了歌。"安娜步履轻松地回到了家，她说："在忍受了很久的苦难之后，唯有这样的宣泄才能得以慰藉，不是吗？"

在整个战争期间，对那些被德国占领的国家来说，没有哪一个比波兰遭受了更为深重的苦难。波兰是纳粹暴行的大本营，纳粹主义的野蛮兽行在这里达到了无以复加的地步。在战争中，英国有四十万左右的人丧生，而波兰则有六百万人丧生，这一数字几乎占到了该国总人口的18%。

波兰人民遭受了无尽的苦难，阿尔图尔·格赖泽尔难逃罪责。和他一起犯下累累罪行的还有：纳粹时期的波兰总督汉斯·弗朗克，但泽及西普鲁士的地方长官阿尔贝特·福斯特。阿尔图尔·格赖泽尔曾是波兰绝对的主宰之一，但是即便如此，在战后的审判中，人们也根本无法想象他曾经所拥有的个人权力。他向法官乞怜，表示自己是波兰人民的朋友，所发生的一切灾难都是希特勒所造成的。格赖泽尔说自己也是“希特勒政策的牺牲品”，“希特勒所犯罪行的替罪羊”。他狡辩的核心内容就是：一切罪行都和他无关，他只是在执行命令而已。但是，这是一个彻底的谎言。实际上，根本不可能有多少命令会下达给格赖泽尔这样的人。

希特勒将这些人视为“种族的统治者和总督”[1]，这些统治者在决策方面拥有极大的自由裁量权。即便希特勒给他们下命令，那也是非常简单：“用十年时间完成自己行政管辖区域的日耳曼化，至于方式方法，自行选择。”[2]在此前的篇章中我已经说过，纳粹政权的内部管理构架十分混乱，清晰的上层指令缺失，同时该党又鼓励强权和斗狠，这些情况都在波兰得到了最为赤裸的体现，也由此使波兰遭受了深重的灾难。在审判中，法官援引了格赖泽尔写给希姆莱的一封信，在信中，格赖泽尔坚信可以按照自己的方式来有效地处置波兰的犹太人，他写道：“从我自身来说，我认为元首无须再次就此事进行商议，就在我们上一次关于犹太人的讨论中，他指示我可以自行做出决定。”[3]

希特勒曾承诺在东方建立“新秩序”，他也确实带来了一些“新”情况，但几乎没有任何秩序可言。

9月1日，当德国大军入侵波兰的时候，他们的政治领导人还没有想好，这一块新获取的土地究竟应该实行怎样的政治形态，它又应该在多大程度上并入德国，甚至它是否还应该被称为“波兰”。但有一点很清楚，纳粹想把波兰人变成他们的奴隶，只准许他们接受最为基本的教育。由此，波兰经历了最大规模的“种族改造”。在这一过程中，20世纪的欧洲是文明民族的家园这一信念也被蒙上了阴影。

一些零星的迹象从一开始就显示，这并不是常规的侵略行径。德国的纳粹党卫军在和常规部队进驻波兰的时候，体现出了他们残暴的一面。威廉·摩西当时在德国国防军的运输部队服役，根据自己所看到的场景，他认为：“波兰的纳粹们比野兽还要危险。”当他驱车穿过波兰的一个村庄的时候，他看到大约有七八个人被吊在绞刑架上，德国纳粹党卫军的军乐队在吹奏着音乐。纳粹党卫军将这些受害人的脚绑在一起，然后在上面逐渐堆加石头，这种方法十分残忍，它会让这些人受尽折磨，最终慢慢地死去。死者的舌头伸在外面，面孔已经变得青紫。威廉·摩西说：“那一刻，我都不知道自己身处何方，军队在肆意地喧嚣，军乐团在吹奏着音乐，你真的无法想象我所看到的场景。”

德军入侵波兰之后，威廉·摩西和他的卡车听令于纳粹党卫军的调遣，他受命在城镇之间运输波兰的犹太人，将他们从党卫军的兵营拉到另一个兵营。在运输的过程中，那些犹太人哭喊着：“让我下车！别把我带走，他们会杀了我们！”那撕心裂肺的场景一直在他的脑海中萦绕。

他问这些犹太人：“是谁说过要杀了你们？”这些犹太人惊恐地抽泣着：“他们肯定会杀了我们的，他们还杀了其他人，我的母亲、父亲、孩子们都被杀了，他们也会把我们都杀了！”摩西又问道：“那么，你们都是犹太人吗？”他们回答道：“是的，我们是犹太人。”

摩西先生说：“我能做些什么？在此过程中我也深受折磨。作为一名德国人，我为发生的这一切而感到羞耻，我有时甚至希望能有一颗子弹射向我，让我得到解脱，我也不会再为此而感到羞愧了。”

威廉·摩西并不太清楚，为什么他所看到的这些人要接受被屠杀的命运，或者说，他运输的这些家庭是以什么样的标准被选出来的。即使在今天参考了相关文献之后，人们也很难回答这一问题。在1941年入侵苏联之后，纳粹的特别行动队进行了系统的大规模屠杀行动，但与此不同的是，入侵波兰后纳粹所开展的屠杀行动是分散的和零星式的。对纳粹党卫军来说，如果他对哪个波兰犹太人看不顺眼，或者认为此人在某些方面“冒犯”了他，他就可以随手杀了此人，没有任何法律阻止他们这种肆意的暴行。

除了迫害犹太人，打压负隅顽抗的游击队员之外，纳粹还残酷镇压他们尤为憎恨的一个群体，那就是波兰的知识分子。纳粹准备通过屠杀来对一个国家实施基因改造，这一政策在三十多年后被红色高棉的波尔布特所照搬。纳粹认为，如果将一个国家的知识分子清除干净，那么在后续工作的推进中就会扫除很多障碍，剩余的将基本都是浑浑噩噩的人，也更加容易实施奴役。1939年11月，纳粹在克拉科夫的杰格隆尼大学迈出了实践性的第一步。

他们将这所历史悠久的大学的教授们召集到一个学术厅举行会议。在参会的人中有一位哲学系副教授梅切斯洛·布罗泽克，他原以为来自德国当局的对方代表之所以召集此次会议，是为了向他们布置新的教学任务。但是，当他和同事们落座以后，没过几分钟，他们回头一看，背后已经站满了士兵。纳粹将这些教授们拉到楼下，用枪托猛击他们。布罗泽克眼看这些年迈的教授们被年轻的德国士兵所殴打，他感到深深的震惊：“我出生在一个天主教家庭，我从未想过会发生如此邪恶的事情，单凭我的个人经历，对此我简直难以想象。”

在这批落入圈套的人群中还有一位教授叫作斯坦尼斯洛·乌尔班奇克，在谈及纳粹的意图时，他说道：“德国就是要让波兰最后剩下的都是最为低等的人群，这样就可以非常容易地实施奴役。”教授们后来都被关进了集中营。乌尔班奇克教授说："在集中营里，最为艰难的挑战就是寒冷与饥饿。那年的冬天特别寒冷，一个月的时间里冻死了十二名教授。在集中营里，哪怕违反了最为细小的规定都要遭受到残酷的惩罚。有一位同事在口袋里偷偷藏了一封他母亲的信件，结果在一次搜查中被发现了。于是，看守将他吊在一根柱子上，并将他的手臂紧紧地绑到身后，整个惩罚持续了一个多小时。另一种惩罚就是用棍棒抽打。"

这些高级知识分子平日里研究的都是万事万物的真理，突然一下子遭受这样的鞭笞与凌辱，他们根本无法承受。当梅切斯洛·布罗泽克看见一位德国看守怀抱着他自己的孩子时陷入了思考："在这个横布尸体的阴冷的地下室里，这位看守却同时对自己的孩子体现出温情脉脉的一面，这种矛盾的双重性让人备受刺激。"在随后的多年里，布罗泽克因此而饱受精神折磨。在集中营中，他彻底迷失了价值观。"在经历了这一切后，我已经没有了价值观，无论我看到什么都会觉得虚空、无价值，任何事情对我来说都失去了意义，我陷入了抑郁，曾一度走到自杀的边缘。"

在被关押了十四个月之后，幸存的教授们几乎都被释放了。关于他们被绑架的消息传到了外界，来自各方的压力也在不断增加，其中尤以意大利和罗马教皇为最，他们纷纷要求德国放人。纳粹最终屈从了外界的压力，这倒让人感到有些惊讶，因为在巴巴罗萨计划及后续的行动中，他们对外界的压力置若罔闻。但不管怎么样，在战争的初期，尤其是在法国沦陷以前，纳粹还能够在某种程度上在意外界的压力，对于这些教授来说也算是不幸中的万幸了。

在战争的前几个月内，德国陆军的一些领导人也不喜欢自己人的一些过度举动，尤其是纳粹党卫军的一些行径。约翰内斯·布拉斯科维茨曾任奥伯—奥斯特地区的统帅，他为此曾写过两次抗议书。以下节选他在1940年2月6日所写的第二封抗议书："当前我们屠杀了成千上万名犹太人和波兰人，很明显，我们的行动方针已经开始偏移……针对犹太人的暴行赤裸裸地暴露在大庭广众之下，这不仅激发了波兰人对我们的厌恶情绪，也引起了他们对犹太人的极大怜悯……我们自己的部队也对纳粹党卫军和警察部队产生了厌恶的态度，士兵们对自己人在波兰实施的这些暴行感到憎恶。"[4]

但是，希特勒却不为这些言论所动。我们通过他的陆军副官恩格尔少校在1939年11月18日的日记，可以看出希特勒对布拉斯科维茨第一封抗议书的反应。日记中这样写道："[元首]开始严肃地批评军队领导层这种'幼稚的态度'。他表示，德国不能以救世军的方式去打仗。这也表明了他对布拉斯科维茨将军长久以来的排斥之心，他根本不信任此人。"[5]

当然，对于纳粹在波兰的行径，希特勒无论支持谁，肯定都有自己的考量。尽管如此，包括布拉斯科维茨在内的一批将领们，依然认为能够对军队所目睹的暴行提出抗议，而纳粹需要对如此肆意地在波兰进行屠杀和镇压活动进行某种程度的解释。不到两年以后，随着德国对苏联的入侵，德国军队的这些领导人对纳粹暴行的厌恶之情更甚。

在入侵波兰的六个星期之后，经历了前期的混乱与喧嚣，纳粹针对波兰的管理计划最终成形。依据1939年8月莫洛托夫和里宾特洛甫签署的《苏德互不侵犯条约》中的秘密条款，波兰被德国和苏联所瓜分。其中，德国吞并了波兰18.8万平方公里的土地，涵盖人口2020万，这些土地有的被并入德国现有的东普鲁士地区，有的被并入三个新成立的地区，每个新成立的地区分别由一名死忠的纳粹分子所管辖。其中，阿尔贝特·福斯特管辖西普鲁士地区，阿尔图尔·格赖泽尔管辖瓦尔特高地区（该地区涵盖了波兹南），汉斯·弗朗克管辖所占领的剩余土地，如今被称作“普通政府”(General Government)。西普鲁士地区和瓦尔特高地区被并入了德国,而普通政府这块领地在最初阶段则成为被摈弃的犹太人和波兰人的集中地。

也许,希特勒曾有过针对波兰的“构想”,也许他想通过种族重构来实现西普鲁士和瓦尔特高地区的日耳曼化,同时将普通政府领地变成遭摈弃人群的集中地。但是,在战时实现这种构想本身的暴行,再加上纳粹统治集团中与生俱来的混乱与喧嚣,这意味着执行此构想的具体领导们拥有很大程度的决策裁量权,甚至如我们将会看到的,最终背离该构想的本意。

纳粹计划对波兰实施的种族改造就是迁移。他们将波兰人视为包裹,将他们从一个地方集中拖运到另一个地方,直到找出一个最佳方案。这一任务的组织者是海因里希·希姆莱。首先,他要在这些被并入的领地内找到合适的空间,以此来容纳那些拥入的有日耳曼血统的人。依据《苏德互不侵犯条约》的秘密条款,这类人可以获准离开波罗的海诸国,以及被斯大林占领的其他地区。同时,那些波兰的知识分子,以及被德国纳粹视为“威胁”的波兰人,属于“不合时宜”的人群,他们将被投放到普通政府领地。此外,土生土长的波兰民众将会依据纳粹的“种族论”来接受评估和分级。他们当中的有些人可能会被划入合适的“新增人群”,有些人则被纳入“不合时宜人群”。在德国纳粹眼中,犹太人肯定属于“不合时宜人群”,他们将被集体控制在集中居住区内,听凭最终的处置。纳粹政权内部的组织架构早已显现出制度性混乱的迹象,而此次大规模的人口重组更是将这一混乱失序的状态暴露无遗。

为了了解纳粹针对波兰的野蛮计划对民众所产生的后果,我们后来采访到了纳粹“种族论”下各层级的人员代表,他们当中有瓦尔特高地区土生土长的德国人,有罗兹地区的犹太人,有从波兹南被逐出的波兰人,还有从波罗的海诸国过来的有日耳曼血统的人。这些人的话语可以证明这场非人性的行动所造成的后果。

当然,在《凡尔赛条约》签署之前,波兰的部分领土就曾经属于德国,大批有日耳曼血统的人已经在那里生活多年。在纳粹对人群进行等级划分时,这些人不存在任何问题,因为他们本就是德国人,而且处于种族等级的顶端。在波兹南省栖居着很多德裔的大家族,查尔斯·布勒克尔—科尔萨特就来自其中的一个家族。他的祖父母拥有一片600多公顷的土地,住房华美气派。此外,他们还养了54批马,雇用了28个波兰家庭,合计约300人。布勒克尔家族非常珍视自己的日耳曼血统,即使《凡尔赛条约》将波兹南划给波兰他们也依然如此。很久之前,在德国陆军尚未进驻的时候,查尔斯·布勒克尔的祖母就刻意保留自己的语言,基本不学习什么波兰词汇,她一直认为德国人优于波兰人。查尔斯·布勒克尔说:"祖母经常说,毕竟我们一大家子都是德国人,我们比他们更文明,他们只是波兰人,我们没有必要学习他们的语言。我们生活得很富有,波兰人不承认也不行。"

在得知德国大军即将抵达的消息之后,布勒克尔家族简直欣喜若狂。查尔斯·布勒克尔说:"大人们都很高兴,因为这下又可以成为真正的德国人了。"查尔斯还记得,那年他十一岁,一个德国士兵骑着摩托车来到了这里。一看到有部队来了,大家的第一反应是终于得到解放了。查尔斯说:"当时我看着他,向他问了声下午好。然后他看着我,说了一句'下午好,小家伙,你的德语说得可真好'。我说,'我就是德国人啊',这句话让这位德国士兵很吃惊。我猜想他可能以为自己既然是在波兰,那么在这里生活的应该只有波兰人。我对这名德国士兵的印象非常深刻,他说德语,制服笔挺,对我非常友好,而且他的摩托车也很帅气，这些都很让我着迷。”但是，过了几天之后，大家狂喜的情绪中就夹杂了一丝恐惧。因为布勒克尔家族属于德裔，所以他们可以保住自己丰厚的财产，但是，他们的一些波兰邻居也拥有土地，这些人的命运就完全不同了。查尔斯·布勒克尔说：“他们早早地就被逐出了自己的家园，他们来到我们这里，跪下来苦苦哀求，请求我们帮他们说说话，让他们能够保住自己的财产。最终，我们这里的大人们并没有这样做，因为没有勇气。随后，我们就不断听到一些可怕的消息，诸如，这个人又被逐出了，那个人又被逐出了，又有一个人作为人质被射杀了。我们只能在心里默念，上帝啊，这些人一定是做了什么错事，不然德国政府也不会逐出或射杀他们，是的，他们一定是做了什么错事。”

布勒克尔家族亲历着周围一些人的厄运，并为德国的行径寻求心理开脱，与此同时，他们还要去火车站欢迎新来的德裔同胞，这些人来自波罗的海诸国、比萨拉比亚和苏联所占领的一些其他地区。在火车站，他们感到了失望，在这些新来的德国人当中，有一些人并不像他们所想象的高贵的样子。查尔斯·布勒克尔说：“我们不太喜欢这些人，至少我的家庭是如此。这些人的德语大多数都非常差，他们的口音很重，人们很难理解他们到底在说什么，我们几乎就要把他们当作波兰人了。”

在这些新来的德裔家庭中，有一户人家叫艾吉，他们原本住在爱沙尼亚，在听说斯大林的军队逐渐挺进的时候，他们就被纳粹迁了过来。当时，艾尔玛·艾吉只有七岁，她记得自己和家庭其他成员坐上了一艘前往波兰的船。她说：“我们一点也高兴不起来，就这样被命运推着走，此外，我们还有一些惊愕。”艾尔玛·艾吉喜欢在爱沙尼亚的生活，她和她的家人都认为那是一个包容且美丽的国家，但他们基本没有别的选择，此前他们曾受到警告，如果执意留下来的话，最终会面临苏联的处置，斯大林很有可能会将他们这种人迁到西伯利亚。他们权衡再三，最终选择了德国方案。在登船的时候，他们本以为目的地是德国本土。但是，和布勒克尔家族的失望之情一样，他们在了解了纳粹对种族进行重构的残酷事实之后，心里也感受到了巨大的落差。当艾吉一家得知他们此行的最终目的地并不是德国而是波兰的时候，他们非常愤慨。艾尔玛·艾吉说："我们根本没想到情况会是这样，当得知我们将要前往瓦尔特高时，大家都非常地震惊。"当船只靠岸后，这种情绪进一步加重，艾吉一家气愤又惊愕地发现：自己的临时住所竟然是在难民营，它由一座学校改建，地上铺的都是稻草。当然，在了解了纳粹是如何为他们这些新来的德国人寻找居所之后，他们的吃惊之情又加深了一层。艾尔玛·艾吉说："波兰人被迫搬出自己的房子，以便为我们腾出居所。我们此前从未想过会发生这种情况。"

艾吉女士还记得1939年圣诞节前夕所发生的一些恐怖事情，当时，她的家人带着她一起前往德国纳粹设在波兹南的住房事务办公室，想要申请一套住房。办公室的官员表示有住房提供，并给了他们房屋的钥匙、房屋地址和一张城市地图，此外，还告知他们自行前往。艾尔玛·艾吉说："当我们找到房子的时候，心里竟产生了一些恐惧。这是一座很高的公寓，外观十分陈旧，房屋的窗户看起来也很奇怪。"他们爬上楼梯，打开了公寓的前门，屋内的情况简直一团糟。她说："你可以看得出来，此前的主人显然是被迫离开的，而且走得非常匆忙。橱柜的一些门大开着，抽屉也没有关上。桌子上还有一些吃剩的食物，床上的被褥也没有整理，一片混乱。"艾尔玛·艾吉的父亲不愿意住在这样的房子里，于是，一家人又来到了纳粹的住房事务办公室。在那里，官员告诉他们，由于圣诞节临近，目前没有其他的房源可以调剂，所以他们只能搬进去。最终，艾吉一家只有再次回头，但是，因为有些害怕，所以他们都挤在其中的一个房间里。艾尔玛·艾吉说："直到如今，我的脑海中仍能浮现出那套公寓的样子，每当我想起它的时候，心底总是会生起一些恐惧，它让我后背发凉。此后，我不管因什么事而感到害怕的时候，眼前都会浮现那座公寓。”

既然艾吉一家已经拥有了住所，那么纳粹安置计划的下一步，就是为每户家庭的主人寻找一份工作。在爱沙尼亚，艾吉一家经营着一家旅馆。在波兹南，并没有旅馆给他们经营，但是，还是有一些饭店可以利用起来。纳粹让他们一家自己到城镇上转一转，看看有没有自己看得上的、如今仍在由波兰人经营的饭店。艾吉一家就来到了街市上，走了一圈，他们发现，大多数饭店都已被别的德国人占有了。艾尔玛·艾吉说：“我们来得有点晚了，那些比较好的饭店都被那些早到的德国人所占据了。”最终，他们找到了一家依然由波兰人经营的小饭馆，于是，她的父亲回到纳粹当局那里，希望能获准经营这家饭馆。在签署了正式的相关文书之后，艾尔玛的父亲非常容易地就“接管”了这家饭馆。当然，在纳粹的逻辑里，“接管”这种事是经常发生的。艾吉一家在纳粹看来也是德国人，他们是高等的种族，既然他们想要这家饭馆，那么拿过来就是了。

艾尔玛·艾吉不记得原来的饭馆主人因为此事而经历了什么，对于自己或父亲是否见过饭馆主人，她也印象不深了。她说：“反正最终的结果是，原先的主人离开了。你仿佛生活在恍惚之中，如果你一直在想这件事的话，你有时都想杀了自己。你无法想象，带着一种罪恶感来生活是怎样的感受，你甚至无法将这种罪恶归咎于政府。但是，从另一方面来说，每一个人都有自保的本能。除此之外，我们还能做什么？我们还有什么别的地方可去吗？”

直到如今，艾尔玛·艾吉依然在想象，在她们当时栖居的那间公寓里，此前的主人究竟遭受了怎样的苦痛；而安娜·杰佐科沃斯卡则无须想象，因为她本人就经历了这类似的情况。她的一家都是波兰人，此前在波兹南的居所过着平静的生活。突然之间，这种平静就被打破了。1939年11月8日晚，安娜的母亲朝窗外张望，突然发出一声尖叫："德国人来了！"很多车辆呼啸着从屋外经过，没过多久，就有德国士兵来到了门前。安娜·杰佐科沃斯卡说："他们一下子拥入了我们的房间，闯入我家的厨房，满眼都是德国人，四周一下子变得混乱不堪，充斥着喧哗、哭喊和哀号之声。德国人粗暴地推搡着我们，还朝着父亲的脸上猛击，我们害怕极了，一下子哭了出来。我的弟弟身体不太好，因为过度惊吓而呕吐了。"在将安娜一家赶出家门之前，这些德国士兵伸手向她的父母索要钱财和珠宝。她的母亲把所有的珠宝都给了他们，甚至包括自己的结婚戒指。安娜·杰佐科沃斯卡当时只有十岁，她说："和别的孩子一样，我实在是吓坏了。"随后，他们和同一街区的邻居一样，都被赶出了家门，被安置在难民营里，在那里，他们只能睡在稻草上。安娜说："对孩子们来说，那里的状况实在难以忍受，食物都是冷的，只有一个萝卜汤，在孩子们看来，这些简直难以下咽。"

如此这般过了几天之后，他们得知德国人搬进了自己的住所。安娜说："听到消息的那一刻我就哭了，大家都哭了。我和姐姐相拥着哭泣，想念我们的玩具，还有此前的美好日子。如今这一切都没了，这实在太可怕了。这种感觉根本无法形容，甚至现在想起此事，我的内心仍会刺痛。"在难民营里生活了五个月后，她们又被集体押上了火车，这些火车原来都是运输牲口的。在火车上，她们忍受着寒冷与黑暗。大约八到十天之后，她们到达了最终的目的地——普通政府辖区的戈里斯镇。在市政广场上，一位老人看着她们惊恐地蜷缩在一起，目光中充满了怜悯。他将她们带到自己的房子，并给她们提供了一个房间。安娜回忆道："那里的状况同样十分糟糕，房间里没有床，我们只好睡在地板上，一点也不舒服。没有自来水，别的生活条件也都十分的简陋，但好歹我们有了一个房间，一个非常之小的房间。”

像杰佐科沃斯卡这样的家庭不停地承受着遭驱逐的命运，在城镇，在乡村，很多类似的家庭都遭遇了深重的苦难。在乡村，一场行动就可能将整个村庄瞬间清理干净。弗朗茨·雅格曼是一名有着波兰血统的德国人，他当时曾在纳粹军队中担任翻译官。直到如今，他依然清晰地记得自己所经历的一次行动。当时，纳粹挺进波兰格涅兹诺地区的一个偏远村庄，二十几名警官开着车，还没进村就被当地的纳粹冲锋队给拦下了。冲锋队一直在此驻守，此前，村民们没有产生任何疑心。随后，满载着纳粹党卫军、骷髅师成员的卡车也陆续抵达。大约凌晨三点左右，警察部队和纳粹党卫军在村庄的主干道上集结。一场残酷的行动就此开始。他们的战术是：警察与纳粹党卫军直接破门而入，而当地的冲锋队则从外部包围村庄。弗朗茨·雅格曼说：“村民们遭到了拳打脚踢，到处都是血迹。对我来说最残忍的一幕是，有一对年迈的老夫妻，七十多岁了，他们根本不明白到底发生了什么，在遭到一阵毒打之后被扔上了卡车。在纳粹党卫军中，有一个人出生在上西里西亚，他仿佛得了暴狂症一般，向村民高声地叫嚣，并粗暴地将他们推搡在一起。对待这些村民，纳粹们有的拿脚踢，有的拿拳头揍，有的拿枪托猛击他们的脸，这实在是一幕丑剧。”

斯特凡·卡斯普利兹克是一户波兰农民家庭的儿子，他依然记得那一夜的场景：“纳粹党卫军包围了农场，没有人能够逃脱。人们把自己能带的东西都带上了，后来，只有很少的人返回了家乡。我的祖父因为遭受了他们的折磨，在驱离以后就去世了。我们的邻居则痛失了两个孩子。”

纳粹之所以要这样做，是因为就在当天下午新来了一批德国人，他们得为这些人寻找落脚的地方，而他们解决问题的手段也非常地粗暴，他们直接就将这个村子的原住民彻底赶了出去。弗朗茨·雅格曼也亲历了这些德国人到达的场景："不夸张地说，在他们到达的时候，床上还有原主人的余温。"在这些德裔当中，有些人对于他们自己要到别人的村庄霸占别人的房子而感到无法理解，他们说："我们一定要接管这些房子吗？可是，它并不属于我们啊！"弗朗茨·雅格曼说："我确实听到了这样的反应，但是，大多数人都接受了这样一个现实，他们认为这些房屋如今是自己的财产了，因为德国战胜了波兰，这些是他们应得的。"

在亲历了纳粹党卫军的暴行之后，弗朗茨·雅格曼曾试图警告那些即将被驱逐的村民，但是，他并不认为自己的行为有多么高尚。"在这场种族清洗中，我试图想帮助一下受苦的人们。虽然有些事情我无法认同，但我自己也没有选择出走，或是加入地下组织，我也是个懦夫。"

对那些村民来说，他们一旦被暴力驱逐，就再也无法改变自己的命运，他们有的人哭喊着："我真的有日耳曼血统！你们应该重新划分我的等级！"然而，对很多其他的波兰人来说，重新划分等级倒也不是完全没有可能。为了追求在普通政府之外的波兰地区施行"日耳曼化"的目标，纳粹政府将人群进行区分，有的人被划归为波兰人，有的人被划为德国人，可以说，纳粹在这方面具有至高无上的权力。但是，这种人群区分的操作也引发了新合并的波兰地区的两位负责人之间的争端，争端的一头是管辖瓦尔特高地区的阿尔图尔·格赖泽尔，另一头是管辖西普鲁士的阿尔贝特·福斯特。从两者之间的争端也可以看出，在战时，"为元首工作"这一理念在具体执行中经常会引发专制和矛盾的局面。

阿尔图尔·格赖泽尔是最为强硬的纳粹分子之一，此人一直以希姆莱为榜样。他的目标是将瓦尔特高变成一个示范性管理区。他对那些土生土长的波兰人嗤之以鼻，并且依照纳粹制定的具体标准严格进行人群区分。在这种标准下，有些波兰人可以被“日耳曼化”，而有些则不能。他的政策残忍无情，一点也没有妥协的成分。而阿尔贝特・福斯特则是但泽／西普鲁士地区的负责人，尽管他也是一名死忠的纳粹分子（后来因其战争罪行被判处死刑），但是在种族划分的问题上，他的态度和格赖泽尔则有很大的不同。他在私下里曾开玩笑说，如果他“看上去像希姆莱”，他就不会谈论那么多种族话题。

福斯特与格赖泽尔的争端在彼得哥什的罗穆亚尔德・皮拉辛斯基的经历中得到体现，彼得哥什是阿尔贝特・福斯特管辖地的一个城镇。福斯特对当地的人口没有实行严格的种族区分，他较为宽松地将一些波兰人划为“新德国人”。毕竟，希特勒希望将波兰“日耳曼化”，但并没有明确具体方法。当时，福斯特对外宣称：“如果你想成为德国人，那么只要签署一份‘日耳曼化文书’就可以了。”皮拉辛斯基先生说：“根据我所掌握的情况，大约有80%的彼得哥什的人都对此做出了积极回应。”皮拉辛斯基一家也签署了文书，成为“第三类”德国人。在成为德国人之后，他们享受了一般的波兰人所无法得到的权益，比如：粮食配给份额得到增加，拥有了受教育的权利，以及在被合并的地区居留的权利。但是，单凭签署一纸文书并没有使罗穆亚尔德・皮拉辛斯基感到自己已是德国人，他说：“我们依然按照波兰人的方式生活，我们依然还在说波兰语。有80%的人通过签署文书获得了第三类德国人的身份卡，但是，他们感觉自己在任何方面和德国人都没有什么相同之处。”与此同时，皮拉辛斯基有一位叔叔生活在波兹南地区，此处属于阿尔图尔・格赖泽尔的管辖范围。皮拉辛斯基说：“波兹南那儿的叔叔并没有机会成为德国人，而是难逃被驱逐的厄运。”当然，皮拉辛斯基虽然在当时意识到这种情况，但他并不明白这意味着什么。他们都是来自同一个大家族，有着相同的血统。结果一个成了德国人，而另一个则没有。彼得哥什的皮拉辛斯基逃脱了被驱逐的厄运，而他在波兹南的亲戚们却不得不承受被驱逐的苦难。

格赖泽尔和福斯特有所不同，他彻头彻尾地看不起波兰人和波兰文化。1940年9月，当局以格赖泽尔的名义下发了一道指令，具体内容如下："当前，需要通过长时间的教育才能使每一位德国公民接受对待波兰人的态度，以符合我们的国家尊严和德国的政策目标。"[6]换句话说，该指令认为德国人对待波兰人还是过于友好。如今，如果德国人不能出于信念而将波兰人视为奴隶的话，那么就只有使他们出于恐惧而将波兰人视为奴隶。指令还表述道："对任何一位属于德国社会的个体来说，如果他与波兰人的接触超过了必要的范围，那么他就会被保护性监禁。在任何情况下，德国人如果反复地与波兰人进行友好接触，这都是一种短视的失败行为。"

在波兹南之外的宅邸中，格赖泽尔也始终在推行自己的理念。他的家中有一位仆人叫达努塔·帕维尔茨扎克·格洛肖尔斯卡，此人回忆道："格赖泽尔很高，体格非常健壮，你能感觉出他的傲慢与自负。他极度地自我，仿佛世界上除了他再也容不下别人，仿佛他就是主宰。所有人都害怕招惹到他，见到他，大家都要鞠躬、行礼。他非常蔑视波兰人，在他眼中，波兰人都是奴隶，他们的价值除了被奴役之外，一无是处。"达努塔·帕维尔茨扎克·格洛肖尔斯卡当初听到自己要去格赖泽尔家里工作的时候，她感到非常地害怕。她说："光是听到格赖泽尔这个名字就足以让人们心惊胆寒，因为大家都知道他是个怎样的人。"格赖泽尔是德国后裔，在波兰长大，他会说波兰语，当初上的也是波兰的学校，但他对波兰却毫无感情。达努塔已经见识了他在这方面的手段。此前，他曾下令发动了一场打压行动，达努塔亲眼看到德国士兵在当地的集会广场上射杀了二十名波兰人。她说:“这些可怜的人之所以被射杀,仅仅因为他们是波兰人,这种事情简直让人难以置信。当时所发生的场景深深地烙印在我的脑海中,此后,每当我路过那个广场,我都会想到那些惨死的人,这一切都是因格赖泽尔而起。”当达努塔的父亲听说自己的女儿要去格赖泽尔家工作的时候,他说:“你现在走入的是狮巢虎穴,我亲爱的女儿,我都不知道你是否能够活着回来。”达努塔自己的家离格赖泽尔的府邸有六公里,当她不得不接受这项工作的时候,当时的她哭了一路。在格赖泽尔的家中,她的职责是按照“德国的标准”来打扫房间。回忆当时的场景时,她说道:“打扫完卫生,家中不能见到一点点灰尘。地毯要摆放得横平竖直。所有的一切都要达到极致完美的标准。在冬天最冷的时候,他的妻子下令我们清洁窗户以迎接新年,在擦窗户的过程中,我们的手都冻在了窗棱上。我们一边呵气暖手,一边不停歇地清洁窗户。”这座豪华的府邸足有七十个房间,所有的一切都需要尽善尽美,而这却仅供格赖泽尔和他的妻子所独享。达努塔说:“橘园、池塘、休闲运动场所,这些设施在府邸中应有尽有,而它们的主人仅仅是格赖泽尔和夫人两人。无论从哪方面来说,这座府邸都奢侈得无以复加。”

当然,格赖泽尔是以恃强凌弱才过上了这种舒适的生活。他之所以这样心安理得,是因为他认为自己是德国人,这些都是他的权利。他属于最优等的种族,处于种族梯次的最顶端,他所做的一切都不过是在顺应自然的法则,他理应比那些劣等的种族生活得好。后来,格赖泽尔曾这样解释自己的人生哲学:“在过去,如果有某些种族通过冷血地奴役外邦而过上了富庶的生活,创造了灿烂的历史,那么,作为德国人,我们也要向其学习。我们不需要借助别人,相反,我们要做各种族的主宰!”[7]

与此同时,格赖泽尔认为,德国在其吞并的领地中需要认真、系统地进行种族定级，这一点非常重要。正是因为秉持这一观点，所以在看到自己的同事阿尔贝特·福斯特在处理该问题上如此宽松、随意时，他感到非常地生气。1943年3月16日，格赖泽尔致信希姆莱，控诉福斯特宽松的态度，他在信中说道："……从一开始，我就非常重视澄清每一位居民是否真的具有日耳曼血统，如果没有确凿的证据，他们就不能成为德国的一分子，在日耳曼化的过程中，我不希望通过和稀泥来换取一点点廉价的政绩。此前在和您讨论的过程中，我也曾多次地表明自己的观点。目前，但泽／西普鲁士方面的种族政策已经对我这边构成了威胁，在不了解真实情况的人看来，他们可能会认为那边的政策更加成功。"[8]

希姆莱在给格赖泽尔的回信中对他在日耳曼化方面所做的工作"非常满意"。其实，早在十六个月之前，也就是1941年11月26日，希姆莱就曾给福斯特写过一封信，在信中，希姆莱援引了希特勒的观点："在日耳曼化这一问题上，我不希望东部地区的地方长官们陷入一种竞争，只为了在两三年后第一个报告说，'我的元首，那一地区已经日耳曼化了'。相反，我希望我们的地方长官在十年后报告说，那里的人口在种族上已经没有瑕疵且是令人满意的……"[9]希姆莱在信中还对福斯特说："你也算是资深党员了，想必你也很清楚，如果在一个人的静脉中混入了一滴肮脏的血，那么它是很难被清除的。"

就福斯特来说，他所执行的也是希特勒关于"日耳曼化"的指令，只不过希特勒并没有明确具体的方法和路线，福斯特只是在按照自己的理解来行事而已。在执行指令的过程中，具体采取怎样的方法，那是福斯特自己的事情。在福斯特看来，他是在以自己的方式执行希特勒的计划。至于希姆莱认为福斯特有关"日耳曼化"的行为偏离了纳粹的种族理论，福斯特自己并不会将此太过放在心上。他知道，希姆莱在这方面也不会有太多的行动。自20世纪20年代开始，纳粹党就体现出自己在行政方面的弊病，比如没有确切的指令，每个人的权责界限也很模糊，这些弊端也对波兰造成了深重的灾难。

在波兰的各位纳粹长官之间，一直有冲突存在，其中最典型的当属阿尔图尔·格赖泽尔和掌管普通政府的汉斯·弗朗克之间的冲突。希姆莱和格赖泽尔希望尽快除去瓦尔特高的“不良分子”，之前我们所说的安娜·杰佐科沃斯卡一家的悲惨境遇就因他们而起。在这样的背景下，很多遭驱逐的波兰人被火车集体转运到普通政府的领地。弗朗克对此表示抗议。火车将这些遭弃的波兰人源源不断地拉到他所掌管的领地，但是他没有合适的地方来安置这些人。弗里茨·阿尔特在1940年曾是一位纳粹冲锋队队员，同时也是普通政府负责人口及社会福利事务的领导。他说：“火车夜以继日地将那些波兰人拉到这里，他们集聚在市场、火车站，或是其他任何可以落脚的地方，没有人会在意。我们接到了区域长官的电话，他在电话里表示已经无所适从，一下子拥入这么多的人，既没有地方安置他们，也没法给他们提供必要的食物。很明显，情况变得很不妙。”不仅如此，在弗朗克和纳粹党卫军副总指挥弗里德里希—威廉·克吕格尔（此人是纳粹党卫军在普通政府的高级代表）之间还存在嫌隙，这使得情况变得更加糟糕。弗朗克认为，既然自己是负责普通政府的地方长官，那么克吕格尔应该服从他的命令。但是，希姆莱却反对这一观点，他强调克吕格尔是过来配合弗朗克工作的，两人之间不存在什么从属关系。双方各执一词，争论不休，希特勒也不明确表态谁对谁错。

弗朗克与希姆莱、格赖泽尔的嫌隙，不仅仅体现在波兰人被装运到普通政府领地这件事情上，他们冲突的根本原因在于各自理念的不同。弗朗克希望普通政府的领地能成为德国的“粮仓”，他希望留住本地的农民，最大化地发挥当地的经济效益，尽可能减少由那些不必要的人口转运所造成的种种不便。而格赖泽尔和希姆莱则有一个更大的计划，他们最看重的并不是经济需求，而是种族和思维理念上的目标，他们在这些被吞并的地区要确保日耳曼血统的“纯净”。在他们看来，如果这意味着普通政府的领地由此而变成下等贱民的集中地，那么就由它去好了。

1940年2月12日，戈林在柏林附近召集了一次会议，会议的主题是解决这些领地在“日耳曼化”过程中所遇到的问题。出席会议的主要人员有希姆莱、弗朗克、格赖泽尔和戈林。会议中，弗朗克与戈林站在同一条战线上，戈林也对弗朗克予以支持。戈林表示，普通政府领地理应成为德国的“粮仓”，当务之急是发挥此地的经济效益，增强德国的作战潜能。而希姆莱则对此表示抗议，他认为此地需要预留充足的空间，以安置新来的人口。会议争论不休，后来，希姆莱表示他自己和弗朗克“对未来的驱散程序将会持相同意见”[10]时，会议才算达成了妥协。弗朗克对此也很高兴，他认为希姆莱在重组波兰种族结构方面的计划遭到了重击。而戈林则认为德国在不久将要和法国开战，备战工作才是当前的重中之重。

其实，希姆莱根本不会如此轻易地放弃自己的计划。正如弗朗克寻求戈林的帮助一样，希姆莱也随即到希特勒那里寻求支持。其实，在纳粹体系中，没有人比希姆莱更有手腕。首先，他向希特勒完美地阐述了自己行动计划的时间表。在1940年5月15日，他曾向希特勒呈递了一道文书，标题叫作“如何处置东部地区外来人口的几点想法”，就在此时，德国陆军已经取得对法国的作战优势。在此文书中，他再一次表示，普通政府领地的定位是成为被驱逐波兰人的集中地。由于局势已很明朗，德国不日将占领法国及其殖民地，所以，希姆莱就如何处置波兰的犹太人又提出了一个新的解决方案。这一次，他提议可以将这些波兰的犹太人转运到非洲的一个殖民地。在该文书中，希姆莱还归纳总结了一些方法，以此将那些剩余的、“非日耳曼化”的波兰人转变为“无领导能力的劳工阶级”。

随后，希姆莱得知希特勒阅读了他的文书，并对其中的观点表示认同。于是，希姆莱感觉自己仿佛获得了授权一般，他告诉别人，希特勒已经批准了他的动议。克里斯托弗·布朗宁教授曾经专门就纳粹在波兰的再安置政策进行过研究，他告诉我：“当时，纳粹的决策依照的是这样一个流程：希特勒并不会制订一个详细的计划，然后签署并往下级流转。他会鼓励希姆莱之类的人发挥主观能动性，制定出详细策略，如果符合自己的思想，那么他就会批准通过。当然，在后续执行的过程中，希特勒也有可能会废弃它。所以，你可以看出，希特勒是保留自己的选择的，但是，他会对希姆莱予以鼓励，而希姆莱自己也把握住了希特勒的这一心态。”

在得知了最新的信息之后，汉斯·弗朗克认为政策可能要发生转变，于是决定以最积极的心态去面对这一情况。1940年5月30日，克拉科夫的警察部队负责人召开了一次会议，在会议上，汉斯·弗朗克宣布，由于希姆莱占据了上风，当前的政策将会发生转变。参照自己近来与希特勒的会晤情况，弗朗克毫不避讳地谈论了在安置新拥入的波兰人方面所遇到的困难。此外，他还认为，在如何将这些人变成无反抗意识、无领导能力的阶级方面也面临很多棘手的问题。他的讲话内容毫不留情：“作为纳粹党员，我们现在面临着无以复加的困难，也承担着艰巨的任务，以至于有些话我们只能在这种场合谈论。元首告诉我，执掌普通政府的长官需要自己来考虑在波兰该执行怎样的政策。他给了我一些建议：在波兰人当中，对那些试图组建领导力量的人群，我们需要予以清除；那些响应这一号召的人也要逮捕起来，随后在一个合适的时期将其除去。参照元首的建议，我们不要再增加帝国组织的负担，也不要再费心费神地将这些人统一运往集中营，因为这样的话我们会增加自己的麻烦。我们应该就地解决问题，而且需要采取最简单、最直接的方法。”[11]由此而造成的结果是：在1940年夏天，有大批波兰人被谋杀，他们当中有很多人来自知识分子阶层。

究竟是怎样的人才能讲出那样的话？汉斯·弗朗克曾做过希特勒的律师，他更习惯同法官打交道，而不是纳粹形形色色的执行者。我们采访了弗朗克曾经的几位仆人，问了问他们在弗朗克家里工作是怎样一种感觉。在他家做过厨师的波兰人安娜·米雷克说：“感觉非常好，虽然我们工作也非常劳累，有时候家里来了客人，一天甚至要工作十六个小时，但是这里的气氛比较宽松和惬意，人们也都彬彬有礼，即使有时候我们感到疲倦，这些也能使我们再次鼓起力量。在我看来，弗朗克是一个很有礼貌和教养的人。”对于这样的评价，我们感到有些困惑，于是又问安娜·米雷克如何看待弗朗克大规模屠杀波兰人一事，她自己又如何平复这些记忆的创伤。米雷克回答道：“在高层的政治事务中，情况可能会有所不同。我对此并不了解，我也不擅长分析政治，我喜欢做菜烧饭、观察星象、谈论天气，这些才是我擅长的领域。”

在弗朗克家中工作的还有一个叫兹比格纽·巴扎尔尼克的人，他做的是烧炉工的工作。他表示：“我们在这里工作感到非常地放松，并不像有些人传说和集中营一个样，面对他时，我们也无须心惊胆寒。”尽管如此，他依然还记得发生过一起事件，该事件也给他在弗朗克家中工作的经历蒙上了一层阴影。在德国人占据此地的初期，一些波兰的犹太人负责给他的宅邸做一些翻新和装修工作。有一天，一位犹太人突然在汉斯·弗朗克的私人浴室里洗了个澡，他自以为无人知晓，但情况很快就暴露了。不久，巴扎尔尼克就得知了这个人的下场。他说："此人被强行塞进了一辆小型汽车的后备厢里，由于空间十分狭小，他的胳膊和腿都断了，纳粹将他拉到克热绍维采的郊区，一枪解决了他的性命。这是个令人悲伤的故事，但这个可怜人当时为什么会有这样的想法，很难让人理解。"

在如何评价汉斯·弗朗克这个问题上，弗里茨·阿尔特博士认为，他不是一个洞晓主人心意的仆人，而是一位能够了解上级心意的很有价值的下属。在克拉科夫战争初期，阿尔特博士曾为弗朗克工作过一段时间。他说："如果让我来评论弗朗克的话，我认为他是个且悲且喜的人，弗朗克的智商很高，他的音乐造诣也很高，弹得一手好钢琴。"

采访阿尔特博士是非常与众不同的一次经历，原因在于：尽管他也是一位纳粹高级官员，参与了普通政府的人口事务，但是他表示，关于弗朗克下令、纳粹党卫军执行的那些罪恶行径，自己毫不知情。他评价称，这是一个"沉默的共谋"，自己已经尽了最大努力，确保纳粹政策在推行的过程中能体现出一些人道，他也曾试图帮助一些波兰人。但是，我们随即又出具了一份具体的文件。在戈茨·阿里的《最终解决》(*Endlösung*) 一书中，援引了一封让人心惊胆战的信件。该信件提议将一群产生反抗情绪的有日耳曼血统的农民关进集中营，这些农民因为念及乡情，他们拒绝被德国所同化。在信件中有这样一段话："需要做出相应的安排，将这些农民当中死不悔改的领头者关进集中营。"[12]该信件由一位地方长官所签发，落款是"A."博士，而这刚好是阿尔特博士的姓名缩写。当我们拿着这封信询问阿尔特博士本人的时候，他说："是的，信件上的签名人就是我，你们让我怎么办？"阿尔特博士的回答颇耐人寻味，他表示："这是希姆莱先生通过的一项决议，我还了解与此相关的很多其他决议，它只是相关的很多决议中的一项而已，那些不愿意被安置的人将会被拉到集中营。”阿尔特博士并没有正面回答我们的问题，他一直在强调，自己只是“听令行事”而已。而我们也没有就此而停止采访，反问他如何看待集中营，他说：“集中营所集中的是一些特定的人，他们违抗了法律和指令，是一群危险分子。”我们又继续追问他：“在你看来，集中营是不是算不上一种很严酷的惩罚？”他回答说：“对不起，这个问题我没法回答你，但是，在人们被关进集中营之前，相信他们也会有一些心理准备。具体情况我不清楚，我从未参与过集中营的管理。”由此，我们可以看出，一群有日耳曼血统的人因为念及乡情而不愿被重新安置，就有人恶意地动议将他们关进集中营。如今，此人就坐在我们面前，而且，他对自己曾经的行为并无一丝的自责。实际上，在面对如今的质问的时候，他的答复就是：在1943年，他本人对集中营并没有太多了解。在他看来，集中营就是将人“集中”的地方。他试图以这种无关痛痒的答复来转移我们的注意力。我们在采访阿尔特博士的时候也一直试图抽丝剥茧，谁又能告诉我们冷漠和犯罪的界限在哪里？

当然，在这场浩劫中，作为一个群体，波兰的犹太人所遭受的苦难最为深重。但是，在战争开始的最初几个月内，像格赖泽尔那样的狂热种族主义分子并没有过多考虑犹太人的问题，相较于此，他们考虑更多的反而是波兰人的问题。在格赖泽尔看来，为了实现瓦尔特高地区的“日耳曼化”，他的头等大事是如何安置从东部地区拥入的那些有日耳曼血统的人。犹太人问题是后来才被提上议程的，最初，纳粹决定将这些犹太人集中到犹太人居住区。在瓦尔特高，最集中的地区就是罗兹。在犹太人遭驱逐之前，这只是一个暂时的解决方案。所以，格赖泽尔和他的一帮走狗决定将普通政府的领地变成处置犹太人的“垃圾场”。

埃斯特拉·弗伦基尔来自罗兹的一个犹太人家庭，1940年初，她在当地的报纸上读到了一则消息：在罗兹的北部区域将会建立一个居住区以安置犹太人。罗兹的街道上都做了标注，写明了该街区的居民搬离的时间。埃斯特拉·弗伦基尔说："这种情况使我们感觉仿佛头上顶着一座坟墓，随时都会将我们吞噬。我们对周围的反犹情绪都已经习惯了，在波兰人当中，也有很多人反犹太人。但有一点不同的是，波兰人的反犹情绪基本上都是经济上的仇视，而德国的反犹情绪则是从根本上痛恨我们的存在。他们会认为，你们为什么会存在这个世上？你们不该存在，你们就该消失！"

罗兹的犹太人一下子拥入居住区的指定位置，寻找栖身之所。一开始，那里的居住条件非常糟糕，提供给他们的住房一共有31 721套，但大多数住房都仅仅只有一个房间，仅有725套住房接通了自来水。[13] 埃斯特拉·弗伦基尔一家此前曾看上并预约了一套住所，那是一个商铺，同时还附带有一套小型居所。但是，她的母亲后来发现，该住所已经被别人抢先占据了，她一下感到非常绝望，漫无目的地跑到大街上，嘴里喃喃自语道："我该怎么办？我该如何面对自己的孩子？现实逼得我要自杀了。"好在占据这套住所的人听闻此事后，还是动了恻隐之心，他们找到了埃斯特拉的母亲，并对她说："听着，这套房子的卧室和厨房对我们来说已经足够住了，你要实在无处落脚，就搬到那个店铺里去吧。"于是，感激不尽的弗伦基尔一家搬进了这个大约十二平方米的店铺。

由于犹太人被迫搬离，这也给罗兹那些拥有日耳曼血统的人一个大捞横财的机会。欧根·齐尔克是一位德裔居民，他就亲历了父亲的一位雇员"接管"了罗兹一家很大的杂货店，此前，这家杂货店曾由犹太人经营，如今，他们都被迫搬到了附近的犹太人居住区，在那里饱受困苦。罗兹犹太居民的搬离，也腾出了许多空房，他父亲的雇员又想给自己挑选一套住房，齐尔克也陪着他去现场看了看。谈及当时的场景，他说道："这些房子都上了锁，贴了封条，但我们还是可以将它们打开。推开门一看，眼前的场景很难描述，地上一片狼藉，衣服堆得到处都是，餐厅的桌子上还有没吃完的饭，有面包，有茶水，有的桌上甚至还有香肠。这位雇员在看到这一切后，感到非常地难以置信，对此前曾经发生的一切也产生了些许触动。"最后，他们两人离开了房间，虽然感到有些震惊，但据齐尔克所知，他并没有放弃那间通过不当行为而获取的杂货店。

格赖泽尔曾声称："犹太人已经积累了过多的财富。"因此，在搬到犹太人居住区或所谓的什么集散地之前，他们被迫散尽钱财，连生计都成了问题，纳粹的这种做法是赤裸裸的强盗行为。随之而来的纳粹分子将食物以非常高昂的价格卖给聚居在犹太人居住区的犹太人，趁机大捞好处。欧根·齐尔克的一位亲戚也参与了这样的犯罪，他自己也获得了很多利益。齐尔克说："我是从一个商人的角度来看待这一问题的，这些犹太人并不能拿着戒指充饥，但是，如果他们愿意拿戒指换取一块面包的话，那么至少还可以支撑一两天。"在这种巧取豪夺的情况下，这些犹太人的珠宝首饰也没能留下。齐尔克说："如果我仅用一百马克就能换取价值五千马克的物品，我要是不交换的话，那我就是个傻子。不是所有的人都要做一个商人，但生活中处处有这种哲学。"

在此，我们还要引述欧根·齐尔克的一段话："你可以踩着犹太人居住区的那些犹太人，利用他们的贫穷和苦难而发家致富。"

他还说道："在面对这一情况时，你可以直视自己的内心。波兰人可以变富，德国人可以变富，每个人都可以变富。有些人有金银财宝，有些人有食物，为了充饥活命，他们情愿拿钱财换面包。我已经告诉过你们，我是从一个商人的角度来看待这一问题的。"

到了1940年8月，聚居在罗兹犹太人居住区的犹太人彻底没有什么钱财来换取食物了，在这种情况下，纳粹必须要做出一个决定。到底是不管不问任由这些犹太人饿死，还是给他们提供一些食物？依照纳粹行政管理的特性，不出所料，柏林方面没有任何明确的指令，所以，罗兹的纳粹分子必须自己制定出一个政策。在他们当中，负责犹太人居住区行政管理的纳粹头目叫汉斯·比伯，他此前是不来梅市的一位咖啡进口商。此人想出了一个解决问题的方案：纳粹可以给罗兹犹太人居住区的犹太人安排一些工作，让他们生产商品，再将商品出售以购买食物。但是，比伯的副手亚历山大·帕尔芬格对此却持反对意见。他认为，这些犹太人肯定还私藏了一些钱财。只有在真正快要饿死的时候，他们才会把这些应急的救命钱拿出来，如果因判断失误而造成这些犹太人真的被饿死，那就让他们死好了。他在纸上写道："这些犹太人是否会迅速饿死，我们毫不关心，只要它不影响到德国民众的利益，那就不算是什么要紧事。"[14]

但是，帕尔芬格的想法并没有得到大家的支持，汉斯·比伯的顶头上司卡尔·马尔德博士站在了汉斯的被称为"生产主义者"的观点一边。随后，罗兹的犹太人居住区变成了一个大工厂，帕尔芬格带着厌恶之情离开了罗兹。正如布朗宁教授所发现的，帕尔芬格的"离开分明是一种策略，目的是让人们注意到他所顾虑的罗兹犹太人所受到的难以忍受的溺爱，他从柏林每周给犹太人居住区订购14.4万个鸡蛋，然后让陷入难堪的比伯去解释，这一请求是在他不知情的情况下做出的"[15]。

格赖泽尔倒是很乐意看到犹太人居住区变成一个创造财富的工厂，这样一来他也有利可图。布朗宁教授说："在新创造的财富中，有35%归犹太人自己，他们可以用这些钱去购买食物，而剩余的65%则进入了格赖泽尔的一个特别账户，一个他所控制的官员行贿基金。"

埃斯特拉·弗伦基尔在犹太人居住区的犹太人管理机构打工，所以她很了解汉斯·比伯这个人。与汉斯·比伯第一次见面，弗伦基尔就发现了这位举止有礼的纳粹在对待波兰犹太人上的分裂态度。当多拉·富克斯秘书向汉斯·比伯介绍埃斯特拉·弗伦基尔时说："这是新来的秘书。"弗伦基尔回忆起当时的场景："比伯从椅子上起身，走到我的面前，也向我做了自我介绍。他还和我握了手。但是，他可能很快就意识到了这种行为不妥，于是他又说，'初次见面我竟然就和你握了手'。"

汉斯·比伯秉持着"为元首工作"的理念，他不仅仅是为了纳粹德国的利益，也是为了自己的私利。利用自己的职权，他抓住一切机会在犹太人居住区的犹太人当中树立自己的威严。纳粹严格规定德国人不得在肢体上与犹太人过于亲密，但是，汉斯·比伯有时公然违抗这种规定。埃斯特拉·弗伦基尔说："有一天，办公室的一位十六岁的女孩订婚了，有人让她去比伯的办公室送些咖啡。女孩把咖啡送到办公室的时候，比伯垂涎于她的美貌，对她动手动脚。这位女孩此前都是远远地看德国人，从未如此近距离地接触一个德国男人。她很单纯，非常抵触比伯的行为，于是开始反抗。最后，比伯竟然扯坏了她的裙子，看起来应该没有进一步的情况发生，因为女孩最后跑出了房间。但是，比伯不依不饶，竟然朝女孩开枪，击中了她的耳朵。女孩跑到了自己的房间躺了下来，她的身上都是血，那种场景真是非常可怕。"

埃斯特拉·弗伦基尔讲述的这个故事十分恐怖，而这些都是她在罗兹犹太人居住区的真实经历。在采访她的过程中，我觉得她是我所见过的最为果敢与强大的人。听到这一评价后，她看着我，微微一笑着说："如果我不够果敢，不够强大，现在我也就不会站在这里了。"

1940年眼看就要过完了，在罗兹犹太人居住区的犹太人尽管饱受凌辱，继续在饥贫线上挣扎，但好歹还没有被活活饿死。在纳粹的临时政策下，犹太人居住区变成了一个小型的生产加工营地，足以实现自给自足。但是，这种情况不会一直持续下去，纳粹只会就眼前的问题做出短期的决议。犹太人聚居在罗兹的犹太人居住区，其实这并不是他们最终的归宿，而只是一个临时的圈禁而已，最终他们是要被转运到普通政府领地去的。但是，弗朗克不愿看到大量的人口有如“垃圾”般堆积到他所管辖的区域。于是，又有人提出了一个更为激进和邪恶的建议：如果纳粹帝国的领地承载不了这些犹太人的话，那么可以将他们运输到世界的蛮荒地带，比如非洲。因为法国和英国都在非洲有殖民地，当前法国已经战败，而英国看起来也有可能会被打败，所以，这一建议在理论上是可行的。因为有了这样的提议，所以弗朗克认为，反正这些人最终都要被抛弃到世界各地，在此之前还要费心劳神地将他们转移几百英里到普通政府的领地，那简直是浪费时间。出于这一原因，这些犹太人在犹太人居住区待的时间比之前预期的长了不少。这也给当地的纳粹提供了一个生财之道，他们制定了一个临时政策，向犹太人兜售食品，以榨干他们的钱财。只有在犹太人的积蓄被彻底掏空之后，当地的纳粹才面临一个实际的政策选择：到底是任由他们活活饿死，还是给他们提供一些食物。最后，纳粹决定不能让这些犹太人饿死。于是，犹太人居住区变成了一个小型的生产基地，而纳粹与犹太人的关系也发生了变化，这些犹太人成了半永久性营地中受雇的奴隶性质的工人。

这一结果并不是纳粹事先“规划”好的，他们并不是一开始就制订了“计划”或是期望达成某些具体的目标。依照纳粹的特性，他们从不会制定长远的“规划”，只有在危机出现后，他们才会作一些短期的决策。更为严重的是，这些都不是来自希特勒的“命令”。他们的元首基本上只有一个大致的方向，而当地的纳粹分子却有很大的裁量权，他们经常依照自己的喜好作一些事关受众生死的决定。

纳粹做出的每一个决定，无不体现出对波兰人的蔑视和犹太人的仇恨。在入侵波兰的初期，纳粹施行了前所未闻的种族政策。成千上万的民众被斩草除根，但是，深重的苦难其实才刚刚开始。

第五章

寄予厚望

1941年6月22日，德国军队入侵苏联。紧随其后的是一场种族灭绝式的战争，它不仅引发了大屠杀，并且最终导致了德国的毁灭。从事后的一些情况来看，希特勒的入侵行动彻底偏离了方向，陷入了极度疯狂的状态。但是在当时，除了德国人之外，还有很多人认为，为了实现德国自身的利益，入侵苏联是一次合理的行动，而且德国人一定会赢得战争。

1940年夏，此时的阿道夫·希特勒尽管赢得了对法国的战争，但是他依然面临着一个较大的军事和政治问题：英国可能并不会按照常理出牌，也不会像元首所期望的那样行事——他们不会寻求媾和。此外，希特勒还会受到英吉利海峡这样的地理限制，这使得他无法向对待法国那样发动闪电行动。此前，希特勒曾下令做好入侵英国的准备，但是，德国能否征服这样一个强大的国家，他自己也不是很有信心。德国和英国不同，它并不是一个海上强国，此外，英吉利海峡也构成了一道天然障碍。即使德国有可能在空战中取得优势，但因为这道天然屏障，他们还是绕不开英国强大的海军。同时，希特勒之所以没有充分的把握入侵英国还有另外一个原因。对他来说，向英国开战会使他精力分散。英国既没有纳粹德国所需要的战略空间，也无法提供它所急需的各种原材料。事实上，希特勒对英国还有一种敬畏之情，他曾多次表示非常钦慕英国在殖民印度方面所取得的成就。往更坏的方面说，英国本来是希特勒并不想与之为敌的国家，如果此时冒险与之交战的话，那么德国最大的假想敌苏联就有可能赢得战略机遇，变得更加强大。

从希特勒自身的观点来看，所有的这一切都意味着：如果不入侵英国的话，那么还有一个替代性方案可选，那就是入侵苏联。希特勒和他的军事智囊团们都深知，在欧洲，德国最大的取胜可能就是发动闪电战。胡贝尔特·门策尔是德国陆军总部总体作战部门的一位高级官员，在他看来，1941年入侵苏联非常合乎逻辑，而且会起到出其不意的效果。他说："我们都很清楚，如果再拖延两年，到了1942年末或1943年初的话，英国人就会做好同我们交战的准备，美国人会做好准备，俄国人也会做好准备，那样的话，我们到时就要同时面对三个敌人……我们必须首先去除来自东线的最大威胁……从当时的情况看，这种行为非常合理。"

在希特勒早期的政治生涯中，他就不断强调新的"生存空间"对德国的重要性，他一直希望将俄罗斯和周边邻国纳入自己的领地。

长久以来，希特勒对苏联也一直怀有深深的偏见，因其仇视犹太人、反对共产主义、痛恨斯拉夫的信念，而使苏联成为他特殊的关注点，因此，他将莫斯科描述为"犹太—布尔什维克世界阴谋"[1]的总部。

与这种仇恨情绪相伴生的还有一种更深层次的恐惧——希特勒对斯拉夫人较高的出生率非常关注。他曾经公开宣称："斯拉夫人是一个劣等种族，他们是社会的渣滓。"[2]希特勒估计，如果苏联成为一个拥有众多人口的"现代大国"的话，那么会给德国造成很大的威胁。为了将风险扼杀在萌芽状态,德国必须迅速行动。

尽管如此,这也并不意味着希特勒是因为一种短视的狂热情绪而贸然与苏联开战,此前,他还因为政治需要而放下了对苏联的成见。这也是1939年8月外交部长里宾特洛甫飞到莫斯科同苏联签署了《苏德互不侵犯条约》的原因。

到了1940年7月31日,希特勒再一次表达了实用主义的而非意识形态的观点。当时,在巴伐利亚南部贝格霍夫的山中宅邸中,希特勒会见了他的军事指挥官们。在会见过程中,希特勒认为,如果要对英国作战的话,那么必须要进行速战速决的空战;但是,这依然充满了未知的风险。于是,他想到一个变通之道来结束战争。希特勒表示,英国仍抱有希望,是认为苏联能置身于战争之外,并且在必要的时候能从它那里获取帮助,那么直接打击苏联将会彻底粉碎英国的幻想,他们由此也会无心恋战。

考虑到英国和苏联在武装力量方面的相对平衡,希特勒的这种想法在如今很难获得认同,但在当时,相较苏联来说,德国确实更忌惮英国这个老牌的帝国,尤其是他们拥有强大的舰队,这是德国所无法忽视的。所以在7月31日的会见中,希特勒就表达了要闪电突袭苏联的想法,这番话在当时有没有让他的军事指挥官们感到骇然,如今已无据可考。这些人同希特勒一样,他们认为,与其攻打英国将不可避免地陷入海上作战,倒不如入侵苏联来一场陆地战争。

这次会议的时间背景非常重要,在希特勒召集他的军事指挥官的时候,他们已经取得了对法作战的重大胜利,六个星期即拿下了法国。这对他们来说是一个很值得一提的成就,尤其是将其放在第一次世界大战中德国人所采取的糟糕战术使其陷入泥沼的背景之下,1940年春季的胜利可以说是现象级的。因此,这一在法国被证明为成功的战术可以应用到对苏联红军发动的任何战争。如同希特勒所说的那样，这是一种新型的战争，它“非常血腥和残忍，但同时它又是最仁慈的，因为它已经将战争周期压缩到了最短”[3]。

后来，苏军元帅格奥尔吉・朱可夫对此评论道：“德军被自己在西欧毫不费力的胜利冲昏了脑袋，于是妄图在苏联身上故技重演。他们以为，既然对法作战赢得那么轻松，那么对其他国家来说，他们一样可以取得压倒性的胜利。”[4]

从事后的情况来看，德国选择对苏联作战在军事判断上产生了偏差，他们很明显地低估了苏军的实力。这场东线的战争看起来十分疯狂且愚蠢，这是一个对权力极度痴狂的人才会有的行动。还有什么样的行动能够更加满足这位独裁者的野心？又还有什么样的行动最终会使自己玩火自焚而走向毁灭？战后，希特勒的一位军事指挥官弗朗茨・哈尔德对此有着深刻的认识。哈尔德曾在1938年至1942年间担任德国陆军参谋长，20世纪60年代，他在接受采访时表示，他在1940年7月末曾与德国陆军总司令瓦尔特・冯・布劳希奇一起共事。据他引述，布劳希奇曾经问他：“你考虑过［攻击］东线的作战吗？”哈尔德回答说：“［希特勒有］这种想法真的非常愚蠢，我想他妄图霸占苏联，我对此并没有做任何准备。”还有比这样的回答更让人明白的吗？哈尔德的回答很明显地表明了自己的态度，通过这番话，他把自己摆到了一个疯狂元首的受害者的位置上。[5]

但是，哈尔德的这番言论是站不住脚的。7月3日，也就是在同布劳希奇会面的前几个星期，哈尔德在私人作战日志中表示，自己已经同策划者们提出了同苏联作战的想法，这场即将到来的“军事干预将会迫使苏联认识到德国在欧洲的霸主地位”[6]。在没有直接接到希特勒命令的情况下，哈尔德决定依照自己的想法行事。像所有那些在纳粹国家的高层中渴望生存和飞黄腾达的人一样，哈尔德认为，单单亦步亦趋地执行命令是远远不够的——因为他们本来就应该是那样的。

在德国开展东线攻势的最初日子里，哈尔德的行动也显示他并不属于怀疑论者。在苏德交战的第十二天，也就是1941年7月3日，哈尔德在日记中写道："预计再过两个星期，我们就能取得对苏作战的胜利，这并不是什么夸大其词。"[7]就在同一天，他还给自己的同事路易斯·冯·本达写了一封信，在信中他同样表达了苏联会输掉战争的观点。此外，他在信中还写道："元首还来到我的总部，与我交谈，并为我庆祝生日。我们一起喝茶闲聊了一个小时之久。那真是留存在记忆中的一段宝贵时光。"[8]

如今来看，哈尔德明显是想与过去的实际情况撇清关系，毕竟，没有多少将军会客观直面自己国家所遭受的惨败，也没有人会愿意承认这种惨败在很大程度上还与自己的行动有关。他试图改写自己的历史，这倒也是人性使然。但是，1941年德国对苏联的入侵并不是简单地由那个痴迷于权力的疯子一个人发动的。

德国之所以如此过度自信，有很大一部分原因是他们那时蔑视一切，直到如今他们也是如此。纳粹认为苏联的居民都是劣等人种，在战争的规划阶段，他们就没有将其视为一场常规战争，而是认为这是一场根除劣等种族的战斗。他们还认为，苏联的犹太／布尔什维克体制已经腐朽不堪，最终会被打得落花流水。但除此之外，他们（还有西方盟国的很多人）之所以认为苏联无法支撑这场战争，还有其他的原因。

与世界其他地方一起，希特勒和他的军事指挥官们观察了苏共的统治对苏联军事实力所产生的影响，结果让他们感到欢欣鼓舞。他们发现，苏联领导人斯大林在20世纪30年代大大削弱了红军的实力。既然准备同苏联开战，那就很有必要分析斯大林的性格。在纳粹看来，斯大林有很多致命的缺陷。

希特勒可以说是一手创立了纳粹党，而斯大林则不同，他在苏联的共产主义运动中并没有如此之大的推动力，其中的功劳当属于列宁。在纳粹党中，希特勒的个人权威是无可替代的，没有能够对他形成挑战的对手。而斯大林则毫无感召力，他是一个所谓的实践论者，静默不语，不会主动作为，只知道静静地等候机会的来临。[9]1924年，在一众候选人谁能接班列宁的问题上，他是最不被看好的一位。季诺维也夫和托洛茨基是天生的演说家，布哈林则在行动上更为坚决。即使在斯大林成为苏联领导人之后，他的存在感也不是很强。在20世纪30年代，希特勒对斯大林并没有多少印象。然而，这对斯大林似乎是有利的，因为这为斯大林创造了一个默默地为苏联而勤恳工作的形象。在每年的红场游行中，斯大林不仅会关注自己的头像，同时也会关注列宁的头像。在人们的心目中，斯大林一直是以一种继任者的身份而存在，而继任者是可以被替代的。对此，布哈林曾经说道："斯大林并不开心，因为他无法服众，甚至也无法让自己信服，他无法证明自己比其他人都要优秀，这也是他的一块心病……"[10]

20世纪30年代，斯捷潘·米高扬就在克里姆林宫长大，他的父亲阿纳斯塔斯是苏共政治局的一位领导成员，因为这一原因，他曾在多个场合见过斯大林。米高扬说："斯大林天性敏感多疑，当他说话的时候，他会观察别人的目光，如果你没有直视他的话，他会认为你在欺骗他。由此，他可能会采取一些令人非常不悦的行动……他非常多疑，这是他主要的性格特点……他还非常没有原则……在他认为必要的时候，他也会采取背叛、欺诈的手段，也因为这一原因，他总是疑神疑鬼，认为别人也和他一样……在他眼中，任何人都有可能是叛徒。"

后来的苏共领导人尼基塔·赫鲁晓夫评论说："像我们这些算是斯

大林身边的人，那也都只是匆匆过客，如果他还算信任你，那么我们就可以正常地工作、生活。如果他不再相信你，他那捕风捉影的情绪就会无限泛滥。”[11]托洛茨基一直认为自己优于斯大林，他在评价这位苏联领导人时说：“他非常善妒而又野心勃勃，他的每一步动作都体现出智商与情商方面的低下……相处很久之后我才发现，他也试图和我建立那种若即若离的关系，但我很排斥他的这种做法……他的兴趣很狭窄，老是奉行实用主义那一套，心理扭曲，愤世嫉俗。”[12]

当然，这些评价都有些过于贬低斯大林了，他可能不像托洛茨基那样有魅力，但是斯大林还是非常有政治智慧的。他的性格中包含了敏锐、务实、多疑、莽撞等特点，这些因素综合起来，使得他能够极度有效地把持权力。在20世纪30年代，纳粹曾注意到：如果某人稍稍对斯大林产生现实或长远的威胁，那么他本人及其秘密警察就会立即将这个人除掉。

由此，斯大林特别善于利用恐惧作为行事的动机。一位历史学家认为这是一种“负面的驱动”，这也使得斯大林的追随者们必须时刻向他证明自己的清白与忠心。[13]因此，在斯大林面前批评这一体制是极其鲁莽的。在一次斯大林出席的会议上，有一位年轻的空军将领直言不讳地表示，当前战机的失事率过高，“大家都感觉是被迫在棺材里飞行”[14]。斯大林则回应道：“你实在没有必要说这样的话，将军。”第二天，这位将军就被处决了。

从1937年开始，斯大林在红军队伍中进行了大规模的清洗。在这场风暴中，数千名高级将领被宣判有罪并招致处决的厄运。在这次运动中，有一位叫作马克·加莱的空军试飞员幸免于难。他说：“在1937年，整个国家的气氛非常地压抑，浓重的政治乌云笼罩在每个人头上——科学家、军人，当然也包括我们空军部队。在不到几年的时间内，空军的领导层如同走马灯一样换了一茬又一茬。旧人被处决，新人继任，随后新人又被查出有问题，如此这般循环反复。”在这段时期，加莱过的是一种“双重人生”。一方面，他有着自己的飞行员职业，当时他也正处于热恋之中，准备向未来的妻子求婚，每一天，他都是带着“愉快的”情绪去工作；而另一方面，他还是一名预备共产党员，每一周，他都要参加两到三次凶险的会议。他说：“我们会从自己的队伍中随机挑选出一些人，让他们承认自己的通敌行为。但是，绝大多数的人其实都是无辜的。在这样的会议上，有些人会慷慨陈词。想必你们也知道，总有一些人喜欢对那些不幸的人落井下石，同时，也有一些人被迫要对这些被怀疑的人进行批判。除此之外，大多数人都沉默不语，因为他们都知道，如果自己投票同意将某人清除出党的队伍的话，那么这个人在当晚就会被逮捕。”

当时，安全部门在采取行动的时候，动不动就给嫌疑分子扣上“人民的敌人”这项罪名，这种扣帽子的做法简直通行无阻。很多指控往往是在还没有什么事实根据的时候，他们就将事态弄得非常严重。[15]秘密警察部队头目拉夫连季·贝里亚就曾引述过斯大林的这套理论，他说：“指控某人是人民的敌人，这并不是说他蓄意搞破坏行动，而是说他在怀疑党内路线的正确性。在我们当中有很多这样的人，我们必须将他们清除出去。”

在这样的高压、恐怖的政策下，军中很多非常有价值的人才也没能幸免。1937年10月，在寒冷阴晦的某一天，当马克·加莱到达飞机场之后，他亲历了非常可怕的一幕。在库房中，飞机的横尾翼上都被涂上了喷漆。此前，每一架试验性飞机上都涂有一些字母，这代表的是该机型设计者的姓名缩写。如今，但凡有“A.N.T.”字样的都被涂抹掉了，这三个字母代表的是安德烈·尼古拉耶维奇·图波列夫，他是当时最为出色的飞机工程师之一。加莱意识到，图波列夫肯定已经被逮捕了。这个人曾经设计出很多新型的战机，如今却不幸成了“人民的敌人”。

至于斯大林将如何处置这些“人民的敌人”，我们可以从他下达给当地秘密警察当局的指令中管窥一二：“自1937年开始，中央委员会授权内务人民委员会（秘密警察部队）采取高压行动。众所周知，所有的资产阶级情报部门都对无产阶级代表采取最为高压的行动，那么同理，社会主义机关在对待残暴的资产阶级和工人阶级中所窝藏的敌人时，也无须有什么仁慈之心。”

不难想象这些“人民的敌人”在被捕后会发生什么：他们会受尽折磨，然后被处决。这种情况在苏联的军队内曾一度泛滥，尤其是在试验性飞机设计领域更是如此，仿佛只有通过审判和恐怖行动才能推动技术进步。马克·加莱说：“很明显，政治气氛是如此的高压，这根本无益于创造力的发挥。在这种情况下，基本没有人会开拓创新、大胆尝试，因为大家都害怕犯错误。”

戈培尔还记得希特勒对斯大林1937年大清洗运动的看法，据他引述，希特勒说：“斯大林的脑子可能出了问题，否则的话，你无法解释这种血腥的统治。”[16]对希特勒来说，他根本不会像斯大林这样行事。相反，如同本书第三章所描述的那样，自他掌权初始，他就同诸位将领们一起共事，即使是在20世纪30年代末期，他本来有机会除去那些并不十分热衷于纳粹主义的军政要员，但他也只是勒令这些摇摆不定的将领们退休了事。最终，这些人并没有受到枪决的处罚，而只是交了一笔罚金。[17]

而斯大林对苏联红军所做的一切，的确让纳粹认为他的脑子出了问题。在他的高压统治下，甚至连他自己的家庭也受到了牵连：他的两个姐夫遭逮捕并枪决，两位嫂子遭逮捕入狱。另有一个姐夫叫帕维尔·阿利卢耶夫，曾在克里姆林宫工作，1938年11月的某一天突然暴毙，疑似被人投毒。帕维尔的女儿名叫基拉，她在评价斯大林时说："那就是斯大林的本性，他的名字，也就是'Stalin'这个单词在俄语中是钢铁的意思。他的内心也正如钢铁般冷酷。此前可能就有迹象表明斯大林对［我的］父亲已生嫌隙，依照他的性格，必然要除掉父亲。但同时，斯大林也知道不能逮捕他，因为他无法向我的母亲证明父亲是'人民的敌人'，于是他采取下毒的手段除掉了父亲。"

此前，基拉与家人寄居在斯大林的乡村别墅，在那里，她看到的简直是另外一个斯大林："他非常喜欢我的弟弟，亲昵地叫他'小蘑菇'，他让弟弟坐在他的膝盖上，和弟弟亲密地交谈。对一些我不喜欢的食物或是别的东西，我可以直接地表达自己的态度，每当此时斯大林都会说，'让她去吧，如果她真的不想要，也别勉强'。"

但是，自从父亲离奇地死亡之后，基拉一家与斯大林的关系就发生了变化。基拉说："斯大林变得难以捉摸，他同我们保持着距离，在1939年以后，我们就再也没有见过他。父亲中毒身亡后，我们的生活也一落千丈，简直就是一出莎士比亚的悲剧。"基拉和母亲都曾被关进监狱，可是她们并不知道到底是因为什么。基拉说："一个正常的人都会发问，你如何能够对你的家人下毒手？但是，他总是高高在上，一手遮天。他的目的十分单一，对于自己所做的一切，他要求每一个人都要举双手赞成。如果有人表达了反对态度，或是稍稍有所疑虑，那么此人就是人民的敌人，也是他自己的敌人……我整个的生活都被他摧毁了。我的丈夫最后离开了我，因为他的父母曾警告他，照这样下去他也自身难保。后来我又结婚了，但此时我的年龄也不小了……很难再生育小孩。我的生活真的被他摧毁了，但我又能怎么办？我只有试图乐观一点，这样才能将生活维系下去，过去的事情，肯定是无法重新挽回了。"

当然，虽然在斯大林的高压统治下发生了这么多悲惨的故事，但这并不足以向纳粹证明：斯大林已经将苏联这个国家搞得摇摇欲坠，在德国的攻击下，这个国家一定会土崩瓦解。即使是在今天，人们也一直在争论，斯大林所发动的大清洗运动到底给红军带来了多大的损害。有人认为，红军实力的削弱，并不完全是因为斯大林的大清洗运动，在战争之前，苏联的军事架构曾混乱地扩张，一些指挥官毫无经验、缺乏训练，同时还刚愎自用，这些因素都削弱了苏联的军事实力。曾有人认为，在1937年至1938年间，大约有超过30%的军官被驱逐出军事部门，但近年的西方研究估计，在那段时期只有不到10%的军官被逮捕。然而，关于数字的争论并不能使人认识到这些对于军队的道德和动机的伤害，毕竟只是一点小错误就可能导致被捕甚至处决。

实际上，1940年夏，希特勒和他的将领们在评估苏联红军的作战实力的时候，他们对自身还是比较有信心的。九个月之前，也就是1939年11月，苏联红军进攻了芬兰。斯大林计划将这个国家强行并入苏联，成立所谓的卡累利阿—芬兰苏维埃共和国。从理论上看来，芬兰人几乎无力反抗，他们面对的是一个非常强大的苏联。有人分析指出，苏联红军的军事优势几乎是芬兰的三倍。但是，最后的局面却并不像斯大林所料想的那样。在对芬兰的作战中，苏方有一位军人叫米哈伊尔·季莫申科，当时被编在第44乌克兰师。他说："当时的场景非常可怕，你会感觉有些人是在故意让我们冻死。四下张望，根本看不到敌人，仿佛那茂密的森林自身就带着无数个枪口，在不停地朝着我们射击。"

苏联红军在这场战争中得到了教训，他们发现，对方的部队虽然规模很小，但是非常灵活机动，开展了有效的游击战。季莫申科说："他们的编制很小，大约十到十五人一组。他们悄悄地逼近我们的营地，运用机枪短距离射击，随后迅速撤退。我们派出人员，按照雪地上的脚印去追寻这些芬兰人，但是，他们最终都没有平安回来。那些芬兰人守株待兔，提前设下埋伏，把他们都射杀了。我们终于意识到，同芬兰人交战实在不是一个明智之举。”在这场战争中，苏联的战术、领导能力、装备和通联手段都不如芬兰，季莫申科所在的师开始分崩离析。到了1940年2月，该师的规模锐减到一万人，这一数字几乎是原来的一半。季莫申科说：“从个人角度来看，我认为可能出现了一些误判，有些决定根本不合理。我不知道为什么要把我们师派驻到没有人烟的地带，那里非常寒冷，很多人都被冻死了。”季莫申科所在的部队有四千人，只有五百人安然无恙地逃出了芬兰。部队打了败仗，大清洗运动却依然在进行，那些“有罪”的指挥官都被枪决了。季莫申科的团长和政委都先后被处决了。最后，在1940年3月，苏联同芬兰签署了停战协议。苏联红军在这场战争中本来拥有绝对的数量优势，他们也占据了芬兰的一些领地，但由此而付出的代价也是惨重的：战死的红军战士高达十三万人。

米哈伊尔·季莫申科是一名坚定的共产主义战士，但即使像他这样的人也表示：“德国人认为我们的部队比较孱弱，从很多方面看来，他们的观点并没有错。”德军总参谋部在分析了苏联红军对芬兰作战中所运用的战术后，得出了这样一个不太好的结论：“苏联空有众多的兵力，指挥能力却非常低下。”[18]

1940年7月21日，希特勒曾询问阿尔弗雷德·冯·约德尔将军，德军是否可以在当年秋天向苏联采取行动。冯·约德尔则认为这一时间过于仓促，无法完成必要的规划。于是，在当年夏天德军就开始了备战工作，准备在第二年向苏联发动进攻。

进攻苏联的正式指令于1940年12月18日发布。在此之前，该行动的代号是“奥托”和“弗里茨”，但如今，希特勒将行动代号改为“巴巴罗萨”。“巴巴罗萨”这个词来源于神圣罗马帝国皇帝腓特烈一世的绰号,希特勒想以此借用腓特烈一世的威名来赢得战争。

到了1940年末,希特勒综合考量了各种情形,愈发觉得自己的选择是对的。从现实情况来看,在对英国的作战中,德国空军战败,这也表明,德国想要入侵英国的话,几乎没有成功的可能。从政治层面来看,苏联的外交部长维亚切斯拉夫·莫洛托夫于1940年访问柏林,这也向希特勒表明:双方在相互欺骗,苏联方面也在利用《苏德互不侵犯条约》,莫洛托夫并没有宣布苏联想要吞并罗马尼亚的部分领地。从经济层面来看,德国非常想获取苏联方面丰富的原材料。从意识形态层面来看,希特勒和纳粹也非常排斥共产主义。从军事层面看,德军在对法国的战争中取得了压倒性的胜利,而苏联红军在对芬兰的作战中却付出惨重代价,这样一看,德军显然更占优势。

到了1941年初,巴巴罗萨计划的时间表和目标都已慢慢确立下来。此时,纳粹国防军负责军备经济事务的负责人托马斯将军向最高统帅部提出,在进攻行动中,德国陆军可能会面临一些困难。其中包括:到了苏联领地之后,德国陆军如何获得充足的燃料与生活物资补给? 2月3日,希特勒出席了一场会议,在会上,哈尔德重申了可能会面临的问题,并就如何解决问题提出了一些建议。后来,关于德国陆军在后勤保障方面究竟会面临怎样的挑战,托马斯将军又另行写了一个惊人的评估报告,但这份报告可能一直都没有送到希特勒的手中。

同年2月,纳粹们又大致讨论了进攻计划的另外一个缺陷,巴巴罗萨计划并不是要对整个苏联开战,它会止于乌拉尔山脉,将苏联人逼退到西伯利亚的森林和沼泽地带。陆军元帅冯·博克问道:“在击败苏联红军之后,苏联是否会被迫求和?”[19]希特勒则含糊地答道:“在我们拿下了乌克兰、莫斯科和列宁格勒之后……苏联肯定会向我们妥协。”

尽管尚存在着一些不确定的因素,但是,在德国最高统帅部当中,一些人依旧极度充满自信。约德尔将军说:“苏联这个巨人不过徒有其表,不堪一击,仿佛就像个膨胀的尿脬,轻轻一刺它就炸了。”也许约德尔想到了此前的一幕:一些将领因在预估对法作战时显得过于悲观而在事后遭到了别人的嘲笑。这一次,将军们不想再被人诟病“太过消极”。

在当年春季,希特勒修改了陆军最高司令部的三路进攻计划。他认为,司令部把重点放在莫斯科方向上,是一种错位。在希特勒看来,即将开始的这场入侵是一种全新的战争,它是一场以摧毁为目的的战争,与占领对方的首都相比,以大规模包围战摧毁敌军兵力显得更为重要。希特勒改变了作战的重点,得到了大家的认同。他的心理期望非常明确:在远离莫斯科的西部地区包围并歼灭苏联红军,这个国家随后就会分崩离析。

当年春天,关于具体以怎样的方式入侵苏联,纳粹也做出了关键性的决议。对希特勒和纳粹来说,苏联并不像法国,也不像比利时或是西欧其他任何一个“文明”国家。自一开始,纳粹就认为这是一场对付“蛮夷”的战争,这个国家奉行的是危险、败坏的共产主义和犹太主义。哈尔德在1941年3月17日的记录反映了希特勒的这些观点:“消灭苏联的知识分子,对待苏军丝毫不能留情。”面对一众指挥官,希特勒丝毫不掩饰自己的观点,在他看来,这是一场灭绝式的战争,他在3月31日的一次演讲中就已充分表达了。而这些指挥官既没有辞职,也没有表达抗议,而是将这些观点具体化为一系列的命令,以在书面或精神上指导战争的进行。这些作战命令在战后的纽伦堡审判中被作为德军“罪行”的证据,其中不仅仅包括党卫军,还有军队最高统帅部的正规部队。

第一道“罪行”就是“巴巴罗萨命令”,依照这一命令,军队可以任意射杀游击队员,并授权对整个社区进行集体报复。随后又出台了臭名昭著的"政委令",该命令号召士兵们射杀苏联军队中的政治官员,也就是政委。苏联的部队实施双重领导,在下达命令前,军事官员需要同政委商议。苏军之所以采取这样的设置,是因为早期的革命运动频发,他们害怕军队某一天会偏离苏共的方向,有了政委这一职务可以避免这种情况的发生。

如今,人们很难理解,对于自诩文明开化的德国人来说,他们如何能完全无视国际公约而发动一场战争,在这场战争中,他们并不是战士,而是刽子手。后来,我们遇到了伯恩哈德·贝希勒,同他的交流帮助我们理解了这一疑问。他不仅是作为一名战士接受了"政委令"的内容,命令上还出现了他的名字。贝希勒说:"命令上出现了我的名字,我感到很自豪。但在当时,其实这也算不了什么,在同一时期,大约有二三十起这样的事件,这只是其中的一件而已……后来我才发现了它的真实意义,它实际上非常下作、险恶,但在当时,我们真的没有想得太多。"

直到现在贝希勒还在不停地回忆此事,他说:"当时,我们都确信德国一定会取得胜利,如果德国真的胜利了,那么一切也就会变得理所当然了,你不能忽视这一点。如果我们赢得了对苏联作战的胜利,所有的什么所谓犯罪、暴行都没有什么关系了。"

随后我们又追问了他关于种族主义方面的问题,贝希勒回答说:"要说西方世界面临什么危险的话,那么苏联可算是对文明国家的一个威胁。在道德上,我必须要阻止这种情况的发生。道义敦促着我阻止布尔什维克主义在欧洲蔓延……我们并不认为这是对苏联人民的犯罪,因为希特勒曾说过,德国的行为并不是犯罪。我们秉持着这样一种道义观念:这些人必须要被摧毁。我们必须要摧毁他们的潜力,不能再让这种体制继续运行。"

伯恩哈德·贝希勒的这套逻辑实在是有些扭曲，这种逻辑也被海因里希·希姆莱所用，以此来为自己残杀犹太儿童的行径开脱。从本质上来说，这种逻辑想要表达的是："这些人在未来将会对我们的社会构成威胁，所以我们要将其终结，这完全是正当行为。"在这样一种理论下，文明人可以为自己最残暴的兽行开脱。这也表明，教养与文化有时候并不能遏止残暴行为，相反，它们有时候甚至会火上浇油、助纣为虐。因为有教养、有文化的人一旦扭曲了正义的标准，他们在随后的行动中也就没有什么下限了。

此前，在莱因哈德·海德里希（国家保安总部负责人）的带领下，德军为了打击自己在意识形态上的敌人，曾经戕害过波兰的犹太人和知识分子。德国国防军知道，另一场打击行动即将来临。但是，这不只是一场灭绝对方的战争，德国陆军及其最高统帅部知道，他们还要同希姆莱的纳粹党卫军竞争，以谋求未来在德意志帝国中的地位。如果他们被证明是不堪一击的话，那么随后就会被踢到一边。在征服了苏联之后，只有那些"思想纯净"的军事领导才有希望得到元首的祝福。

在德国军队中，并不是所有人都认同这些"犯罪型"命令，但是大部分部队都在执行这些命令。[20]在他们看来，这场即将到来的战争是一场打击"蛮夷野人"的"十字军东征"，是一次将德意志帝国的文明向东方传播的尝试，与此同时，战争还有其军事和经济上的必要性。如果战争失败的话，那么德国也就会一败涂地。以上的种种情况使他们确信，这场战争无须讲什么规则。如同戈培尔在1941年6月16日所写的日记："元首号召我们，要不惜一切代价取胜，无论行为是对是错，只要能够取胜就行。我们别无选择，只能取胜，否则的话，我们自己就会被彻底摧毁。"[21]

德国集结了三百万的兵力，准备入侵东部，部队的调动不可避免地也被斯大林知道了。他应当如何处置这一情报？这是一种挑衅？还是意味着战争？在苏联方面，有一个人了解德国军事集结背后的真正原因，这个人就是阿纳托利·古列维奇，此人是苏联军方在法国和比利时反情报机构的负责人。古列维奇的掩护身份是一家南美公司的总监，他成功地渗透到在比利时的德军指挥官的社交圈。1940年10月，古列维奇得知德国将在第二年进攻苏联。他说："我开始了解他们将如何调集部队，德国军队正在朝东部前线集结。"到了1941年初，古列维奇通过苏联驻布鲁塞尔大使馆向莫斯科方面拍发电报，电报声称："战争将会于1941年5月打响。"苏联驻日本特工理查德·佐尔格也向莫斯科拍发了类似信息的电报。

当时，斯大林对此究竟持什么态度？关于这一问题，我们可以从苏联解体后解密的一份文件中管窥一二。该文件由苏联国防部军需部门的马库洛夫在1941年6月16日所递呈，原文为："据德国航空指挥部线人所报，德国已经做好对苏联作战之一切必要准备，战争可能在任何时候爆发……另据德国经济部的信息来源，在一次由所有经济官员参加的会议上，罗森贝格也发了言，他表示，要将苏联从地图上抹去。"在签署这份报告时，斯大林写道："马库洛夫同志，你可以告诉你的线人，去他妈的，他根本不是什么线人，而是故意提供假情报混淆视听。"

后来，斯大林经常被人诟病，因为他没有对这些预警情报给予足够的重视。但是，做"事后诸葛亮"当然是一件很容易的事情，但在当时的情况下，似乎并不是那样的清晰分明。如同斯大林所观察的那样，当时希特勒最为关注的并不是苏联而是英国，如果进攻苏联的话，将会把自己置于两线作战的境地。而且，苏联还同德国签署了各种各样的协定，向其提供原材料。1939年10月，苏联甚至还同意让德国海军使用摩尔曼斯克东部的不冻港，以修理其军舰。德国与苏联的关系已经卓有成效，希特勒为什么要破坏这一局面呢？

1941年5月10日，希特勒的副手鲁道夫·赫斯突降苏格兰。斯大林如何看待这一情况？这是否意味着英国和纳粹之间在密谋着什么？如果确实如此的话，那么他可以忽略刚刚收到的英国情报信息，该情报声称德国将会发动一场袭击。也许，英国正试图混淆视听，让苏联听信谣言盲目地与德国开战，以使得自己摆脱吊钩。不要忘了，在1939年，英国根本没有什么热情同苏联结盟。

参考了这些背景之后，斯大林考虑了种种可能性，决定不挑衅德国。在1941年，如果同纳粹作战的话，他捞不到什么好处。他很有可能是这样想的：苏联和德国终将有一战，但是，战争最早也要到1942年至1943年才会爆发。在此期间，他还可以加大军备建设，并从《苏德互不侵犯条约》的秘密条款中获益。这些秘密条款使得苏联扩大了自身在欧洲的版图，其中就包括占据了波兰的很大一块领土。斯大林坚信德国暂时没有入侵苏联的具体计划，德国的如意算盘在他看来并不符合战争效益，当然，这最终只是他个人的一厢情愿而已。

斯大林认为，只要安抚好希特勒，就能使苏联暂时免遭入侵。在苏联军方，还有别的一些人也抱有他这样的观点。朱可夫元帅在1941年2月被任命为总参谋部参谋长，他后来说道："斯大林身边的大多数人都支持他的政治判断，大家都天真地认为，只要苏联不做出任何挑衅行为，不采取任何错误行动，希特勒就不会撕毁互不侵犯条约，也不会进攻苏联。"[22]

但是，与这一背景相对，在苏联解体之后，也有一些信息浮出水面，据称：在1941年，苏联本身也在计划同德国开战。这一信息显然和上述情况相悖。事实上，在德国入侵苏联时，纳粹也拿苏联在备战为借口，以此为自己的行为开脱。关于这一信息，我们可以在1941年5月15

日的一份苏联文件中找到端倪，它的标题是：对德国及其盟友的作战中，关于苏联武装部队战略部署的规划考量。

在彻底研究了这份文件之后，人们发现，它根本无法证明斯大林在当时也在计划进攻德国。文件正文很明显地表明，这是苏联军方在了解德国军队大规模向苏联边境集结后所做出的反应。文件原文如下："在当前的政治环境下，德国参考了局势发展，认为如果进攻苏联的话，需要调集137个步兵师、19个坦克师、15个摩步师、4个装甲师和5个空降师，一共需要180个师的力量……"该文件还谈及了德国可能的主要进攻方向，认为德国人一定会袭击"登布林的南部地区"，"同时，德国还很有可能从东普鲁士攻击北部的维尔纳和里加，此外，他们还可能自苏瓦尔基、布列斯特迅疾发动对沃尔科维、巴拉诺维奇的进攻"。

在列出了德国可能的进攻路线后，该文件建议："德军目前尚处于部署阶段，还没有来得及构筑战线，也还没有形成各军兵种的协同，我们应该趁此时机向其发动进攻。"它还进一步提议向德国境内发动两场防卫性反击。

仔细地阅读了这份文件之后，我们可以清楚地得知，它并不是号召苏联在没有受到任何挑衅的情况下去攻打德国，相反，它是在了解德国军事集结后的一种反应，同时也是为了挫败一场可能的侵袭而做出的尝试。很明显，这并不是什么秘密作战计划，它只是分析了德军入侵的可能性。

尽管民间一直认为，苏联对德国的战争意向浑然不知，没有做任何准备，但真实的情况并不完全如此，其实，苏联红军的一些领导人考虑过军队部署的细节问题，只不过他们的部署线路和方式出现了偏差。通过5月15日的这份文件，我们可以得知，苏军基本的军事理念是：万一苏联遭袭，苏联红军应当实施"积极的防御"。斯大林并没有考虑用苏联广袤的战略纵深来消灭敌人，他认为，红军主力应该驻守战事前沿，时刻准备深入敌军领地打一场大规模的反击战。

1941年春，斯大林的所作所为看起来并不像个积极备战的军事指挥家，反而是非常消极，仿佛生怕自己的行动会激怒德国而引发战争。苏联的历史学家维克多·安菲洛夫表示，朱可夫元帅曾告诉过自己，斯大林本人看过5月15日的那份文件，而且感到非常愤怒。斯大林当时说："你们都疯了吗？！你们是想要激怒德国吗？"随着近来一些文件的解密，我们可以得知，在遭受侵略前夕，苏联还在一直履约，向德国运送原材料。

当时，斯大林无意主动进犯德国，尽管如此，这并不意味着他认为同纳粹签署的互不侵犯条约神圣不可侵犯。但是，斯大林天性谨慎，他一般不会主动采取过激行动。其实，这一点从他对待日本的态度上也能看出来。第二次世界大战期间，直到美国向日本投放了第一枚原子弹之后，苏联才撕毁了同日本签署的中立条约。直到那时，斯大林才命令苏联红军挺进日本及其在中国所占据的领土。对照来看，我们认为，斯大林一开始也只是静待战争态势的演化而已，如果到了后期，态势逐渐明朗，而且利益的天平朝向苏联倾斜的话，那么无论什么样的条约也无法阻止他的行动。

这一情况不容忽视，同时也正是因为这一原因，德国才希望尽快除掉苏联这个危险隐患。希特勒和斯大林都认为时局对苏联有利。从这种意义上来看，一些纳粹军官和士兵认为这是一场先发制人的战争。但是，时任德国中央集团军群炮兵军官的吕迪格·冯·赖歇特却说："我并不认为希特勒发动的是一场先发制人的战争，如果要说'先发制人'的话，那应该满足这样一种前提，即你清楚地知道战争非常必要，而且双方都在摩拳擦掌，率先出兵的话可以有力地把控态势。依照这样的条件来看，我认为向苏联发动进攻显得有些仓促了。”

按照巴巴罗萨计划的最初安排，德军本来是要在1941年5月向苏联发动袭击的，但在当年3月，贝尔格莱德发生了一场军事政变，推翻了纳粹的盟友——摄政王保罗，所以这个时间就不太合适了。由此造成的结果是，4月6日，德国军团入侵了南斯拉夫。出于战略考量，希特勒下令军队再继续向希腊挺进。早在几个月前，意大利也入侵了希腊，但遭遇了挫折。希特勒不想在巴巴罗萨计划开始前暴露他的南部军团的真实动向。最后，南斯拉夫和希腊都很快成为德军闪电战的牺牲品，战斗在4月底迅速结束。正是因为这些非预见性的军事行动，导致巴巴罗萨计划被推迟到了6月。

事后，有人将德军对苏联作战的最终失败归咎于希特勒推迟了巴巴罗萨计划。同时，德军的重新部署也造成了一些认知上的混乱。不管怎么说，其实并不是因为延误了几个星期而造成了巴巴罗萨行动的失利，它的失利，从根本上在于对后续任务的误判，以及对困难的认识不足。

当然，在采访一些德国老兵时，他们表示，在当时并没有认为巴巴罗萨行动因为延迟到6月就会招致失败。相反，很多人认为接下来的任务十分简单，他们对此充满了信心。在发起进攻的当天，伯恩哈德·贝希勒去向他的姐姐告别，他即将前往希特勒在东普鲁士的新的指挥总部。贝希勒对他的姐姐说：“我们的部队即将出发了，几个星期之后我会从莫斯科给你打电话。对这种情况我深信不疑，实际上，我对我们的作战计划感到十分自豪。”

在1941年6月22日黎明破晓之前，此时已是第268步兵师一名火炮军官的吕迪格·冯·赖歇特，正等待着穿越由苏联控制的波兰边境。冯·赖歇特说：“当时的气氛很难形容，天还没有亮，火车平静地开着，它行驶的目的地曾经与我们结盟,如今即将遭到我们的袭击。”在凌晨三点半的时候,“随着一阵巨大的火光,战争打响了,边境线上的守卫们被击毙”。当时,在第10装甲师中有一位士兵叫沃尔夫冈·霍恩,隆隆的枪炮声让他的感觉非常好,“我感觉到一股强大的力量喷涌而出,给予敌人最猛烈的打击”。

德军主要分成三路向苏联进攻,战线绵延一千八百公里,这也是历史上最长的战线。陆军元帅冯·勒布带领着北方集团军群进攻波罗的海国家和列宁格勒,冯·博克元帅带领中央集团军群进攻明斯克、斯摩棱斯克,最后目标为莫斯科,冯·伦德施泰特元帅带领南方集团军群朝着乌克兰发起攻击。

尽管苏联的抵御兵力在数量上与德军侵略者相当,但他们在作战中无法与德军相抗衡。他们在边境一带的部署较弱,平时的训练较为缺乏,指挥官们作战经验不足,许多作战硬件设施也已过时或是破损。因为这些原因,苏联在一开始被德国的包围战术打得节节败退。

德军现在已经可以灵活地使用闪电战术。传统的军事理论认为,装甲式进攻应该分波次开展:第一波是轰炸机登场,随后是火炮、坦克,然后是摩托化步兵等。但是,在海因茨·古德里安将军看来,德国已经对这种作战样式进行了革命性的创新。在德国的作战思想下,轰炸机、坦克、火炮并不是分波次进行打击,而是在同一时间多管齐下,疾风骤雨般对敌军战线的某一狭窄区域进行密集式打击,有时候,他们的目标就是一条简易的公路。德军之所以能够进行这样的协同作战,一方面他们的通信技术比较先进,另一方面,他们在此前的类似战斗中已经积累了丰富的经验。沃尔夫冈·霍恩说:“我们在协同作战方面十分地训练有素,此前,我们在进攻法国时曾采用了这样的作战方式,当时我们协同作战,攻下了法国的加来港。我们知道如何像刀锋那样进行打击,无论对手是谁，我们都会进行高度协同的作战，这一点不会改变。”

装甲部队突破了敌军的防线之后长驱直入，向纵深挺进，随后的步兵师沿着撕开的缺口跟进，负责对乱成一团的敌军实施包围。在巴巴罗萨行动推进的初期，战术上获得最大成功的是中央集团军群，他们较为轻松地攻占了斯摩棱斯克，朝着苏联的腹地挺进。但是，闪电战术此前从未在如此广袤的国家中开展，苏联的地域纵深超出了德军想象，以至于传统的步兵师跟不上装甲部队挺进的步伐，所以这些刀锋力量不得不经常停下来等待他们。

但是在目前，这些还没有影响到大局。在一些德国士兵看来，巴巴罗萨行动的前几个星期，他们取得了非常辉煌的胜利。阿尔贝特·施奈德是德军第201炮兵营的一名战士，他说：“苏联人被打得四下逃窜，也有很多被我们俘虏，关进了某地的集中营里。”过去的一段时间，德军打得非常顺手，这使得施奈德认为：“我们的前景十分看好，估计战争在六个月后就会结束，最多持续一年。我们终会到达乌拉尔山脉。当时我们也在想，未来会发生怎样的情况？未来不会有任何变数，毕竟，我们就是胜利之师。作战的过程实在是非常顺利，有些士兵在行进的过程中还唱起了歌，这种情况令人有些难以置信，但的确是事实。”

6月22日早晨，斯大林在莫斯科郊外的孔策沃别墅中被惊醒，时任总参谋长的朱可夫元帅打电话给他，告知了德军入侵苏联的消息。最初，斯大林一度认为情况搞错了，也许是德国发生了兵变，希特勒的将军们接管上位，抑或只是德国的一次挑衅行动。斯大林下令外交部向日本寻求帮助，也许日本方面可以同德国进行调停。当天早晨，斯捷潘·米高扬的父亲被召集参加在克里姆林宫斯大林办公室举行的紧急会议。“在战争开始的前几天，没有人知道局势到底如何，通信受到了干扰，我们的军队在哪里，德国的军队又在哪里，大家基本上一无所知。”

格奥尔吉·塞门亚克当时是苏联第204师的一名二十岁的战士，他说："我在边境线上战斗了三天三夜，在此期间，飞机的轰炸、炮弹的射击一刻也没有停息。"到了第四天，他所在的部队开始败退，一片混乱。他说："当时的场景真是十分凄惨，就在那一天，飞机还在不停地往撤退士兵的头顶上扔炸弹。部队下达了撤退的命令后，大家四处分散，但主力部队在向东部撤退。"在穿越白俄罗斯、艰难地向东部跋涉的过程中，格奥尔吉·塞门亚克绝望地发现，他们的指挥官们已经开始丢盔弃甲，斗志全无。他说："这些中尉、上尉军官们频频拦下过往的车辆，自顾自地上车逃命去了。这些车大都朝着东部开去了。"在他的编制序列到达白俄罗斯首府明斯克的时候，周围已经没有指挥官了。"没有了指挥官，我们的抵御能力就显得很孱弱，我们真的不知道做什么好……这些军官们利用自己的职务之便来四下逃命，我们认为这很不齿，但是，每一个人都有自己的弱点。"

这些军官之所以如此地不称职，其实也是有原因的。在德国1941年入侵苏联之前，有人曾进行过估算，因为苏联红军中所开展的大清洗运动和匆忙的扩建，导致在现有序列中，75%的军事主官和70%的政治主官任现职的时间都不超过一年。[23]

在战争的初期，斯大林的行动也没有正视战场的实际情况。他痛斥自己的将领们，命令他们朝着敌军的领地挺进，这是当初苏联所制订的反击战的计划。但是，他没有明白的一点是：在巴巴罗萨行动的第一天，德军就在苏联境内挺进了六十公里，当初的计划已经不符合现实情况了。

德国在作战初期所取得的成功，也使希特勒更加确信：用不了几个星期，德国就能将苏联红军彻底摧毁。持这种观点的不仅仅只有他一个人，很多人都认为苏联根本没有什么反击能力。美国海军部长6月

23日致信罗斯福总统称："我认为希特勒在六周至两个月的时间内就会将苏联彻底解决。"英国工党的一位政客在其6月22日的日记中写道："我在思想上已经做好了准备，苏联红军和空军部队将会迅速地覆灭。"[24]在巴巴罗萨计划启动之前，英国的联合情报委员会就表示：依照他们的分析，苏联的领导层缺乏活力，红军部队的"很多装备都已经老旧过时"[25]。英国作战办公室告诉英国广播公司：在他们看来，苏联的抵抗支撑不了六个星期。[26]

6月27日，莫斯科发生了一场危机，当时斯大林和政治局其他委员们正在伏龙芝大街的国防军需部召开会议。斯捷潘·米高扬的父亲也在现场。米高扬说："他们开始向朱可夫发问，并且意识到，关于军队的信息彻底陷入未知。不知道敌军在哪里，不知道我们的军队在哪里，不知道德军挺进了多少公里，所有的一切都是未知。朱可夫非常骇然，按照我父亲的表述，他简直就要哭了。"如今，斯大林意识到，德国下一步将要拿下明斯克，而苏联红军却无力阻止这一情况的发生。他咆哮道："列宁创立了我们的国家，而我们他妈的把这一切都搞砸了！"会议结束后不久，他动身去了自己的乡间别墅。

在德国，戈培尔一直在关注民众对这次入侵会有怎样的反应。他阅读了希特勒在6月22日早晨五点三十分发布的宣告书，该宣告书声称："这场战争十分必要，它是为了打击犹太—盎格鲁—撒克逊战争贩子的阴谋，同时也是为了摧毁莫斯科的布尔什维克总部的犹太统治者们。"玛利亚·毛特当时还是一位十七岁的学生，在她看来，当时她父亲的反应一定是戈培尔不愿意听到的。玛利亚说："我永远不会忘记父亲当时所说的话。他说，完了，现在我们要输掉战争了！"但随后，在得知德军不太费力就取得节节胜利后，她父亲的态度发生了变化。玛利亚说："在每周的新闻汇辑中，我们都能看到振奋人心的画面，战士们唱着歌，挥着手欢呼。那种场面非常有感染力，以至于我们认为这场战争就如同此前攻打法国或是波兰那样，大家对此都深信不疑，都认为我们的军队战无不胜。”

至于德国此次进攻的是一个曾和它签署了互不侵犯条约的国家，这在大家看来并没有多大区别，不是德国有什么问题，而是条约本身出了偏差。如今，德国人可以堂而皇之地表达对苏联人的偏见。玛利亚・毛特说：“苏联的历史简直就是一片蒙昧，我们现在都在考虑，看看那些苏联人，天哪！他们简直不配活着！苏联人不配活着——这些就是大家的原话，大家就是这样看待苏联人的。他们是如此怯懦，看看他们仓皇逃散的样子就知道了。”

对玛利亚・毛特这样的德国人来说，她们在当时坚定地认为：“我们和这些苏联人不一样，我们比他们要优秀得多。”这些宣传性的新闻汇辑使他们更加认为：“苏联人尚未开化、丑陋不堪。这些苏联人的脸有时看起来就像猴子一样，大鼻子、秃头、衣衫褴褛、肮脏不堪。对，就是这种形象，于是你对自己说，这样很好，为什么不呢？”

对苏联人的这种情感不仅在德国民众当中广泛传播，在整个德国部队也是如此，这也更加让这些战士们确信：这场战争不仅因低劣种族而起，同时要彻底地将他们铲除。在战争初期，装甲旅有一位炮兵指挥官叫瓦尔特・谢弗—科内尔特，通过自身在战场上的经历，他更加确信这些苏联人非常顽固不化、原始落后，而且丝毫不像个文明人。他说：“当这些苏联人发动反击的时候，我们不得不暂时留下伤员，战斗结束我们返回原地的时候，却吃惊地发现这些伤员都被步兵短刀给砍得身首异处。你可以想象一下我们的战友遭受了怎样的折磨，看到他们被如此残忍地杀害，我们心中充满了怒火。”

东线战斗和西线战斗之所以如此“不同”，其中另外一个原因就是战场之外的谋杀。依据计划，特别行动队在战争初期就开始了他们的阴暗工作。他们迅疾地杀戮“为这个党或国家工作的共产党官员和犹太人”，而其中的界定则是最广泛意义上的（见第八章有关特别行动队更详细的说明）。

卡尔海因茨·本克在当时是纳粹党卫军—维京装甲师联合部队的一名战士，他在回忆当时的情景时说：“犹太—布尔什维克分子是我们最大的敌人，我们需要重点打击这些人，因为根据当时的观点，他们的存在对欧洲就是一种威胁。在苏联，犹太人竟然走向了领导层并牢牢控制了这个国家。”（但真实情况是，在苏联的领导层中，犹太人并不是很多，只有少数几个例外。）

因为这种偏见，苏联的政治官员，也就是政委们特别容易遭到屠杀。东线作战的纳粹党卫军骑兵团中有一位战士叫瓦尔特·特拉彭勒，他说：“当时，我们的任务极度明确，我们知道布尔什维克分子是世界头号敌人。我们也知道，他们的目标是要控制德国、法国，乃至整个欧洲，这就是我们需要打击他们的原因。”在打击这些“世界头号敌人”的战斗中，苏联的那些政委尤为危险，他们一旦被抓，就会被立即处决。我们追问特拉彭勒：“仅仅因为别人的政治选择不同，就这样立即处决他们，这种行为合适吗？”特拉彭勒回答道：“我们对此真的没有考虑太多，我的意思是，他们为他们的体制服务，我们为我们的体制服务，那些政委就应该被杀，我们需要阻止布尔什维克分子占领世界。”

视线转到莫斯科。6月底，政治局的同志们给斯大林信心，说在他的领导下，苏联一定能够取得战争的胜利。在这样一种劝说下，斯大林走出了自己的乡间别墅。不管怎么说，此时除了斯大林之外，也没有替代的领导人可以指挥苏联作战。斯大林已经将大家带进了一团糟的灾难局面，现在，他有责任带领大家走出困境。

7月3日，斯大林最终向苏联人民发表了广播讲话，谈论了德国的入侵。他说："同志们，兄弟姐妹们，军队战士们，我现在要告诉大家，我亲爱的朋友们，德国背信弃义地在6月22日向我们发动了战争，如今，战争仍在继续。我们的红军部队对此进行了英勇的抵抗，尽管如此，希特勒的部队已经占领了立陶宛、白俄罗斯的西部地区和乌克兰部分地区。法西斯的飞机在不断扩大作战范围，它们轰炸了摩尔曼斯克、奥尔沙、莫吉廖夫、斯摩棱斯克、基辅、敖德萨和塞瓦斯托波尔。我们的国家笼罩在巨大的危险当中。但是，我们伟大的红军部队绝不会向法西斯屈服，不会将自己的土地拱手让人。难道德国法西斯不可战胜吗？绝对不是！"

斯大林不断地拿《苏德互不侵犯条约》证明自己的观点，他表示，通过该条约，"苏联确保了一年半的和平时间"，同时他还给民众加油打气，声称"德国现在所取得的胜利都只是暂时的"。

当然，斯大林现在还有一个选择，那就是同德国媾和，此前也有过这样的先例。第一次世界大战中，苏俄为了摆脱自己的困境并且稳固革命成果，列宁就曾与德国签署过《布列斯特—立托夫斯克条约》，当时该条约对列宁来说只是一个权宜之计，他并没有打算永久维系该条约的效力。依据该条约，苏俄向德国割让一百四十万平方公里的土地，其中包括拉脱维亚、立陶宛、爱沙尼亚、乌克兰、格鲁吉亚、亚美尼亚。当然，后来随着德国的战败，这份条约也就成了一纸空文。如今，在苏联遭到德国入侵的最初几个星期，可否再次考虑此前的那种操作？关于"伟大的卫国战争"的历史，严格的共产主义观点认为，与德国缔结任何和约都是难以想象的背叛。而且，任何的和平谈判都将会破坏英国和苏联在7月12日签订的同盟条约，该条约规定："除非得到双方的同意，否则不可与（德国）协商和签署和平协定或条约。"[27]

事实却完全不是这样的。当时有传言说，苏联内务人民委员会找到了保加利亚驻莫斯科大使伊万·斯塔梅诺夫，让他与德国人斡旋。但是直到现在，一些解密的文件才证实了这一点。弗拉基米尔·瑙莫夫教授领导的一个研究小组，最近在莫斯科的总统档案馆发现了一份帕维尔·苏多普拉托夫的报告，此人是内务人民委员会部长贝里亚最为信任的一位官员。该报告写于贝里亚遭逮捕的1953年，它具体描述了在1941年7月25日—7月27日如何同保加利亚大使打交道。苏多普拉托夫写道："贝里亚指示我，在同斯塔梅诺夫会谈的时候，向他提四个问题。这些问题具体为：一、德国为什么会撕毁互不侵犯条约，并向苏联开战？二、如果德国愿意停战，那么会开出怎样的条件？三、德国是否愿意归还苏联的一些领土，比如波罗的海诸国、乌克兰、比萨拉比亚、布科维纳和卡累利阿半岛？四、如果不行的话，德国还期望获取苏联的哪些领土？"

1991年，在苏多普拉托夫去世前不久，他接受了克格勃的审查。他简要谈及了斯塔梅诺夫的事情，他表示，贝里亚本来是要同斯塔梅诺夫会面的，但是莫洛托夫不同意，因为他觉得这样"过于官方"。苏多普拉托夫还表示，之所以选择斯塔梅诺夫当中间人，是因为他是保加利亚大使，如今他代表的是德国在苏联的利益，同时，还因为贝里亚认为斯塔梅诺夫对苏联还有一些恻隐之心。贝里亚在过去对斯塔梅诺夫还算不错，他还给斯塔梅诺夫的妻子在莫斯科介绍过一份工作。

依照贝里亚的指令，苏多普拉托夫和斯塔梅诺夫在莫斯科的格鲁吉亚阿拉维饭店见了面。苏多普拉托夫表示，贝里亚又附加了一个条件："贝里亚严厉警告我，这件事在任何时间、任何地点不能告诉任何人，否则的话我本人和我的家人都性命难保。"

到了饭店，苏多普拉托夫在包间里向斯塔梅诺夫提出了四个问题。

这位保加利亚大使的反应有些冷淡。苏多普拉托夫说:“斯塔梅诺夫试图表现得对德国没有什么信心,认为德国人一定会战败。他并不太关注德军在作战初期取得的战果。他的话大意就是,苏联红军终会战胜德军。即使在作战初期,德国占领了苏联的广大领土,甚至还有可能抵近伏尔加,那也没什么大不了。从长远来看,德军终将被击败。”会面结束后,苏多普拉托夫随即把情况向贝里亚进行了汇报,他简要转述了同这位大使的谈话内容。

如今,我们应该如何看待这份报告?该报告成文的时候,斯大林已经去世了,贝里亚也遭到了攻击。这里面有一个矛盾情况:苏多普拉托夫在报告的开头写道,他相信贝里亚对苏联政府是忠心耿耿的,但是在报告结尾他又表示,根据那些调查贝里亚的人所提供的信息,他如今认为贝里亚的行为是一种背叛和破坏。很明显,如果他认为这一切都是贝里亚一个人所为的话,那么这算是对他的攻击。但是有一点不太合逻辑:贝里亚会因为什么样的原因而要以个人之力来实现媾和呢?同样地,因为贝里亚的职业特点,他必定会与斯大林保持密切接触,对他言听计从。既然这样,贝里亚为什么要冒如此大的风险,他怎么会不经过斯大林的同意就如此私自行事?要知道,斯大林可是苏联的领袖。

苏多普拉托夫在报告中还写道,贝里亚告诉他,同斯塔梅诺夫联系的动机是为了“给苏联政府开辟运作空间,为国家积蓄力量赢得时间”[28]。在苏联解体之后,他再次表示:“当时制造假情报是为了给苏联赢取时间。”这种说辞听起来有些让人怀疑。因为即使他们非常严肃地处理媾和事宜,但有关商谈的信息万一泄露的话,那可是非常严重的事情。对此,贝里亚可能会说:“当然,这些都是大规模假情报战争的一部分。”这也意味着,谈判行为如果被暴露的话(事实上,谈判行为后来的确暴露了,而且在1953年审判贝里亚的时候被作为控诉他的证据),他们还有借口开脱。

俄罗斯史学家季米特里·沃尔科戈诺夫在他的关于斯大林的传记中使用了一些此前未被公开的信息，这些信息与“积蓄力量赢得时间”的说法不太符合。沃尔科戈诺夫在书中写道：“莫洛托夫认为，拿土地换休战的做法就如同签署第二个《布列斯特—立托夫斯克条约》，并且表示，既然列宁有勇气签署这样一个条约，如今我们也可以这样做。”[29]

苏多普拉托夫的这份秘密报告还有一个重要特征，那就是提到了和保加利亚大使接触的时间——1941年7月底。这意味着随后的一个故事就显得非常重要。这个故事是由一位苏联历史学家所讲述的，此人非常了解朱可夫元帅。在20世纪60年代，朱可夫不太得势，维克多·安菲洛夫教授则对他很友好。朱可夫告诉这位教授，1941年10月初，他被召唤到斯大林的乡村别墅。朱可夫说：“在我进门之前，我喊了一声，下午好，斯大林同志。斯大林很明显没有听见我说话，他背靠着我坐着，正在同贝里亚交谈。我就这样碰巧听到了他们的一段谈话——‘通过你的部门与德国情报机构保持接触，了解一下，如果我们想要签署一个议和条约的话，德国可能会开出怎样的条件’。”

直到如今，依然有学者们在争论，同保加利亚大使的接触到底是什么时候开始的。从苏多普拉托夫那里得知的信息是7月底，而朱可夫无意中听到斯大林与贝里亚的谈话则是在10月。如此这样一来就出现了两个时间节点，那么有一种可能就是，在斯大林的授权下，贝里亚受命在7月和10月（也有可能是在7月至10月之间）同时进行了媾和的尝试。如果朱可夫没有撒谎，且准确表述了他所听到的斯大林对贝里亚所下达的指示，那么，这就不是“故意的假情报”，而是孤注一掷的行为了。这样一来也可以解释：在战争结束后，苏联领导层假装从未考虑过媾和，或者干脆就把责任推到贝里亚和苏多普拉托夫身上。在战争结果出来后，德国的将领们希望重写过去的历史，斯大林和苏联的领导层也是如此。

在入侵苏联的最初几个月内，德国可能并不想与苏联媾和，因为他们取得了压倒性的胜利，俘虏了上万的苏联战士。吕迪格·冯·赖歇特说："我看见我们的部队俘获了难以计数的苏联人，这给我留下了非常深刻的印象，也打消了我们战前的所有疑虑。"看到这么多人被俘之后，纳粹更加认为这些斯拉夫人低人一等："看着这些俘虏的时候，你就会觉得这是一个低劣的种族，他们蒙昧无知、心智低下。"

在西方，这些苏联战俘的命运没有引起应有的重视。大家只知道在大屠杀中有六百万人丧命，但是，西方又有多少人知道：在1941年6月至1945年2月间，苏联有五百七十万战士被俘，其中大约有三百三十万人丧命，其中的大多数是死于疾病和饥饿。[30]这些战俘所受到的待遇和被俘的英国、美国军人是完全不同的。对这些苏联战俘来说，他们经常没有食物可吃，没有房屋容身，也没有战俘营来表达自己的意愿，他们生存的地方只是一块露天区域，周围装上了带刺的铁丝网。战士格奥尔吉·塞门亚克于1941年7月在明斯克附近被俘，他的经历非常典型。在成为俘虏之后，他与八万名战友们一起被驱赶到一片很大的露天区域，看守他们的是手持机枪的德国士兵。在第一个星期，德军既不给他们食物，也不给他们水，他们只能喝营地周围浑浊的溪水。到了第二个星期，德军会朝着战俘人群扔少数几盒食物，这些食物基本都是腌鲱鱼，然后，他们就站在旁边，看着战俘们争抢食物来取乐。

到了当年秋天，塞门亚克被转移到波兰的一个营地，这里的条件更为糟糕。这里大约有十万名苏联战俘，他们的栖身之地依然是露天的，没有任何的遮蔽设施。德国看守们经常戏弄他们，直接朝营地当中开枪。到处都是虱子，导致斑疹、伤寒四处蔓延。由于疾病横行，饥寒交迫，加之心情绝望，战俘营中出现了同类相噬的惨剧。到了夜里，有人把尸体切开，臀部、肝、肺都被挖下来，然后生起火烤着吃。在经历了种种惨绝人寰的磨难之后，塞门亚克最终奇迹般地存活了下来，在谈论德军是如何对待苏联战俘的时候，他说："他们从来就没有把我们当作人来看待。"

战争结束后，德国的一些官员称，战俘数量如此之多，远超他们此前的预料，因此德军准备不足，缺乏必要的设施来安置这些战俘。这种言论完全是一种狡辩。尽管目前还无法证明在战争的规划阶段，战俘大规模的死亡就已是一种授意的行为，但是，我们有充足的证据证明：如果不发动这场战争，就不会有这些惨剧发生。

在巴巴罗萨行动的规划阶段，德国就很清楚地知道，前线距离遥远，苏联的运输系统也不算发达，这些都会阻碍德军及时从本国获得给养。纳粹国防军中央经济部门1941年5月2日的一份文件显示："因为上述原因，一旦开战，德国整个军队在1941年至1942年将不得不通过苏联来获得给养。"[31]这种状况的结果非常明显，就如同文件本身所阐述的那样："如果我们从这个国家攫取所需物品的话，那么该国将有数百万人由此而饿死。"

该部门在1941年5月23日还出台了另外一份文件，该文件更加深入地预估了德军攫取苏联的食品给养会造成怎样的后果。这份文件标题为"针对东部经济部门的政治经济方针"，它声称，德国的目标是要使用苏联的资源，这些资源不仅要为作战的德军提供给养，同时还要供给纳粹所控制的欧洲其他地区。[32]由此，在苏联将要被占领的北部区域，有三千万民众可能会死于饥荒。

虽然数字不是十分精确，但纳粹国防军的领导层其实已经预料到他们将会俘获大批的苏联战士。尽管如此，他们就如何安置战俘却没有进行最低限度的准备。既然他们都已经预料到在自身的政策下将会有数千万苏联人死于饥荒，为什么没有人能够主动筹备一下这些战俘的善后工作？

1941年夏，苏联战俘在德军营地不断死去，而此时希特勒关心的只是德军的进攻态势。尽管德国最初的攻势十分凌厉，但苏联看起来并不像马上就要土崩瓦解的样子。此外，尽管不断有大量的战士被俘，但是苏联依然能迅速召集军事预备力量，这些都是德国此前所没有预料到的。在很多地方，苏联红军满腔怒火，英勇抵抗。德国的战争规模摊得过大，以上这些因素也给德军造成了一定的麻烦。到了7月中旬，一些装甲作战单位已经深入苏联领土六百多公里，此前德军认为这些单位可以倚靠苏联来获取给养，但在现实中这已经成为一种奢望。但凡是对德军有些价值的东西，苏联民众要么提前烧光，要么尽数损毁，如今德军要想在此获得给养十分困难。一方面，他们的攻势在不断深入；另一方面，苏联的基础设施也被破坏得十分严重，几乎所有的公路都没有了路面，现有的火车轨距也和德国的不匹配。除此之外，装甲先头部队自身的伤亡也很惨重。在战争的前八个星期内，瓦尔特·谢弗—科内尔特的装甲部队折损了近一半的人员，其实，实施闪电战一般就会面临这样的局面，因为先头部队要经受敌军的各路反击，但是，闪电战一般并不会持续数月之久。

1941年七八月间，在东普鲁士的陆军指挥部当中，希特勒和他的将领们发生了争执，争执的内容是如何应对一个新的战略问题。德国的前线被普利佩特沼泽一分为二，这块偏远的区域使得装甲部队非常难以穿越。中央集团军群在沼泽北部作战，取得了很大的战绩，南方集团军群在沼泽南部作战，他们则遭到了对方顽强的抵抗。希特勒的将领们依然坚持自己此前的想法，认为中央集团军群应该立刻向莫斯科推进。但是，希特勒并不同意，原因在于：1940年12月他就曾表示，同占领苏联的首都相比，摧毁它的工业基地显得更为重要。此外，他还担心中央集团军群由此会受到侧翼攻击。

在8月初，希特勒还备受痢疾折磨，这也使得他无心仔细思考军队的下一步行动，他自己也变得有些摇摆不定。常常是某天他将占领莫斯科提上议事日程，没过几天后他又声称，还有其他更重要的任务要优先完成。8月19日，宣传部长约瑟夫・戈培尔突然意识到，希特勒可能认为德军在打击苏联红军的能力上并不如预想得那样高。戈培尔说："元首感觉自己受到了愚弄，在打击苏联的过程中，闪电战的效果并没有完全发挥出来，他对自己感到有些懊恼。他低估了苏联的装甲部队，此外，他们的空军也给我们的军事行动造成了很大的麻烦。对于这样的局面，他非常不满意，并且认为这当中蕴藏着严重的危机。"[33]8月21日，希特勒做了一个明确决定："与占领首都莫斯科相比，当前更加重要的行动是在北面包围列宁格勒，在南面破坏苏军的实力，这些会消除中央集团军群遭受侧翼打击的隐患。"

后来，有些人认为：希特勒的将领们本来已经创造了获胜的良机，结果被希特勒毁了，比如这一决定就是一例。但是，也有一些军事研究成果表明：希特勒的思想更有其军事合理性。[34]如果德国的中央集团军群8月直接挺进莫斯科的话会面临很多风险，尤其是可能会受到侧翼的攻击，因为苏联还有大量的兵力集中在乌克兰普利佩特沼泽的南部。德军也许可以到达莫斯科，但他们随后会被切断封锁在这座城市里。

希特勒决定让古德里安的南方装甲集团军抵近乌克兰的基辅，结果大获全胜，这下使得希特勒的信心又变得高涨起来。德军在基辅的现代历史上最大的包围战中俘获了六十多万人。整个苏军都被俘虏，而在9月18日基辅陷落时，一些军队则在第聂伯河东岸陷入困境。

对于这些灾难性结果，斯大林需要负主要责任。在当时的指挥体系下，全是他一个人说了算，他几乎无视军事战略，竟然下令红军去扼守基辅等一系列不可能的任务。在下属中只有少数几人敢于站出来和他分析利弊，其中一人就是朱可夫。朱可夫曾向斯大林建议：在面对德军向基辅挺进的形势下，红军应该撤退，但是他的话却被斯大林斥责为一派胡言。朱可夫请求解除自己总参谋长的职务，斯大林立刻就批准了。

尼古拉·波诺马廖夫是斯大林的发电专员，他见证了这位苏维埃领导人对下属不满基辅战况后的反应。谈及当时的场景，尼古拉说："负责基辅战斗的指挥官们都说自身军队的实力不够，难以抵御德军的进攻，都希望能够提前撤离，但是斯大林的观点则刚好相反，他命令部队必须严防死守。"最终，斯大林的一意孤行让苏联红军付出了惨重的代价，而其战略思维的缺乏也在这场溃败中体现得淋漓尽致。当时，斯大林的防御理念就如同希特勒后来的理念一样——寸土必守、决战到死。

打了胜仗之后，德军志得意满。基辅作战中曾担任德军坦克部队官员的胡贝尔特·门策尔说："我们成功了！不是吗？我们纵横捭阖对苏军实施了包围，没想到战果来得这么容易。"希特勒本人也非常兴奋，他认为这是整个战争的节点。随着侧翼构成的威胁逐渐清晰，希特勒认为德军此时应该直接挺进莫斯科，将苏联首都作为德军"台风行动"的目标。

从苏联方面来看，基辅的战斗使他们遭受重创，迷茫与恐惧的情绪四处蔓延。当时（1941年）还是一位十八岁战士的维克多·斯特拉兹多夫斯基回忆说："我们止不住地在想，为什么我们的城镇接二连三地失守，这真是令人悲痛。我们当时经历了怎样的状况，很难用言语表达清楚。”斯特拉兹多夫斯基是在1941年秋季加入红军部队的，在接过用来保家卫国的武器时，他感到非常震惊：“发放给我们的六十毫米步枪还是第一次世界大战期间的战利品，它们没有现代的瞄准装置，而且通常是五个战士才配一条枪。”

斯特拉兹多夫斯基既没有接受过正统的军事训练，手上的装备也很落后，他就是这样参加了维亚济马战役。此时，维亚济马周边地带已是德军挺进莫斯科的最后一个大型障碍。1941年10月初，德军集结了第3、第4装甲集团军，对维亚济马形成包围圈。五路苏联兵力身陷包围，斯特拉兹多夫斯基说：“我们与德军短兵相接，不得不拿起这些简陋的武器与他们作战。我们对此真的没有什么信心。没过多久，德军突破了我们的防御线，你可以想象我们当时的心理，我们心想这下彻底完了，我们这一组只剩四个人、两条枪，如无头苍蝇般失去了方向。周围的树林都被烧着了，一方面，我们不能违背军令，临阵脱逃，另一方面，我们也感到绝望了。”

苏军战士试图孤注一掷，冲破并逃离德军的包围。德军第11装甲师军官瓦尔特·谢弗—科内尔特说：“我亲历的其中一场战斗在早晨打响，我们从山顶上俯视，雾气正朝着河谷下沉。浓雾背后，仿佛有苏联的军队、车马若隐若现，那种场面仿佛能让你的血液凝固。随后我们看见，苏军走入了一片沼泽区域，所有的车辆瞬间陷入了泥潭，没过多久，苏军有如大批的羊群向我们这边逼近。”此时，谢弗—科内尔特朝着自己的下属大喊：“让他们过来！让他们再走近一点，让他们过来！”在苏军已经非常靠近的时候，德军的两厘米口径高射炮和机关枪突然开火，把苏军打得落花流水。

第二天，谢弗—科内尔特审视了一下战场，眼前只见苏军的尸体堆积成山，还有很多的人在垂死挣扎。他说："在这当中还走动着一些女孩，我永远忘不了她们的样子，她们的衣着看起来像是战士。她们驾着一辆马车，载着一桶水，四下打量，看见未死的战士就给他们喂水。那一刻的画面仿佛定格一般。"

在维亚济马战役中，沃尔夫冈·霍恩被编在了另外一个装甲师，他们在围攻苏军过程中则面临另外一种场景。当时，他通过特殊的瞭望设备观察红军部队，眼前的一幕让他难以置信：在冲锋的队伍中，只有前排的战士手持步枪，后排的战士则手无寸铁。霍恩说："当第一排的战士们逐渐向我们逼近的时候，第二排的战士们弯下腰，在曾经的战场上四处搜寻，从之前已经战死的同伴们的身上解下枪械。这就是说，如果找不到枪的话，他们做好了赤手空拳上战场的准备。我们从未料想过会发生这样的情况。"

当天夜里，大批的苏联红军准备突围，霍恩的部队锁定了好几辆满载着红军战士的卡车。随着距离的逼近，苏联战士们开火了，但是，地形对霍恩和同伴们有利，这些卡车简直成了他们的"活靶子"，他们朝卡车投掷手榴弹。战斗中，霍恩不小心被流弹擦伤，这使他勃然大怒，报复性地对已经被困在卡车中的红军战士们进行更为猛烈的打击。霍恩说："随后，敌军变得密集起来，他们躲到了卡车身后寻求掩护。"苏联战士们挤成一团，手臂、武器都贴到了别人的头上。霍恩用俄语朝他们大喊："举起手来！"见他们并没有反应，霍恩和同伴们随即开火，将他们都枪杀了。霍恩说："如果他们不投降，我们就枪杀他们，这对我们来说是很自然的事情。他们如同蝼蚁一般，他们不配有更好的待遇。"

但是，在那一夜，即使这些苏联战士投降的话，他们依然活不下来，因为霍恩所在部队的领导命令，要将俘虏的大部分红军战士杀掉。霍恩认为这种命令不仅“没有道义”，而且还“十分愚蠢”，因为“躲在密林深处的苏联人可能会看到战俘们被成批枪决，这反而会激发他们的斗志，他们在下一场战斗中的表现也许会更加英勇”。

维克多·斯特拉兹多夫斯基简洁地总结了这场战斗，他说：“当时的战场仿佛就是一台绞肉机，我们手无寸铁，却要面对训练有素的敌军，这明摆着就是去送死。”德国方面的瓦尔特·谢弗—科内尔特则从另外一个方面进行了总结：“苏联人的生命并不值钱，在我们看来，他们的死根本算不了什么，我们的信念是，要尽可能地将红军消灭干净。”

1941年10月是巴巴罗萨行动的一个重要节点。德国的中央集团军群在维亚济马战役、布良斯克战役中击败了苏联红军，他们铲除了通往莫斯科的最后一道关键障碍。在乌克兰，南方集团军群取得了对基辅的大捷之后则巩固了自身的地位，同时也仿佛打开了苏联的“粮仓”，能够获得丰富的给养。在列宁格勒外围，北方集团军群成功地将这座城市围困，企图将城市的居民全部饿死。这次围困持续了九百多天，1941年到1942年的冬季，大约有五十万人被活活饿死。在当前状况下，德军可以说是全面获胜，这使得希特勒在柏林体育宫发表讲话时断言：“苏联红军再也无力回天。”[35]约德尔说：“当时，胜利仿佛就在向我们招手。”希特勒的新闻官奥托·迪特里希说：“从任何一个军事角度来看，苏联都可以说是大势已去了。”[36]

在维亚济马战役和布良斯克战役中，德军又俘获了六十六万人。从前线传来的这一消息使得莫斯科民众充满了绝望，此刻仅有九万战士保卫首都。在这种涣散消沉的气氛下，斯大林的发电专员尼古拉·波诺马廖夫奉命接通朱可夫的电话，以寻求军事建议。此时朱可夫重新得势，他如今是西部前线的司令。波诺马廖夫说：“我知道情况真的非常糟糕，莫斯科的生活秩序已经停滞了，轨道交通也已停运。当时斯大林来到我身边，同我像往常一样打招呼，仿佛什么事也没发生，然后他就问我，接下来该怎么办，德军已经在朝着莫斯科挺进了。我没有料想斯大林会问我这样一个问题，于是就说，我们不能让德国人占领莫斯科，我们需要迎头痛击。斯大林听了我的回答后表示，他和我想的一样。随后，他让我问一问朱可夫对此事的看法。”

朱可夫简要表述了保卫莫斯科所需要的物资——坦克、大炮，以及最为重要的武器——火箭。斯大林差不多聆听了一个半小时。波诺马廖夫回忆说：“那真是非常艰难的一次对话，因为我知道，我们的军备和人员非常短缺。”斯大林告诉朱可夫，他所需要的军备至少有一部分已经在路上了。随后，在波诺马廖夫的见证下，斯大林问了朱可夫一个问题：“格奥尔吉·康斯坦丁诺维奇同志，让我们来一场共产党员之间的谈话，你认为莫斯科到底能不能守住？”朱可夫停顿了一下，然后回答道：“斯大林同志，我要的军备哪怕只有一部分能够到位的话，我们也一定能够守住莫斯科。”

发生在1941年10月16日这幕历史性的时刻还没有结束：在同朱可夫通完电话的十分钟后，斯大林的一位高级助理告诉波诺马廖夫，赶紧收拾通信装备，准备撤离。波诺马廖夫说：“半小时后，斯大林的一位警卫找到我，问我是否已经准备好了。我问这位警卫，我们要去哪？他则让我快点做好准备跟他走，还说到时候我就知道了。屋外停着一辆小轿车，我们上了车朝着未知的地方驶去。此时的莫斯科笼罩在一片黑暗之中，天气非常潮湿。看起来我们的车是在朝着火车站的方向开。我看见了装甲列车，斯大林的其他警卫在月台上来回地巡逻。那一刻我明白了，我们要等候斯大林，和他一起撤离。”

在波诺马廖夫登上列车的同时，其他的一些莫斯科民众也认为自己需要赶紧做好撤离的准备。玛娅·贝尔吉纳当时是一位三十一岁的母亲，她也准备逃离莫斯科。谈及当时的场景，她说道："我们想知道，如果政府都离开了，那么会发生怎样的情况。如果真是这样的话，那么莫斯科只能投降。我的丈夫是犹太人，而我有一半的犹太血统，到时我们肯定不会有什么好下场。我的丈夫跑到了火车站，人家告诉他，现在根本没有火车可开，有人则建议他步行。可是，我们还有一个三岁的儿子，这一提议不太现实。孩子太小，根本无法走很远的路，而抱在身上又太重。后来我们又想到，莫斯科南部还有一个港口。我丈夫又跑到了那里，在那里他得知会有一些船只启航。在那些令人恐慌的岁月里，我见识了人们的主观能动性。长久以来，我们几乎都忽略了这种本领，我们都习惯了接受命令。港口的负责人开始出售船票，这些船只本来是要在港口越冬的。最后，我们历经周折，终于上了船。"

玛娅·贝尔吉纳认为，在10月中旬的某天，德军就会占领莫斯科，她对这一点深信不疑。她说："我们听说已经有人在墙上贴起了'欢迎德军'的标语，这实在是令人恐慌。还有一位电车售票员告诉我，她在另外一辆电车上看见过德国人。我不知道这个情况是真是假。一些商店的业主们敞开店门，对着路人说，想要什么就拿走吧，不能把这些东西留给德国人。"

在这种恐慌的氛围下，甚至是斯大林本人也考虑撤离首都。现如今，刚刚有一份文件得以解密，这份文件编号为"国防委员会34号"，时间落款为1941年10月15日。通过该文件我们得知：斯大林意识到局势已经变得非常严峻。该文件称："国防委员会决心疏散最高苏维埃常务委员会和政府的最高领导层……（依据形势变化，斯大林同志将于明天或晚些时候撤离）……万一敌军攻入莫斯科的话，内务人民委员会的贝里亚同志和谢尔巴科夫同志需要奉命引爆商业设施、仓库、各类机构和地铁的电气设备。"

也许，如今已到了整场战争的关键时刻。如果斯大林也乘上火车撤离的话，那么苏联的抵抗效果肯定会大大削弱。很多人认为，即使斯大林不在现场，届时在莫斯科会发生巷战，再加上即将到来的严冬天气，这些也会让德军吃些苦头。但是，这种设想没有意识到：如果斯大林仍在现场的话，那么这对莫斯科民众来说是一个非常大的心理鼓舞。我们后来采访了很多苏联民众，他们都认为领导人坚守莫斯科非常重要。在日常宣传中，斯大林就等同于苏联。如果他是一个懦夫，那么为什么要求别人当勇士？如果他都撤离了，为什么别人不可以？

也许，如果德国的中央集团军群在8月份挺进莫斯科的话，那么，即使斯大林选择撤离，德军也会在莫斯科被团团包围。这种情况很有可能发生，因为德军在当时会面临侧翼夹击的风险。但如今已是10月，这一风险已经被铲除，在这种情况下，莫斯科很有可能成为下一个基辅或是明斯克——这两座城市如今都被德军牢牢把控。在关键时刻，如果斯大林显示出怯懦的一面，并且无法平息首都内的恐慌情绪，那么将会严重影响他的权威。莫斯科是苏联的通信和交通网络中心，一旦莫斯科失守的话，还能奢望什么和平谈判？

在这种情况下，斯大林决定留在莫斯科，他也是经历了一番心理斗争后才做了这样的选择。根据政治局委员阿纳斯塔斯·米高扬所述，10月15日，斯大林在政治局宣布他将于“明天早晨离开莫斯科”。但是到了19日晚上，斯大林又召集会议，决定留在这里。莫斯科苏维埃委员会主席普罗宁出席了那次决定性的会议。他亲身经历了当时所发生的情况，掌握了关键性的第一手信息。他说：“当时，我们都聚集在一个房间里，这个房间紧邻着斯大林的办公室。贝里亚开始四处游说，劝说我们应该放弃莫斯科。他表示，在舍弃莫斯科后，可以在伏尔加河一带设立一道防线。马林科夫支持他的观点，莫诺托夫则嘟哝着表达了异议。

事实上，我还清楚地记得贝里亚的原话。他说，‘我们该如何保卫莫斯科？我们什么也没有，我们最终会惨败，像山鹑一样被枪杀个精光’。随后，我们大家就走进了斯大林的办公室。斯大林如同往常一样叼着他的烟斗。当我们都落座以后，斯大林问道，‘我们是否应该守卫莫斯科？’所有人都保持沉默。斯大林等了一会儿，又把问题重复了一遍。结果还是没有人回答。斯大林说，‘非常好，那我就一个一个地问’。莫洛托夫首先回答，‘我们应该守卫莫斯科’。随后，包括贝里亚在内的所有人都附和道，‘我们应该守卫莫斯科’。”[37]

于是，斯大林决定留在莫斯科，这也是经过艰难抉择后才做出的决定。为了平息恐慌气氛，他宣布莫斯科自10月20日起进入戒严状态，每天午夜至次日凌晨五点实施宵禁，执法任务由内务人民委员会负责。

弗拉基米尔·奥格里兹科奉命指挥内务人民委员会的一个机构，该机构的主要职责是维护莫斯科的日常秩序。奥格里兹科说："渗透到莫斯科的敌对组织和奸细们在四处散播恐慌情绪，街上还出现了抢劫事件，所有你能想到的混乱情况都在发生，社会的阴暗面逐渐显现出来。"

对奥格里兹科这样的人来说，斯大林本意是让他们维持秩序，他们却将此解读为拥有了自由裁量的绝对权力。奥格里兹科说："这可不是在和平时期。你不会说，‘举起手来！否则我开枪了！’在开枪之前还有无数次的喊话警告，或者是向空中开枪。现在可不是这样。你要将这些不守秩序的人当场射杀，这是一道严厉的命令。对这些人来说，只要稍有不服从的倾向，特别是如果他们还要逃窜或是张嘴的话，就会被立即就地处决。对我们来说，这是真正意义上的英雄之举，因为你杀死的是人民的敌人。"

在莫斯科的街道上挤满了准备出逃的民众，奥格里兹科对他们也采取了一种类似的敌对态度。他说:“这些人都想着要出逃,他们是一群杂碎,想着在末日来临之前活命。”他把这些人的汽车推到路边的沟壕中,并扬言:“如果他们在车中被摔死了,那再好不过,这可不是我的责任。”

但是,从某种程度上来说,斯大林决定留在莫斯科,同时在这种严厉的戒严状态下,莫斯科的秩序确实有了一定的恢复。弗拉基米尔·奥格里兹科说:“这些严厉的措施都是因战争而起,它们也是备战的一部分。你不能说它们违背了人权,它们既不残暴,也不疯狂。这些人看不到祖国现在的处境比他们本人还要艰难。处决这样的人我认为并没有错。如果不能做到令行禁止的话,社会上只会变得更加恐慌,这样一来,什么事情都有可能发生。在这种局面下,我认为国防委员会和斯大林做出了一个非常坚决且明智的决定。”

随着冬天的来临,城外的德军计划发动最后的总攻。他们的速度越来越快,越来越深入腹地,俘虏的人数也越来越多,超过了历史上任何的入侵军队。如今,他们的唯一问题是:依照最初的作战计划,他们现在本该已经赢得战争了。

第六章

不同的战争

在这场战争中死去的平民超出历史上其他任何一场战争。据统计，大约有一千三百万苏联平民因此而丧生，这一人数是苏格兰人口总数的两倍还多。[1]本章参考了莫斯科保卫战的背景，以及纳粹在1942年、1943年占领苏联领土的情况，试图提出一个关于战争最为重要的问题：为什么所有的战争最终都成了人类的灾难？

当然，一个重要的原因就是双方领导人各自的性格。可以说，希特勒和斯大林都漠视他们所统治的民众的生命，他们对待战争的态度中都没有“人性”二字。只要一方凶残行事，另一方就会变本加厉地予以回应。在莫斯科保卫战中，对人类生命毫不在意的态度体现得最为淋漓尽致。

1941年10月中旬，从局势看来，莫斯科即将落入德军之手。但随后，斯大林决定留在莫斯科，内务人民委员会的部队极力压制城市内的恐慌情绪，而此时，冬雨开始下个不停，很多道路泥泞不堪，无法通行，这使得德军的推进延误了三个星期。在德军等待天气好转期间，朱可夫正在前线调度指挥，九支苏维埃预备役部队在伏尔加东部集结，这些来自西伯利亚的生力军使这里得到了加强。

德军进攻莫斯科的“台风行动”在11月15日重新启动。此时的土地已经冻结，变得非常坚硬，这给德国的行军带来了很大的便利。到了12月初，一些先遣部队距离莫斯科城市中心仅有二十公里之遥，这已是德军所能达到的离城最近距离。12月4日，瓦尔特·谢弗—科内尔特所在的装甲部队也到达了这一区域。当科内尔特准备研究地图以确立炮台架设方位时，他意识到一个情况：“当时，我测量了此处到克里姆林宫的距离，心里想着，如果我们有一台远射火炮的话，那么就可以直接向克里姆林宫开火了。”他和同伴们从团长那里得到了一门10.5厘米口径的火炮并且试射了一下。他说：“使用这种火炮造成不了多大伤害，我们想的是从心理上震慑莫斯科的平民，我们想要直接朝着城市和克里姆林宫开炮！”

德军无法对克里姆林宫实施有效的炮击，这表明他们的方位还是有些远，还没办法实现他们给自己设定的目标。第二天，也就是12月5日，谢弗—科内尔特的部队就感受到了苏联反击的分量。当德国人试图进行自我防御的时候，他们受到了突然的低温天气的拖累。谢弗—科内尔特说：“气温降到了零下三十摄氏度，我们的枪炮都无法正常使用了。这些枪炮本来都是非常精密的设备，但是，当机油因为严寒而逐渐凝固的时候，它们都无法正常射击了，这实在让人感到害怕。”环顾四周，他还发现大家都缺少冬天的衣服。依据巴巴罗萨计划最初的构想，此时应该有三分之二的军队撤出苏联了，因为战争本该在此之前就已经获胜了，所以，德军此前从未做过在此越冬的准备。谢弗—科内尔特说：“很多同伴在夜里冻坏了手指和脚趾，非作战减员十分严重。在步兵部队需要露天睡觉的时候，你只能在雪地上挖一个小洞。后来，上级又下达了一道命令，专门派人每隔两小时巡视大家一下。因为如果不这样的话，你可能在睡梦中就被直接冻死了，你对此可能毫无知觉，尤其是我们白天参与了战事，流了一些汗，到了夜里体温就会骤降，这也是最为危险的时刻。冻死的样子很安详，但是你肯定不想这样死去！”

吕迪格·冯·赖歇特的部队也遭遇了困难，他们无法移动自己的重型火炮。这些军械由马匹拉着。“这些备受娇宠的动物此前都习惯了充裕的食物和温暖的马厩，如今却要拖着如此沉重的设备，更严重的是，它们一会面对的是松散的沙地，一会是泥地，一会又是雪地，几乎所有的马匹都因心脏疾病而死。”

苏联第19步枪旅的一位名叫费奥多·斯维尔德洛夫的连级指挥官说：“在莫斯科附近的德国军队看起来十分凄惨，我还记得在1941年7月，这些德国人看起来气宇轩昂、志得意满。他们卷起袖管，手持机枪，大踏步地前进。但是现在，他们狼狈不堪，流着鼻涕，蜷缩着身体，身上包裹着从村里老妇人那里偷来的方巾。当然，他们依然在作战，但是，他们此时的形象再也无法与之前同日而语。”

与此同时，苏联的反击还在持续。12月7日，希特勒收到了一条对他来说算是不错的消息——日本轰炸了珍珠港。他认为，这样一来，美国将忙于太平洋战场，可能无力再对英国和苏联提供帮助。就在早前的几天，帝国军械装备部部长弗里茨·托特向希特勒汇报：如果美国卷入德国对苏联的战争，那么德国将输掉战争。但是，希特勒依然将美国对日本作战看作对自己有利的一个因素。12月11日，德国正式向美国宣战。对希特勒来说，这是大势所趋。此前美国不停地向英国提供军事援助，他已预料到德国和美国必将有一战。这其实也是巴巴罗萨计划背后的一个重要动机——他想要美国在欧洲开辟新战场之前就除掉来自东方的威胁。但不幸的是，德军并没有在1941年如计划所预期的那样击败苏联红军，而且，日本同美国开战，以及随后日本朝着新加坡挺进，这些都意味着斯大林可以从西部边境召回更多的部队，他此时不再担心这些地方会受到日本的攻击。日本在陆地上要同英军作战，在太平洋又要面对强大的美国舰队，如果此时再挑起同苏联的战争，显然不符合它的利益考量。

到了12月中旬，莫斯科外围的德军处境变得更加艰难。哈尔德认为，这种窘境是德军在两次世界大战中遭遇的最为严重的危机，他引述了来自军需主任的一份报告，报告称："我们此刻已经无力支撑了。"[2]

12月16日，希特勒命令德国军队严防死守，他认为，任何形式的撤退都会使得此前的战果付诸东流。他向中央集团军群发布了一道指令，号召将士们保持高昂斗志，守住自己脚下站着的这块土地。

装甲部队指挥官海因茨·古德里安拒绝执行这道命令。他认为，让德国士兵镇守原地等同于白白送死，队伍必须要撤退。希特勒对这些反对意见感到有些不知所措。他发问道："你们认为腓特烈大帝的投弹兵部队喜欢送死吗？他们不还是为了国家吗？"随后，他又批评了古德里安："你离战场太近了，现在你可以不用管太多了。"[3]

像古德里安这样的将领表达了对士兵苦难的怜恤，而希特勒对这些人则嗤之以鼻，这也是这场战争为什么如此惨烈的一个主要原因。希特勒认为，当危机到来时，较强的一方将会占据上风，而想要占据上风就不能有丝毫的怜悯。他一直认为自己的一些将领有些多愁善感，这可是个非常危险的倾向。12月22日，古德里安被解除了领导职务。在几天之前，也就是12月19日，陆军元帅冯·布劳希奇因为身体健康问题而退休。退休的时候，他没有被授予任何奖章或是荣誉，不仅如此，他还受到了诽谤。如今的古德里安则又是一例，他们本都是忠心的纳粹党员，只是因为在希特勒看来，他们没有"坚定的意志"，所以就落了这样的下场。第二年3月，戈培尔在日记中写道："希特勒称布劳希奇为自负又怯懦的恶棍，根本看不清形势，更别说把握局势了。”此外，戈培尔还在日记中表达了自己的观点：“这些从总参谋部提拔的高级官员在性格上存在缺陷，他们无法对抗高强度的压力。”由此，我们也可以看出戈培尔和希特勒这帮人的真实想法，在他们看来，装备不足、补给缺乏并不是灾难计划的症候，实际的致命因素是“性格的缺陷”[4]。

在这样的思想指导下，沃尔夫冈·霍恩和战友们战战兢兢，对他们来说，此时哪怕是得了冻疮也是意志不坚定、性格有缺陷的表现。他说：“我们平时都会相互提醒，哪怕有一个人的鼻子突然变白了，我们也会说，‘赶紧揉搓一下，不然会被惩罚的！’你看，身体被冻伤也成了背叛祖国、蓄意破坏战争的表现。”

从苏联方面来看，他们对那些想要撤退的人同样也采取了最为严厉的惩戒措施。作为内务人民委员会的一名官员，弗拉基米尔·奥格里兹科在莫斯科战役中同部队身后的后卫师并肩作战。他们的工作很简单，如果苏联的军队在他们面前撤退的话，那么就当场射杀他们。奥格里兹科说：“如果有任何人靠近我的站点，我都有权力打死他们。通常情况下，我会给他们一个机会，我会先朝他们喊话让其停下，否则开枪。如果他们还不止步的话，那么就直接枪杀。在我们的社会必须要设立规则，在军队和战时更应如此。我们不能容忍这些人蛊惑人心，他们是叛徒，彻头彻尾的叛徒。每个人都要树立起这样的价值理念：叛徒就要受到应有的惩罚。”对奥格里兹科来说，他为自己的工作而感到自豪：“这是一个明智的决定，你们没有资格对其指手画脚。我们是在用‘敬畏’镇压‘怯懦’，这没有对错可言，这是在战时，我们只能这样做。”

希特勒的性格造成了在莫斯科外围的德军当前的局面，同理，斯大林的性格也造就了红军当前的攻势。守卫莫斯科的一位步兵连连长费奥多·斯维尔德洛夫说：“我得说，斯大林冷酷无情、坚决果断，这种情绪传播到了前线的将领当中，随后又影响到我们这些初级指挥员，斯大林的确很残酷，但是直到现在我也一直认为，这种残酷是必要的，我们不能有任何的恻隐和怜悯。”

在一次坦诚的采访中，斯维尔德洛夫承认，在斯大林这种铁血的政策下，他本人开枪射杀了一名战友。他说：“这件事发生在一场激烈的战斗中，最后是我们取得了胜利。当时有一名士兵，我叫不上他的名字，战场局势非常胶着，他突然害怕了，想要临阵脱逃，我不假思索地将他就地枪决，这对其他战友也是有力的震慑。”战争是如此残酷，他和属下们通常都是在酒精的麻痹下拿起枪支。“记得一个苏联人曾经说过，一个醉汉足以具备渡海的勇气，溺亡在莫斯科河的，基本都是醉酒之人。在醉酒之人看来，世上的一切都变得简单轻松，这也是为什么苏联军队给战士们配发伏特加的原因。”在他所属的部队，每名战士每日可获得国防部配发的一百克伏特加，大家因此都将它称作“国防部100”。但是，他们真正喝到的并不止这一百克。他说：“如你所知，苏联人都热衷于饮酒，但是在战争中，酒精是我们的必需品。当然，我们大多数时候喝的都比一百克要多，唯一的原因就是，每天都会有巨大的伤亡，死难的战士们将配额大量地空余出来。我经常在早饭期间喝两百克伏特加，午饭时再喝一百克，如果晚间没有战斗的话，我会和战友们再次分享两百克。”

费奥多·斯维尔德洛夫认为，整天喝得醉醺醺的，对苏联战士的作战能力并无大碍，情况则恰恰相反。他说：“当一个人喝醉时，他就会变得更加坚定、更加勇敢，他不再会考虑下一秒钟就有可能会被击毙的现实，而只会一往无前，冲锋陷阵奋勇杀敌。坦率地说，纵观整场战争，德军和苏军双方在关键性时刻都处于醉酒状态，如若不如此的话，一个正常人的心智很难承受战争中的残酷与磨难。我不知道英军和美军在诺曼底登陆时是否也喝了酒，但我猜他们应该也离不开威士忌。”

到了1942年1月底，德军的危机有所缓解，前线得到了巩固。希特勒认为，这一成就完全是他一个人的功劳，因为正是他坚持不后退、不让步的策略。此外，在他看来，这还与他撤换了布劳希奇的职务有关，取而代之能够坚定执行其意志的，没有旁人，只有他自己。但真实的情况是，斯大林和他的将领们并不在指挥一线，他们的战术思想也没有真正落到实处，无法给德军以致命一击，战争的最终结果变得扑朔迷离。

德国在东部占领区（尤其是其中最大的乌克兰）的管理方式也使得战争的残酷性变得进一步升级。颇具讽刺意味的是，在巴巴罗萨行动一开始的时候，很多德国士兵都认为，东部的原住民会是他们的盟友，而不是敌人。第86步兵师有一位高级军官叫彼得·冯·德·格罗本，他说：“在战争一开始的几个月，人们将我们视作解放者，对我们持欢迎态度。有时，他们还会给我们盐和面包，依照当地的传统，这是一种表达欢迎与好客的方式。在当地农民看来，战争能使他们摆脱布尔什维克的统治。”在第4军的炮兵军官吕迪格·冯·赖歇特看来，情况也大抵如此。他说：“在战争伊始，我们非常想吃新鲜蔬菜，而当地的农民则不停地从自家的菜园子里给我们拿这拿那。虽然并不是所有人都无比欣喜，但确实有很多人将我们视为解放者，对我们持热烈欢迎的态度。”

在这种情况下，对很多德国士兵（甚至包括在装甲师作战的卡尔海因茨·本克）来说，这不过是一场“常规”占有。“在我们看来，乌克兰一旦被占领，就会变成一个独立的国家，那里的战士们就会站到我们这一边，共同打击剩余的布尔什维克分子。这种想法可能有些天真，但在当时的年轻士兵当中，大多数人真的就是这样想的。”

至于德军为什么会受到乌克兰人的热烈欢迎，真实原因其实很简单。多年以来，乌克兰遭受着莫斯科政府的高压统治，困厄不堪。共产主义政策的推行导致了20世纪30年代初大饥荒的爆发，预计造成七百万民众死亡。就在德军的铁蹄染指之前，苏联的内务人民委员会又在乌克兰谋杀了数千名政治犯。乌克兰西部的居民阿列克谢·布里斯说："我们梦想着新的乌克兰人的国家，对我们来说，只要是针对苏联的战争都是正义的战争。"

由于布里斯在语言方面具有天赋，这位时年十八岁的学生在当地德军的行政机构当起了翻译。在他看来，这并不是"同流合污"，"我的意思是，每个人都想拥有更好的生活，没有人会想着做一名清洁工，天天去扫大街"。在他和许多其他的乌克兰人看来，一开始，德国人也只是一系列进驻者中的一员。"不管在怎样的统治之下，不管其性格如何，他们的独特体制都被视作'正常'。举例来说，如果是中国人进驻，我们也会将其视为'正常'，我不得不为他们工作，因为我需要吃饭，需要生活，所以我需要工作。这并不是'同流合污'。"其实，布里斯想表达的意思就是，对乌克兰人来说，除了与德军合作以外，他们别无选择。

阿列克谢·布里斯将纳粹德军等同于其他的进驻者，也正是基于这一判断，他才决定协助德军。但是，真实情况却并非如此。希特勒从来没有想过对东线的原住民奉行什么合作政策，他并不认同英国统治印度的政策，而是希望像罗马那样统治整个帝国。希特勒认为，在西线被占领的国家中，比如法国或荷兰，人们所遭受的苦难可以稍小一些，因为这些大多是"文明国家"。但是，在希特勒看来，苏联人是"劣等"种族，他们不配拥有自然所赋予的优厚资源。他说："高等种族［比如德国人］经常要从有限的土地中讨生活，而那些对文明进程没有做出任何贡献的劣等种族却坐拥丰沃膏壤，这实在是太不公平。"[5]希特勒在战争中鼓吹，德国人只奉行一种自然法则，那就是，只有强者才有推行其意志的权力。

在这样的理念之下，希特勒妄图通过征服的形式来彻底摧毁被占东部地区的居民。他的任务是让这些人不要太过开化，用他自己的话来说就是："这些人的教育水平只要能够认识我们高速公路的标识就好，这样他们就不会被我们的车辆撞压。"在如何应对德占区民众这一问题上，希特勒将美国西进运动中残酷的殖民统治视为具体参考。他说："我们只有一个任务，那就是通过移民将这些国家日耳曼化，而将这些国家的民众视为贱种。"[6]

这些来自希特勒在私人餐桌上的独白，反映了这位独裁者的真实想法。但是，在新任命的东部占领区长官阿尔弗雷德·罗森贝格看来，希特勒也并不总是这样直接。1941年7月16日，罗森贝格在狼穴，也就是希特勒在东普鲁士的总部拜见了他。在会见中，罗森贝格表达了自己的观点，他认为，乌克兰人的民族主义情感值得鼓励。希特勒对此并没有反对。在后来的一次会议上，希特勒甚至暗示，也许有一天，乌克兰可以成为德意志帝国框架下的一个独立国家。但是，这些最终只是口头说说，不过是哄忠诚的罗森贝格开心而已，而罗森贝格本人显然是被这些话误导了。9月19日，希特勒终于表达了其真实想法，他与东普鲁士的纳粹地方长官埃里希·科赫进行了会晤，同时参加会晤的还有新任命的统辖乌克兰的帝国专员。留存下来的会议纪要这样写道："元首和地方长官［科赫］都反对乌克兰独立……除此之外，基辅的一切几乎都会荡然无存。元首希望打击苏联的大城市，以此来体现针对苏联的压倒性态势，而科赫则进一步劝说希特勒摧毁乌克兰的工业，在他的建议之下，希特勒的想法变得更加坚定。"[7]

希特勒早有打击苏联大城市的意向，他的想法和科赫这样的铁腕者是一致的，这才是他的真实想法。罗森贝格虽然在纳粹官僚架构中比科赫的职位要高，但在很长一段时间内，他却被蒙在鼓里。这种情况似乎让人有些费解，因为任命罗森贝格的人正是希特勒自己，但是，希特勒的行为一向让人捉摸不透，这也是他操纵和控制纳粹国家的方法。

其一，纳粹的官僚架构并不像看起来的那样。在如何管理乌克兰上，科赫拥有很大程度的自治权，只要他愿意，他可以直接向希特勒汇报工作情况，所以，在一切必要的时候，罗森贝格就被绕过了。其二，希特勒看重的是那些对他死心塌地的人，把罗森贝格放在现在的职位上也是别有深意的，那是在考验他的忠诚。其三，如果希特勒愿意，他可以通过科赫来制衡罗森贝格，希特勒就是通过纳粹高层的相互制约来确保自己作为元首的地位。最后，希特勒不喜欢通过白纸黑字的形式向罗森贝格和科赫之类的官员下达命令，因此，这些官员之间存在的冲突可以使其在情况变得糟糕时将自己的责任推卸得干干净净。1942年夏，希特勒对德国集团军群的指挥官们曾发表过一番讲话，他说："如果不是考虑心理效应，我早就尽我所能了；我会眼皮都不眨地说，'让我们建立一个彻底独立的乌克兰吧'，然后无论如何都不会这样做。如果我是一名政客，我当然可以这样做；但是（因为我必须在公开场合表明态度）我不能公开地对每一名［德国］士兵宣称，'这并不是真的，我的态度只是一种策略而已'。"[8]

由此不可避免地导致了，在如何治理乌克兰这一问题上，罗森贝格和科赫之间存在着一系列的分歧。罗森贝格希望以一种传统的殖民主义方式来治理乌克兰，而科赫的态度却不是如此。关于这一点，他在向纳粹高层汇报基辅治理建议时就表述得很清楚。他说："我们是属于统治者的种族，这一点要时刻牢记，对我们德国人来说，即使是那些最底层的劳工在种族和生理上也比这里的土著要高贵千百倍。"[9]罗森贝格幻想着有一天能在基辅建立一所大学，而科赫则关闭了这里所有的学校。他说:“乌克兰的孩子们不需要学校,他们需要学习的东西会由德国主人们来教授。”[10]

曾经在罗森贝格的柏林军营中工作过的威廉·泰尔—尼登博士谈及当时的情况时说道:“你无法相信当时的情况有多么混乱,整个行政治理一团乱麻。”即使在职务上罗森贝格处于上级的地位,但科赫却经常公然挑战他。泰尔—尼登参加过有此二人出席的会议,每每此时他都感到非常吃惊。“在这种场合下,我看见科赫仿佛要把罗森贝格撕成碎片,罗森贝格倒还能隐忍,可我气愤得恨不得要把科赫踹出去!”在一次午宴上,科赫完全将罗森贝格视作空气,只和邻座的人谈笑风生,直到最后,他才斜靠在桌子上大声地说:“这场宴会对我来说真无聊,罗森贝格,你是不是也这样认为?”在泰尔—尼登看来,罗森贝格和科赫如此尊卑颠倒,这完全是一种反常的政治体制造成的。此前,赫尔曼·戈林也是通过这种反常的体制制订了“四年计划”,控制了德国的经济命数。泰尔—尼登说:“当戈林达成了目标之后,我们都不得不站到他那一边,满足他的需求。而此时的戈林却只是轻描淡写地表示,‘是的,我对经济一窍不通,但是,你们谁也无法驾控我的意志!’”

当然,科赫也拥有这种“无法驾控的意志”,正是在这种意志之下,使得乌克兰出现了全然不同的局面。阿列克谢·布里斯对此表示道:“渐渐地,德国人和乌克兰人之间产生了一些嫌隙。”随着时间的推移,这种嫌隙也在逐渐累积。一天,布里斯去会见恩斯特·埃里希·哈尔特,此人是德军派驻在布里斯生活的城镇戈罗霍夫的特别专员。当时,布里斯表示,自己希望有朝一日能够继续完成自己的学业,成为一名医生。而这位专员则附和着科赫的观点,直截了当地说:“我们可不需要你们乌克兰人当什么医生或是工程师,你们只要把牲畜看管好了就可以了。”回忆当时的场景,布里斯认为,这些德国人已将自己视作“地球的主宰”。

尽管如此，在这些被德军占领的地方，纳粹的政策却并非直来直去。其中有部分原因是罗森贝格和科赫之间存在紧张对立，同时，对纳粹政府高层来说，他们有时也无法准确揣度元首的真实用意，不知道希特勒在一些具体问题上究竟是采取怎样的政策，这一点在对乌克兰人实施避孕措施方面就体现得很明显。

1942年7月，希特勒将指挥总部从东普鲁士搬到了乌克兰维尼察附近的新址，并在那里一直驻留到当年的12月。在新址工作期间，忠诚的中尉军官马丁·鲍曼有机会了解到周边村庄的居民。对于所看到的一切，马丁·鲍曼感到惊讶。在他看来，乌克兰的孩子们根本不是什么劣等种族，恰恰相反，他们很多都是金色头发、蓝色眼睛。对照纳粹的种族进化理论，鲍曼认为这些孩子之所以长成这样，那是因为严酷的生活条件所造成的，当地的住房和卫生条件都很差，只有那些最强壮、最“优等”的孩子才能存活下来。鲍曼认为，如果乌克兰能够继续获得给养的话，那并不符合第三帝国的利益，希特勒对此表示认同。就在几个月前，也就是1942年2月，德国派驻在此地的殖民官员的工作失误引得希特勒大发雷霆，他说：“每次我们还没有占领一个地方多久，就急着给当地居民建医院、盖托儿所，一想到这些就让我愤怒不已……苏联人活得并不长久，他们的寿命很少超过五十或是六十年。你们还想着给他们接种疫苗，这是多么荒唐的想法！……从今以后，不准给苏联人接种疫苗，不准向他们发放肥皂清洗身体。但如果他们要伏特加和烟草的话，可以例外。”[11]

经过与鲍曼的讨论，尽管希特勒反对向乌克兰人提供现代医疗便利，但他又同意纳粹给当地居民提供避孕用具。但就在鲍曼令人瞠目的乌克兰乡村之旅之前的几个星期，有一位狂热的纳粹官员本该坚定地执行希特勒的意愿，但是他决定禁止向占领区供应避孕用具。他自己给出的解释是：这些人可以作为研究复杂医学问题的样本，元首不希望他们获得避孕用具。希特勒听闻此事后非常愤怒，他说："如果还有哪些白痴胆敢违抗我的命令，拒不向东部占领区提供避孕用具的话，我个人就会拿枪把他打成筛子。在东部占领区，我们不仅要允许避孕用具的交易，甚至要对此大加鼓励，因为这些非日耳曼人口一旦大规模繁衍的话，对我们并无任何好处。"[12]

希特勒发表此番言论的第二天，鲍曼就将"鼓励东部占领区避孕用具交易"的思路传递给了罗森贝格（在鲍曼的备忘录中，他还强调称"在东部占领区，德国无论如何都要建立公共卫生机构"）。[13]罗森贝格政府的一些德国行政官员听闻此事后感到非常气愤，有些人更是直接表示："鼓励避孕用具交易"这种话根本不应该和元首联系在一起。但是，对于罗森贝格来说，他的政府至少不需要直接执行这些生育方面的指令，而这一点正中科赫下怀，他早就迫不及待地要向乌克兰人实施这些措施了。[14]

上述避孕用具的例子非常能说明问题，我们可以看出，希特勒和鲍曼对此事的细节十分地关注，同时，它也能够体现出希特勒在种族问题上的观点。从希特勒的观点来看，"巴巴罗萨行动"的一部分动机就是为了阻止斯拉夫人"像害虫一样存活于世"。

阿列克谢·布里斯通过自身的观察发现，德国人对待乌克兰人越来越残酷，在他生活的城镇，经常有德国人殴打、绑吊当地居民的事情发生，这也使得他开始心生恐惧。1942年9月12日，这种紧张局面终于以一种戏剧化的形式爆发了。那是一个明媚的秋日，布里斯独自站在戈罗霍夫中心附近的街巷，看着居民排着队购买锅碗瓢盆和其他一些厨房用品，这些东西都是被德国人杀死的犹太人所遗留下来的。但是，这些还不足以触动布里斯的神经。德国人在当地屠戮犹太人，而乌克兰的居民却还能无动于衷地捡便宜购买他们的遗物，对此布里斯倒是十分坦然。他说："在我看来，我的同胞们在买东西时并没有想太多，这和购买其他的商品并没有什么不同。"这时，有一位居民插了队，负责监督销售的一名德国士兵拿起棍子就开始抽他。布里斯看到自己的同胞被殴打，内心突然一阵激荡，他一把揪住这名德国士兵的衣领，向着周围看热闹的德国人大声叫喊："你们怎能允许士兵就这样打人？"

这些德国人一下子蒙了。这个劣等人是谁？怎么敢以下犯上？随后，他们才反应过来，一把将布里斯推开，冲着他高喊："滚出去！"此时的布里斯静静地站着，他不知道该采取怎样的行动。德国人又冲着他重复了几遍，随后也拿起棍子抽打布里斯。就在那一刻，布里斯的一生改变了。布里斯开始反击。他说："我的内心仿佛有一种骑士精神在充盈，我曾一度感到崩溃，但就在那时，我突然不再畏惧德国人。当你还击之后，那种实实在在的感觉让你不再考虑什么后果。"布里斯大步向前，一把从德国人手里夺过棍子，将他推倒在地，抬起脚狠狠地踢他的脑袋。旁边的一名德国官员眼见这阵势就要拔枪，就在他摸索着解开手枪皮套的那一刻，布里斯拔腿就跑。

在市民中有一个叫梅莱蒂·塞梅纽克的人，他见证了布里斯的一举一动："我觉得布里斯是一位英雄，尤其是知道他曾经为德国人工作过之后，我更觉得如此。"当时看到德国人殴打插队者的时候，塞梅纽克也准备采取行动反击。"我恨这些德国人，只不过布里斯是第一个出头的人。"

德国人开始对布里斯进行了大规模的搜捕，他们径自闯入布里斯和亲戚们合住的居所，残酷地殴打这些无辜的亲戚，随后又将这些人送入了集中营。德国人还四处张贴通告，悬赏一万帝国马克捉拿布里斯。

但是，此时的布里斯已经逃入了密林深处，虽然曾经为德国人工作过，但现在他已坚定地要与德国人为敌。

布里斯的个人经历也代表了众多乌克兰民众的内心真实想法，只不过在他们当中，很少有人敢以这样一种激进的方式公然对抗德国人。德国的残酷统治导致了当地反抗运动的逐渐抬头，其结果就是：像科赫之类的人就成了希特勒政策的替罪羊。炮兵军官吕迪格·冯·赖歇特注意到，在军事管理之后的平民管理措施，使得当地民众的"友好态度"不复存在了。自然而然地，在当地民众之间开始迅速地流传这样的说法：德国人是依照主宰者的身份来行事的，他们把其他人都视为奴隶，对其进行剥削。炮兵指挥官瓦尔特·谢弗—科内尔特对这种说法表示认同，他说："我们是以解放者的身份来到此地，将这些人从布尔什维克的统治中解放出来。我个人的观点是，纳粹在这方面很愚蠢，不应该剥削他们。如你所知，我们完全可以充当解放者的角色，但是，纳粹却将这些人视为二等公民，这种观点实在荒唐……不管是俄罗斯人还是乌克兰人，他们都和我们一样，也有作为人的同等尊严。"

除了科内尔特之外，还有很多其他的德国士兵也表达了类似的观点，他们声称：占领区的民众之所以遭到这样的虐待，主要应归咎于像科赫这样的行政官员。由此，他们希望德国军队能在这场纷争中免责。但是，情况并非如此，因为并不是所有的乌克兰民众都处在科赫的控制之下。虽然大多数民众都由其所在的行署控制，但是，西部的加里西亚和沃里尼亚则处于他的同事汉斯·弗朗克的领导之下，此外，还有接近前线的地域，包括乌克兰东部的哈尔科夫市，这些都处于德国军方的管辖之下。同科赫统治下的戈罗霍夫市的居民相比，在德国军方统治之下的哈尔科夫居民遭受了更为深重的苦难。

1942年冬至1943年间，哈尔科夫市爆发了大饥荒，一时饿殍遍野。

对此，德军统治者难逃罪责。在德国占领期间，哈尔科夫市死难者的准确数字不得而知，有人预计会达到十万。德军在哈尔科夫市征收了大量的粮食，导致当地的大多数民众根本没有食物充饥。士兵们眼看着孱弱的妇女、儿童和老人们被活活饿死。

茵娜·加夫里尔琴科在谈论德军统治者的态度时说："他们根本就不会关注当地民众的死活，他们把此事看得不值一提。看着这些人被饿死，他们的内心毫无波澜。"在德军占领期间，茵娜还只是个少女，她目睹了市民们如何努力地求生："一开始，大家杀狗烹肉。后来，狗都被吃完了，大家又开始吃老鼠、鸽子、乌鸦。"当这些动物也都被吃光了之后，一些饿得受不了的人开始吃人肉。她说："有些人刚刚死去没多久就被人扒开了坟墓，活人把死人的肉煮熟，用各种方法将它们咽进肚子里。他们将这些肉去骨做成酱，或是将肉配着饼吃。"

对那些没有劳动能力的当地居民，德军统治者什么食物也不给他们，同时，统治者们还以安全手段将哈尔科夫加以封锁，市民们无法从周边农夫那里购得食物。对茵娜来说，她至爱的父亲也因为饥饿而死在了她的面前。茵娜自己也因为饥饿而变得有些精神错乱，她在居所内坐在父亲尸体的旁边喃喃自语了八天之久，最后还是邻居过来帮助她埋葬了尸体。她说："在很长一段时间内，我都担心邻居们是不是把他活埋了。此前，坐在他的尸体旁边，我偶然还能听到叹息声。也许，这只是尸体腐败所产生的气体……具体什么情况，我也不清楚。"

茵娜认为，自己年幼体弱，有可能也要这样饿死了；但最终她还是非常幸运。她的一位邻居曾在德军的小餐馆工作，将那些洗脏盘子的水偷偷带出，煮沸了给她喝，那些水中有时还浮着一些食物的残渣。此外，德军在城镇设立了肉类加工厂，茵娜本人也在工厂里打过短工，有时那里的德国人会给她几块骨头或是一些牲畜的血。她说："把这些血加工一下，可以做点像饼一样的吃食。做法就如同炒蛋一样，只不过没有鸡蛋而已。”

有时，连这些“血饼”也没得吃的时候，她就跑到城市的边缘，在附近的森林里寻找一切可以吃的东西来充饥。“你吃过桦树皮吗？它是甜的。此外，你还可以试试树叶和茉莉花的嫩枝。如今很多你讨厌的东西在当时都能让你暂时续命。”

茵娜·加夫里尔琴科的故事着实让人心碎，但是在哈尔科夫，还有很多市民比她活得更加凄惨，其中就包括很多儿童。在德军抵达当地的时候，阿纳托利·列娃只有六岁，当时有一些战俘集聚在他家附近，他的苦难人生也因此开始。列娃的父亲眼见这些战俘生活不易，就向栅栏里的他们扔了些食物。德国人喝令他停止这一举动，但是他并没有听到，最终遭枪击身亡。列娃的母亲由于惊恐过度而失明，被送进了医院，列娃遍寻母亲而不得。1942年3月之后，再也没有任何亲人照料列娃，他只能独自一人存活于世。

他开始上街乞讨，但是，由于他只是一个孩子，在德国人看来属于只会无谓浪费粮食的废物，所以他的前途愁云密布。但最终，他的命运发生了转机。有一天，一位妇人善待了他，将他送进了哈尔科夫的一家孤儿院。住进孤儿院的当晚，他躺在干草铺的床上入睡，第二天醒来时，幻想着能吃上早餐。但孤儿院当天并没有早餐供应，再过一天也没有。这里的孩子们一周只能吃上两次残渣碎屑。所以，为了生存下去，他们不得不跑到森林里寻找一切可以吃的东西。列娃说：“当时我实在太饿了，于是吃了些坚果，这些坚果是有毒的，但我还是得吃，因为胃部实在饿得受不了，需要一些东西来填满。而其他一些孩子有吃草的，也有吃树叶的。”

在孤儿院，不时就会有孩子因为饥饿而死，大多数都是在夜间发生。但是，饥饿并不是他们死亡的唯一原因，在那里，经常有德国士兵出入，看看谁是犹太人，看看谁接受了割礼。有一次，阿纳托利亲眼看见德军士兵搜出了一名犹太儿童，并将其带走枪杀了。

在儿童当中筛选犹太孩子的工作，无疑是由纳粹党卫军或是其他的安全部队来负责，但是就这个城镇而言，大多数地方都是由德国陆军的“普通”士兵所把持。有一次，阿纳托利走到了这些士兵身边，与恐惧相比，他的绝望无助占了上风，于是他乞求这些士兵给他一点吃的。他们当中的一个人对阿纳托利说“稍等一下”，随后给他拿来了“满满一包粪便”！阿纳托利说：“他们根本没有正常人的情感，哪怕是对孩子，他们也没有感到任何愧疚。”

制造了这些人间噩梦和大饥荒的，不是像科赫这样的纳粹，而是来自军队的长官。不过，对这些军队的人来说，战争期间他们在东部对平民所犯下的罪孽可不止于此。一些学者研究了东线的纳粹国防军下属各分队的详细材料，研究结果表明，针对平民的暴行无处不在。证据不仅仅体现在档案材料中，战后幸存的一些德国士兵也证实了这一点。

莫斯科战役之后，瓦尔特·谢弗—科内尔特所在的装甲旅参与了烧毁苏联各村庄的行动，这些行动旨在重整自己的部队，同时将所到之处化为焦土。“如你所知，士兵们对这些焚烧行动非常抵触，他们希望进行一场真正的战斗，而不是把无辜平民的房子烧光。所以，我们的态度是有些勉强的。”在被问到那些平民被烧了房子之后该如何营生时，科内尔特说：“这些人只能向别的地方逃散，他们要么跑到周围的村庄，要么各自想办法。”但问题是，和他们的村庄一样，周围的村庄也可能早就被烧得片甲不留了。“如果是这样的话，”科内尔特说，“那你就只能自求多福了。”

为了采取报复行动，第10装甲师的沃尔夫冈·霍恩个人下令烧毁了苏联的一个村庄。在他的思维里,种族有贵贱差别,这也是他在下令时连妇女、孩子的庇护所也不放过的原因。他说:“有人把欧洲分为三个部分,分别是A区、B区和C区,苏联在欧洲属于C区,这也是最为低贱的区。英国、德国、法国属于A区,而波兰可算得上B区。”霍恩并不认为苏联人和他们一样是文明人,苏联人的行为举止和德国人相比显得格格不入。在这种思想下,烧毁一个苏联村庄对他来说并不是什么大不了的事情。在他看来,“烧毁一座文明人的村庄就不是这样了,但是烧掉苏联的村庄不值一提,它们根本没有多大价值”。

东线列宁格勒附近的一支纳粹党卫军部队中有一个叫阿道夫·毕希纳的人,他本人也见证了希特勒这一灭绝式战争所造成的后果。打着“肃清藏匿的游击队员”的旗号,毕希纳的部队也参与了焚烧村庄的行动,他们用火焰喷射器引燃木制的房屋,只要里面有人逃出,立即举枪射杀。“这些人都是手无寸铁的人,他们本应该一起被送进集中营,也许还有一丝活命的机会。这种手段实在是太残忍了,非常地冷酷无情。只要看到活物,‘砰’地就是一枪。倒下的人群中也有孩子,射手们毫无顾忌,所有人都是他们的靶子。”阿道夫·毕希纳本人不忍射杀妇女和孩子,但他承认击毙了很多成年男性。“你能怎么办?……周围的人仿佛都陷入了癫狂状态,那种场景简直无法形容。”残酷的德国士兵甚至还把枪口对准了那些迷路走失的孩子。“这些孩子只会浪费口粮,所以他们只会被一枪解决掉。把尸体扔到沟渠里,整个事情就算完工了。”有一次,部队扫荡了一所学校,毕希纳问他的战友们:“你们对孩子们难道不感到愧疚吗?”他们则回答道:“为什么要感到愧疚?”毕希纳说:“毕竟,孩子们都是手无寸铁的啊!”

更加令人发指的是,有一些德国士兵竟然以杀戮为乐,这一点至今仍然困扰着阿道夫·毕希纳。他说:“举个例子,有时出于这种目的,他们会在妇女面前射杀孩子，然后再将这些妇女枪杀，这些都是真实发生的事。这简直是施虐成性，而有些人就喜欢施虐，他们喜欢听到妇女们的哀号、孩子们惊恐的尖叫——他们以此为乐。在我看来，这些人都是畜生，他们怎么能眼睁睁地看着孩子们哭喊着‘爸爸’或‘妈妈’，这简直是我想都不愿想的事情，而他们却乐此不疲。”

对于德军在东线究竟犯下多么深重的罪孽，阿道夫·毕希纳非常清楚：“基本上所有的部队都参与其中，问题的关键不是国防军或是党卫军哪一家，事实上，他们两者都脱不了干系。”

承认德军犯下暴行的人还有阿尔贝特·施奈德，当时他是第201突击炮营的一名机修工。他告诉我们，他所在的部队路过一个苏联村庄的时候，一名战友偷了当地农民的一头猪。猪的主人哭叫着抗议，于是，他的战友就拿出枪将他射杀了。施奈德说：“我对此说不出一句话来，也许我不够勇敢，我是个懦夫。”

施奈德见证了国防军士兵们所犯下的累累暴行，在一个村庄的草垛上，他看到一名妇女的尸体，德军的刺刀刺穿了她的阴部。除此之外，他所在的部队也在接受指令后，有组织地从事着战争犯罪。有一次，他们在一个偏远的村庄过夜，他的部队把一些车辆开进了农民们的谷仓。当天夜里，有一辆车的引擎炸裂了。第二天一早，部队长官命令下属集结所有村民，有些人还只是十几岁的孩子。随后，部队让这些村民们自行逃命，就在他们四处奔跑的时候，德国士兵们从他们的背后开枪扫射。施奈德说：“在没有把事情的真实原因搞清楚之前，没有进行任何的调查，他们就这样开枪杀人。为什么要这样做？引擎之所以炸裂，有可能是温度过高，这些都是迈巴赫引擎，它们很有可能在短时间内变得过热。”下令枪杀村民的军官在当时绝对不是个例。那时候，这些人认为自己在东线的这些行径都是正义的。哈尔德将军就曾要求在

1941年5月那臭名昭著的“巴巴罗萨命令”中增加一些条款，这些条款规定：对指挥官来说，他可以下令焚毁苏联的村庄，枪杀当地的居民，只要这些行动有助于肃清苏联的游击队，他们就可以这样做。[15]

阿尔贝特·施奈德亲历了自己部队的偷盗和大规模屠杀的行径，此外，他也承认，强奸暴行也是四处可见。如今，很多德国国防军士兵则表示，他们根本不可能性骚扰当地妇女，因为他们被反复灌输这样一种理念：这些当地居民都属于“劣等”种族，与她们发生性关系就是犯了无视种族的罪孽，这是会遭到上级严惩的。但是，施奈德所看到的并非如此。有一次，他看见自己的一位战友把一位苏联妇女抓进了谷仓，妇女遭受侮辱之时，他听到了她的尖叫。完事之后，他的战友“自豪地”夸口：“看吧，他们就是劣等人！”

施奈德说：“这些都不是个例，村子里的妇女们经常遭到强奸，大家都对此习以为常，不置一词。有一次我问一名中士，为什么上级对此类事情置若罔闻？他则回答说，因为一大半人都干了这样的事，法不责众而已。我想，他的回答算是抓住了重点。”

在这种情况下，陆军部队、纳粹党卫军、别动队，任何一支武装力量，或是像科赫之流，都可以对占领区的民众们进行肆意蹂躏。他们的残酷行径给当地人带来了无尽的苦难，当然，也造成了反抗行动的此起彼伏。

在苏联方面，斯大林早在1941年7月3日就号召采取游击行动对抗德国。在当天的演讲中，他说道：“我们要让形势朝着不利于敌人及其同伙的方向发展，他们在哪，我们就出现在哪，将其剿灭。”

对于斯大林的讲话，希特勒做出了这样的回应：“游击战反过来对我们也没有坏处，它也给了我们一个机会，正好可以将那些制造麻烦的人杀个精光。”[16]当然，这番言论也意味着占领区的普通民众将会遭受更大的苦难，因为无论是希特勒还是斯大林都不会有什么道义怜悯，他们所掌控的部队也不会如此。在大多数游击战（比如越南的游击战）中，一方（越战中指美方）会注重保持现状。而在此处所讨论的游击战中，双方都无意保持现状——德军希望重新制定占领区的秩序，创立有种族精神的新帝国；而苏联的游击队员则不仅希望扰乱德军的计划，而且还要将自身的意愿强加于当地居民。对这些游击队员来说，他们有一部分工作是铲除那些串通德军的人，于是，即使是在德占区，当地居民也还要面对来自游击队的恐怖行径。

游击战的开展并没有多少系统性可言。[17]第一阶段，也就是战争爆发初始到1942年春，这一阶段的游击战基本都是以失败告终。尽管斯大林本人再三鼓动，但整个苏联并没有准备要打一场游击战。在他们看来，“进攻就是最好的防守”，未来的战斗是要打到敌人的领土的，所以，他们并没有看重游击战。斯大林天性多疑，这意味着他不太愿意把战线部署在敌人后方，因为那里有可能会超出莫斯科的控制范围。此外，德军在战争之初连连获胜，这也使得游击战一时难以体现出其价值。1942年初，德军开始了大规模的反游击作战，如“汉诺威行动”即是一例，在这种态势下，苏军的游击战陷入了最低谷。但是，斯大林不断对游击战加大支持，同时，社会在不断鼓动宣传德军注定要被击败，在这种情况下，游击战逐渐体现出了成效。在对抗德军中，苏联到底投入了多少游击队员，具体的数字恐怕难以讲清。[18]近来有一项统计表明：到1941年底，苏联大约有两千个游击队组织，游击队员大约七万两千名，而到了1944年夏，已有五十万游击队员在同德军作战。（这些游击队员同莫斯科的通联是时断时续的，他们当中的90%没有直接的无线电通信手段。）

在这些游击队员中有一个叫米哈伊尔·季莫申科的人，他也曾是苏联内务委员会部队特战小组当中的一员。他的主要职责是对抗德军和“锄奸”，在占领区的普通民众中，一旦出现了叛徒并且被苏军领导所确认的话，他们就要被毫不留情地除掉。通常情况下，如果他的部队俘虏了德军士兵的话，他会下令将其枪决。对此，他说：“德军对我们冷酷无情，我们为什么不能这样对他们？如果把他们释放，他们再反过来咬我们，那该怎么办？”枪决德国士兵时，他会在部队中征集志愿者来执行，而这时候，大家都争先恐后地前来报名。季莫申科说：“如你所知，我的同志们将这些德国士兵视作不共戴天的敌人，必欲除之而后快。你可以想一想，在我的同志们当中，他们也有父母被德军所杀，也有自家房屋被德军烧成焦炭，所以，他们的胸中都充满了复仇的怒火。”[19]

在后方四处打游击也需要考虑很多世俗的事情，比如，如何获得充足的食物就是一个很大的问题。游击队员们偶尔能够获得空投给养，但大多数时候，他们只能靠自己解决，或是来自德国人。于是，每当枪杀德国士兵时，季莫申科都要翻一翻这些人的背囊。“因为他们来自欧洲，背囊里经常有朗姆酒和巧克力，有时还有腊肠罐头！他们的背囊里满满都是食物，而这些刚好可以给我们充饥。”

如果运气不佳，没有德军可伏击，游击队员们就会去当地的村庄寻找食物，这也经常会引起同村民们的争端。当时，在白俄罗斯的穷乡僻壤有一个叫乌斯亚察的村子，村子里有一个十几岁的年轻人叫伊万·特列斯科夫斯基，他和他的家人生活在一个摇摇欲坠的破屋中。特列斯科夫斯基依然记得有一天他蜷缩在楼上，这时来了一群游击队员找他的父亲。回忆当时的情景，他说道：“这些人喝醉了，喝得摇摇晃晃的那种！他们拿走了我们的黄油和家养的鸡，还拿走了我们的衣物。他们要把这些东西拿到别的村子，要么卖了，要么换伏特加喝，这就是他们干的好事。”1942年冬的一天，他又听到一些游击队员在冲着他的父亲大声叫喊：“快给我们找点黄油来，不然就一枪崩了你！”对这些地方的村民们来说，他们每一天都生活在极度的胆战心惊之中。白天，他们害怕德军的铁蹄会来践踏，晚上，他们又担心游击队员们前来搜刮。

当然，情况还不仅如此，游击队员们对占领区的民众竟然还有生杀处置的权力。斯大林曾亲自向游击队授权：如果当地居民曾向德军提供过帮助的话，一旦发现，格杀勿论。米哈伊尔·季莫申科承认，他和战友们曾射杀过那些被怀疑通敌的民众。[20]实际上，由于他射杀“作奸者”毫不手软，名声太响，以至于一家德国的宣传小报还刊登了他的丑化形象，漫画下还有这样一行字：“这就是游击队的头子，他不分是非，见人就杀，偷盗抢劫，无恶不作。”季莫申科还记得，这些漫画展现他的双手“沾满了鲜血”。对于这样的攻击，季莫申科认为并不公平。他说：“对方把我写成滥杀叛徒的恶棍，我不否认，我的确杀过村民当中的叛徒。我杀的这些人都曾给德军提供过帮助。但是，敌人在丑化我，他们说我因为没有抢到同胞的牛羊就将他们杀了，这当然是一派胡言。”

对这些游击队组织来说，他们自己有一套审判和执行标准。季莫申科承认，他们遵照斯大林的意志，如果有谁胆敢丧失了信念，认为苏军将被击败，那么就要毫不留情地处置他。如果季莫申科怀疑哪个村子里出了“叛徒”，他就会带上随从深夜闯入这个人的家中实施抓捕。他们会对这个人实施审讯，一般不出意料，此人都会被定性为叛敌告密者而被他们枪决。季莫申科说：“这里没有法庭，我的想法就能决定一切……确实，这是一种恐怖行为，但即使是恐怖行为，它也是针对同胞当中那些令人不齿的败类所开展的。”

在这样的自由量刑下，权力不可避免地被滥用，而且程度相当严重。伊万·特列斯科夫斯基记得有一次，有几个村民为了泄私愤而向游击队员们告发一个人，说他和德军有染，最终此人死于非命。特列斯科夫斯基对此评论说："谁有枪谁就是主人，有枪就可以为所欲为。"

白俄罗斯东部拥有茂密的森林，零星点缀着一些偏远的村庄，对游击队员们来说，这里是开展行动的有利场所。少女娜杰日达·娜菲奥多娃和自己的家人生活在此处，她目睹了这些游击队员们的枪杀行动。只要他们认为某个人有问题，那么这个人绝对活不长久。1942年11月的一个深夜，当地的游击队员来到明斯克郊外的一个名叫普利莱皮的小村庄，谋杀了她的姐姐和姐夫。对这一行为，游击队员们没有任何解释——他们也根本不需要解释。旁人猜测：这两人之所以死于非命，是有人看到他们当中的一个曾和德国人说过话。在那天夜里，还有其他一些人也一并被暗杀。于是村民之间都在流传风言风语：这个村子一定是在某些方面惹恼了游击队的领头人。在文明社会，一个人需要被起诉及确认有罪后才能执行判决，而在这充满复仇和多疑气氛的"法外之地"，村民们是被直接谋杀，随后再由旁人揣测他们究竟是犯了什么罪。

娜杰日达·娜菲奥多娃的家人偷偷抚养了这对遭谋杀夫妻的一对遗孤，这两个孩子只比婴儿大不了多少，夫妻俩在被谋杀之前将他们藏到了床下。但是，游击队员在知晓情况之后，连这两个婴儿也准备一并斩除。他们开始缠上了娜菲奥多娃整个家族。白天，一家人都躲在房子里不敢出门，情况还相对安全。到了晚上，预计游击队员可能会寻上门来，一家人就四处散开，她的父亲睡在村头的干草垛里，而她的母亲、两个孩子和她本人则睡到了邻村的亲戚家。到了第二天，他们再重新会合，到自家房屋附近的田间劳作，期盼着能有一些好收成来糊口谋生。

当地游击队组织的领导者叫彼得·桑科维奇，此人是一名坚定的共产主义者，在苏德交战之前，他曾是这一地区颇有名气的兽医。他手下最为忠心的是一个名叫叶菲姆·贡恰罗夫的中尉，他曾是当地一所学校的校长，同时也是该地党委会成员。当时，无法无天的氛围四处弥漫，具体情况可以参考白俄罗斯另一位游击队员弗拉基米尔·拉舒克在1942年5月所写的官方日志："我同贡恰罗夫一起参战，我们参与并完成了一系列打击行动，打击对象包括法西斯侵略者、变节者、叛徒以及曾经帮助过德军的其他人。"[21]至于谁是"变节者"，谁又是"叛徒"，裁量权当然归游击队员所有。

对于娜杰日达·娜菲奥多娃及其家人来说，他们所遭受的苦难不仅仅来自这些游击队员。1943年3月，一名喝醉的游击队员在娜杰日达生活的村子乌斯亚察附近击落了一架德军飞机。德军于是开始了报复行动，第二天，多架斯图卡式俯冲轰炸机空袭了这个村庄，随后，由德国所控制的警察部队又赶往现场。一听到空袭开始，大多数村民都躲到周围的森林之中，但是，娜杰日达的兄弟却留在了原地。他爬上了自家房屋的木制屋顶，试图扑灭由爆炸所引起的大火。他最终拯救了自家的房屋，但是付出了生命的代价。当德国警察来到现场时，他被困在村里无处脱身，只好藏在了谷仓里。警察放火烧了谷仓，就在他被大火逼迫着跑出来的时候，警察开枪打死了他。在德军的这次复仇行动中，村里的二十八栋房屋有二十七栋遭到了损毁，二十九名村民失去了生命。

娜杰日达说："你能想象，生活在这夹层当中是多么艰难吗？白天我们要提防着德国人，到了晚上，又要警惕着游击队员。这两者都让我们心惊胆战，因为他们都是来者不善。如果你稍有不从，立刻就会性命难保。在他们眼中，你不过是只蝼蚁。你的生活状态就是在苟且偷生，从白天紧张地熬到晚上，再从晚上惊恐地熬到白天……你永远不知道明天会变成什么样，所以只想着活在今天、活在眼前。"让人惊讶的是，在娜杰日达看来，与德军相比，苏联的游击队员更加令人“恐惧”，她说：“这些游击队员十分冷血无情，他们总在夜间出没，带着不可告人的目的。”

1944年2月，游击队领头人彼得·桑科维奇在一处灌木丛中被德军射杀，但是，叶菲姆·贡恰罗夫却在这场战斗中活了下来，他被授予勋章并且成为该地党委书记。在起诉存活的德国战犯的同时，人们同样也有必要考虑一下苏联方面犯下罪行的人，他们在战后过着逍遥的生活，没有受到任何惩处。如今，娜杰日达说：“如果我的姐姐、姐夫还活着的话，我们的人生必定会有所不同，这一点永远是我心中不可磨灭的痛。”

在白俄罗斯，娜杰日达和家人生活在德军和苏联游击队员的夹层当中，要同时承受双方所造成的苦难。但是，在德军所占领的乌克兰附近，民众们恐怕还要承受更为严重的高压。因为在这里还存在着第三股势力，那就是乌克兰民族主义游击队，他们既同德军开战，又打击苏联的游击队。

此前所提到的梅莱蒂·塞梅纽克也参加了乌克兰民族主义游击队，在认清德国残酷的统治之后，他们原先的期待不复存在，这也促使他们拿起枪杆，为乌克兰独立而战。对苏联游击队和斯大林本人来说，这些人是同德军一个性质的敌人。塞梅纽克说：“苏联游击队的目标就是扼杀我们的运动，以便能够重新控制这里。这些游击队的行径如同野兽，我简直无法形容他们。”在乌克兰流传着很多关于苏联游击队暴行的故事，在苏德战争结束后很久，这些暴行依旧在持续，因为斯大林此时又下达了整肃乌克兰的命令。据苏联内政部一份秘密报告显示，苏联军队对当地民众采取了无节制的镇压行动。报告还描述了一支卧底分队如何打入乌克兰游击队内部，并如何“残酷地折磨一名六十二岁的老者和他的两个女儿”[22]。

前文中提到的阿列克谢·布里斯，在逃离了自己生活的村庄之后，也加入了乌克兰游击队。他清楚地记得同苏联游击队交战时的残酷画面。他说：“德军只是射杀我们，但是苏联游击队却有所不同，他们的兽行令人发指。他们当中的一些人割掉了我们同志的耳朵。有些时候，他们采取的是亚洲的折磨人的方式——割掉你的舌头，或是砍下你的耳朵。我不知道他们是不是就在活人身上这样操作，但是这种行为时有发生。他们的组织中处处都有这种施虐的倾向。德军只是把对方吊死，而不会这样折磨俘虏的身体。当然，我也得承认，我们这边也毫不手软，我们不留战俘，他们也不留战俘，我们见到他们就杀，当然他们也是如此，这是很自然的事情。”

两支游击队的交战都是秘密进行的，而且还带有很大的随意性，同时，为了防止进一步的报复行动，针对当地居民的大多数暴行也都没有公开承认。在这种情况下，具体有多少无辜民众深受荼毒，恐怕永远也无法算清。此外，游击队行动对德占区究竟造成了多大的损害，恐怕也很难估量，除了肉体的伤害之外，心灵的创伤同样深重。据估计，在战争中被游击队所杀的德军人数约为五万，单看这一数字，恐怕想象不到对德国人的基础设施造成了怎样的破坏。有一个叫赫尔·申克的人在乌克兰东部开设了一家矿业和钢铁公司，他的记录显示了，在德占区内，游击队之间“隐形的内战”给德国人造成了怎样的影响。1943年4月，他在记录中写道：“在我的周围有这样几群人——第一群人是苏联游击队员，他们都是纯粹的布尔什维克，第二群人是一大帮乌克兰的民族主义游击队员，他们同样也在密林中出没……”赫尔·申克简要表述了这两个集团之间的态势。他说，这两个集团除了打击他这种人以外，他们之间也相互倾轧。除此之外，“这里还有所谓的土匪强盗，他们频频骚扰主线交通”。在这种情况下，“独自驾车是极度危险的一件事”。有一次，申克需要驾车出行，一名警署官员告诫他：“如果你平安无事的话，那说明你足够幸运。”申克在自己的记录中总结道：“在这种态势下，经济发展遭到了严重打击，在很多地方，德国人的机构都撤离了。”[23]

为了解决这一问题，希特勒的方案也十分简单直接：采取更加残酷的镇压，开展更大规模的屠杀。这种观点也得到了德国国防军驻乌克兰总司令的认同，他在1941年12月报告称：“对这些游击队员来说，只有他们意识到自己终有一天性命不保时，我们的战斗才能取得胜利……将这些人绞死可以加大其他人的恐惧情绪……我们的惩戒措施需要比这些亡命之徒的恐怖行径更加具有震慑力，只有这样我们才能取得成功。一旦需要，我们建议全军部队采取这样的措施。”[24]

尽管有这样的提议，但是出于慎重的考量，在实际情况中，纳粹针对游击队的大多数政策都不具有延续性。在行动过程中，各地的指挥官们自己就拥有很大程度的决定权——他们有些人竟然在自己负责的地带同游击队讨价还价，做起了交易。1942年8月，国家发布了第46号元首令，此举旨在厘清德国部队同游击队之间存在的问题。但是，在实际的执行过程中，该命令除了将情况搞得更加糟糕之外一无是处。一方面，它承认，在打击游击队的过程中，同当地民众开展合作是非常重要的一件事；而另一方面，它又警告信任当地民众是“不合时宜的”。通过这道命令我们可以看出，希特勒和纳粹铁腕者们始终没有把对方当作正常人类来看待。他们知道，在打击游击队的过程中，自己需要当地民众的帮助；但是他们同时也认为，如果想要获取这些人的帮助，其首要条件是必须善待他们，而这和他们的基本信仰又是相悖的。

在这种情况下，直到1942年夏末，残酷镇压政策也没有取得预期的效果。于是，莱因哈德·盖伦上校又想出了一个替代性方案，此人是德国陆军东线情报局的主任，他在1942年11月的一份报告中建议："如果当地民众也对游击队产生反感情绪，对打击游击队的行动提供全力支持的话，那么我们的问题就解决了。"[25]这一建议产生了一系列的争论，最终的焦点集中到科赫和罗森贝格对乌克兰政局的观点上。这一次，只有少数几名像盖伦这样的陆军军官主张同当地民众合作，以此来打击游击队。盖伦建议，德军应将俘获的苏联游击队员视作"普通"战俘。同时，他还在不同的游击队集团中加强策反宣传。

不出所料，希特勒并不认同盖伦的观点，他说："只有更加残酷地对游击队进行镇压，我们才会取得成功。"如同东线的整体战事一样，希特勒认为，打击游击队同样也是"一场你死我活的毁灭行动"[26]。虽然诸如盖伦等少数军官提出了一些替代性建议，但是并没有被采纳，最终的结果就是：行动的残酷程度不断升级。正如弗拉基米尔·奥格里兹科在谈到莫斯科保卫战的时候所说的那样，如果双方都认为唯一的方式就是"以更多的恐惧"来战胜恐惧的话，那么作战究竟能达到怎样的残忍程度恐怕就只有凭人的想象了。

1943年夏，德军在白俄罗斯东部发动了一系列针对游击队的铁血行动，行动的背景是：就在几个月前，号称无敌的德国第6军在斯大林格勒被苏联红军所摧毁，在库尔斯克战役中，苏联红军对德军形成反击态势。于是，德军在明斯克周围的乡村发动了"清洗"行动。7月22日，德军践踏了一个名叫马克西莫夫斯卡的小村庄，他们径直闯入青年亚历山大·米哈伊洛夫斯基的家中，吵醒了他和他的聋哑兄弟。破晓时分，德军将八名村民集中到村口尘土飞扬的小路上，其中就包括亚历山大和他的兄弟。德军将村民们的手绑在背后，喝令他们沿着小路往前走，而他们则在后面跟着，保持着大约五十米的距离。

亚历山大知道这意味着什么，因为德军此前在附近的村庄也采取过同样的行动。游击队在这一地带的很多道口都埋设了地雷，德军这样做是在拿村民们做“人肉探雷器”。这种暴行并不鲜见，1943年间，党卫军全国副总指挥库尔特·冯·戈特贝格在白俄罗斯的东部边境就曾发动过代号为“科特布斯行动”的针对游击队的作战行动。据报道称，在使用当地村民充当“人肉探雷器”的过程中，“大约有两三千人被地雷炸死”[27]。

米哈伊洛夫斯基说：“生死就在一线之间，我的心脏因为紧张而痉挛。大家沿着小道缓缓地走着，仿佛一群行尸走肉。我们知道，等待我们的只有绝望和眼泪。”这些村民面临着进退两难的困境，因为他们行走的道路寸草不生。“每当感觉到有什么可疑情况时，我们都尝试着规避。但是我们也知道，如果我们躲掉了一个地雷，那么它就会将后面的德国士兵炸死，所以这种情况下，即使我们没有被地雷炸死，德军其他人也会将我们击毙。”

德军迫使这些村民沿着这条小道走了八个小时，行程三十公里，到达下一个村庄。但是，悲惨情况依然在持续。“我们口干欲裂，由于哭花了眼睛，我们几乎看不见前行的路。”但最终，这些人是幸运的。在这条路上，游击队没有埋设地雷。在经历了这种非人的折磨之后，他们的性命刚出现一丝转机，立刻又变得愁云满布。德军准备枪毙这些村民，但是，当地村民向指挥官们严正抗议，他们声称这些人并不是土匪强盗，而只是无辜的平民，于是这群人又捡了一条命。

在打击游击队时，这些德国士兵究竟怀有怎样的一种心理？关于这一话题，此前所提到的彼得·冯·德·格罗本给出了分析。他认为，游击队在打击德国部队时取得了很大成功，铁路、公路，四处都是他们的战场，他们炸毁铁路，损坏公路，突袭行军部队。除此之外，格罗本还猜测，德国士兵们在得知自己的同胞被打击或是击毙的时候都感到非常地气愤，于是，只要他们占领了一个有游击队员的村子，他们都不会手软。“我猜，他们会将那里杀得片甲不留。”

这种说法得到了卡尔海因茨・本克的印证，此人是纳粹党卫军第4装甲掷弹兵师的一名士兵。他所在的部队大约有二十多名士兵因为受伤被滞留，随后被苏联武装力量谋杀和戕害，其场景十分残忍：“这些士兵的耳朵被割下，眼珠被挖出来，阴茎也被剁掉。”卡尔海因茨所在分队的领导于是下令：作为报复，在这一地带，只要见到任何活口，不管是妇女还是儿童，一律格杀勿论。本克认为这道命令“有理有据”，他本人也参加了后续的屠杀当地民众的行动。有一次，有一架雪橇破冰而行，出现在距离他四百米的前方，他和战友们随即向雪橇开火，上面有三个人应声倒地。卡尔海因茨说：“我不知道他们当中有没有妇女、儿童……现如今，你肯定不会像我们这样考虑问题和行事，但在当时，那是一种根本无法描述的情形。在我看来，如果你没有亲历整个事件，你就不可能真正理解。”

卡尔海因茨承认，他所在的分队在这场不加区分的行动中杀红了眼。行动刚过去一天，他们的嗜血本性就被激发出来，又收复了一些失地。士兵们的心中仿佛有野兽在闯荡，和彼得・冯・德・格罗本一样，卡尔海因茨认为这种状态充满了正义感，但事实已经变得完全相反——这些部队已经彻底丧失了纪律，他们的行为已经和疯狂的土匪无异。

如今，我们可以从彼得・冯・德・格罗本当时草签的一份报告中一窥端倪，他当时是执行德国人反游击队的“奥托行动”的中央集团军群的行动指挥官。[28]这份报告写道：大约有两千名游击队员以及他们的支持者被杀，但是，从这些人身上只收缴到三十支步枪和少量其他武器。这种极大的反差并没有让他感到什么愧疚，他争辩道：“这不关我们的事，这些游击队员本该拥有必要的武器，否则的话，他们就无法对我们采取任何行动。”至于这种现象是否能够证明德军开展的是一场丝毫不加区分的屠杀，对此他回应道：“我不记得细节了，如我所说的那样，大家的怒火压倒了一切。我不知道是否有无辜的人被我们杀掉，但是，谁又能信誓旦旦地说谁是无辜的？”在进一步逼问之下，他只是表示：“如果反制行动确实超越了极限的话，那么我认为，它虽然令人不悦，但是非常必要的，它代表的是一种威慑。”[29]

在纳粹党卫军自己的统计数据中，也存在着这种击毙“游击队员”人数和收缴武器数量之间的巨大反差。有人问希姆莱为什么会发生这种情况，他回答说：“你们有所不知，这些亡命之徒故意损毁他们的武器，假扮无辜平民，希望以此能避免一死。”不出所料，德军这种残酷的手段并没有解决游击队问题。德国陆军最高司令部在1943年承认，他们在占领区内没能彻底清理这些“强盗土匪”。

在打击游击队的行动中，德军为何如此残暴？如果将原因仅仅归结于纳粹的种族主义，那不免有些片面。除此之外，还有别的一些因素促成了残暴程度的升级，比如德军有广袤的区域需要控制，再比如很多德国士兵看到整体战事不顺，从而心生绝望。此外，对方的游击队也不是善类，他们在当地民众中间制造恐怖行径，同时还残忍地折磨和虐杀被俘的德国士兵等，这些都是事情的起因。在扼杀游击队的行动中，德军清楚地知道要同当地的普通民众合作，但在这里，他们的种族主义信仰占据了绝对上风，使得所谓的合作终将是一场不可能的任务。

从某种程度上说，这也是希特勒的一次战术失败。有人评论道：“在打击游击队的行动中，希特勒的策略本应更加灵活，他应该让下属们给予这些占领区的原住民最基本的尊重，因为大家都拥有平等的人格。如果是这样的话，情况也不会升级到如此惨烈的地步。”但是，如果真要考虑这种可能性的话，那么这也误解了东线整体战事的本质。希特勒根本不可能对占领区采取调停的政策，他的种族主义信仰就是其一切行动的出发点，这也是他本人最鲜明的符号烙印。任何情况下，希特勒都不会放弃自己对建立一个新的德意志帝国的构想。实际上，随着战争的持续，他越来越坚信自己的观点是正确的。他需要将这些东部的居民当作“劣等人”来对待，如果这一政策有所偏移的话，那一定是自己周围的人犯了错，执行自己的意志不力所导致的。

游击队对德军所构成的威胁越来越大，参考这一背景情况，希特勒希望能够扳回一局。当时，德军在战争中将要挺进苏联的东南部，他们把目标定在了一个叫斯大林格勒的地方。

第七章

潮头忽转

1942年是东线战争的转折之年。在1942年初，苏联红军和德军还在莫斯科的门户地带鏖战。到了当年年底，德国不可一世的第6军在斯大林格勒被挫败。

也就是在这一年，苏联让德国为当初制订巴巴罗萨计划时的傲慢付出了代价。在这一年的时间里，苏联红军征召了海量的民众参战，此外，他们从英国和美国那里获得了军事援助，苏联的兵工厂源源不断地制造坦克和大炮，阻止了德军的进攻态势，最终使斯大林和苏联的命运发生了不可避免的转折。简要说来，人们很容易将1942年看作具有标志性的一年，随着时间的推移，全世界愈发坚信，苏联最终将取得战争的胜利。

但是，如果以这种方式来看待这一年的话，其实是犯了一个错误。真实的情况是：在这一年，尽管苏联获得了外国的援助，尽管它的作战人数大大增加，尽管兵工厂源源不断将武器装备送上战场；但是，在这些利好叠加的情况下，苏联依然有可能输掉对德国的战争。对斯大林和苏联红军来说，他们需要改变作战的方式，在此过程中，他们有必要向对手学习。

莫斯科保卫战之后，在1942年最初的几个月中，苏联红军的作战表现很不理想，其中，斯大林要负主要责任。1月5日，斯大林向苏维埃最高司令部发布了一项计划，该计划和希特勒的巴巴罗萨计划一样，充满野心、目中无人。在计划中，斯大林没有将苏联红军的资源聚焦于某一点，而是下令他们在各条战线齐头并进，四面开展作战。在北面，苏联红军要缓解列宁格勒的态势；在莫斯科前线，他们要同德国的中央集团军群交战；在南部，他们还要对抗乌克兰与克里米亚的德国兵力。1941年，在防御战中，斯大林暴露了其军事才能的欠缺。而如今在1942年初，当作战方向改为进攻的时候，斯大林的指挥能力依然不够高明。据此，朱可夫将这份计划的漏洞一一指了出来。经济学家尼古拉·沃兹尼森斯基指出了该计划会导致严重的后勤补给问题，但他只是提出了问题，却没有想出解决问题的方法。在种种争议之下，苏联的进攻战开始了。[1]

不出所料，苏联红军战绩一般，因为他们需要在所有的战线同时与德军交战，但与此同时，他们也没有遭遇什么灾难性的溃败。随后，斯大林又发布了一项新的进攻计划：1942年5月，在南部的乌克兰的哈尔科夫市周围打响进攻战。这时，一切都发生了改变。当时，苏军总参谋部的观点是：苏联红军需要更加地谨慎，应该重点在莫斯科周围巩固自己的地位。但是，斯大林却执意采取行动，在签署季莫申科元帅一场重要战役的计划时，他痛斥道："我们不能一味防御而错失战机。"（季莫申科是力挺防御战的人，自苏联内战时期就是斯大林的战友，此前的1941年，他的部队曾在斯摩棱斯克被德军包围。）

在苏联第6军中有一名军官叫鲍里斯·维特曼，此人于1942年5月在哈尔科夫参加了那场不被看好的进攻战。在指挥总部，他看到"那些制订作战计划的人极度亢奋，他们确信自己一定能够取胜，而且他们认为战争到了1943年就会终结”。维特曼注意到，进攻战的计划雄心勃勃，他们声称这是一场“彻底将乌克兰从纳粹侵略者手中解放出来的战斗”。

斯大林认为，在当时，德军把主要的战斗精力都放在了莫斯科，而哈尔科夫作战计划就是基于这一假设而制订的。之所以要在南部发动攻势，苏联红军是希望以此来干扰德军进一步北上的作战准备，同时也希望能在对手最薄弱的地方给予他们沉重一击。但不幸的是，苏联误判了对手的真实意图。事实上，德军也在规划一场大规模的进攻，但不是以莫斯科为轴线，相反，他们计划取道乌克兰，向苏联的东南部发动进攻。因此，被苏联红军认为是对手最疏于关注的地方，却恰恰是他们早有准备的地方。尽管如此，两军遭遇，苏联红军依然在人数上占有优势，大致的人数对比是三比二，这也算得上是一点有利条件了。

鲍里斯·维特曼说：“1942年5月12日，天刚蒙蒙亮，大量火炮已排列就位——数量如此之多，几乎看不到尽头。早上的天气有些潮湿，天空阴沉沉的，这种天气对我们有利，因为这样一来德军的飞机就无法看清我们的部队。突然之间，周围传来轰鸣巨响，随后就是地动山摇。所有的大炮同时开火，火力持续了一个多小时。接下来，火炮停止了轰炸，上级下达了命令——‘冲锋！’我们随之冲锋向前，眼看着我们的实力这么强大，我们的优势这么明显，我们都备受鼓舞。我们勇往直前，心里想着，胜利已在我们手中。”

这种乐观情绪显然为时过早。德军料到了红军的打法，将兵力全部后撤，可以说，这一个多小时的炮轰全都属于白费。鲍里斯·维特曼说：“当我们冲锋到德军的火线时，发现他们的防御工事空无一人。在那里，我们连德军的一具尸首也没有看到，仅仅只看到被炸毁的虚假的大炮。我们这时才明白，德军的防御工事都是模拟的假象，事实上，他们早在很久之前就撤离了。我们又继续向前挺进，没有遭遇任何障碍。我们持续地冲锋，脑海里都不愿去想这样一个事实——周围根本没有德军部队。我们依然认为自己是在朝着柏林冲锋。”

没过多久，维特曼和战友们就意识到自己迈入了敌人的圈套。他说：“在哈尔科夫郊区，突然之间，我们的攻势就遭遇到了强大的抵抗。原来，德军在这里构筑了一道严密的防御线。我们的进攻被掐住了咽喉。”随后，情况变得更加糟糕。“这时，部队里有谣言传开，说就在我们挺进的时候，德军从我们的侧翼包抄，现在，他们对我们的包围圈在逐步收紧。”

维特曼的部队与德军攻守交替，相持了九天，受上级指令，他前往距离前线六公里外的第6军总部报告战况，此时，他们仍处于德军包围圈的巨大威胁之下。他说：“我见到那里弥漫着巨大的恐慌气氛，大家都在急匆匆地打包总部的文件。”

到达总部汇报完情况没多久，他就奉命返回部队。在重回前线的途中，他遇到了一列在其他方向作战的苏联士兵的车队，该部队的指挥官告诉维特曼，他所在的部队已经被德军切断，他想并入维特曼的部队以寻求突围。但是，就在此过程中，他们迈入了德军狂轰滥炸的火力范围。维特曼说：“我们只能找地方藏身。实际上，我情愿脸朝着地趴着，但是，我不得不脸朝上躺着，否则我无法看见炸弹落往何处……大地在颤抖，四处都是浓烟，尸体与军装的碎片被炸得在空中飘荡。你的身旁就是密集的弹雨。那一刻，我的脑海里一片空白。这种情况下，你还能想些什么？当我看到几发炮弹直接朝我飞过来的时候，我对躺在我旁边的战士大喊，‘赶紧逃命！’我本人也赶紧站起身，撒开腿就跑，但还是被爆炸的冲击波击倒了。后来，当我回过神扭头看那名战士的时候，他已经被炸得尸首难寻,地上只剩下他的背囊和防毒面具。”

德国的侧翼包围圈已经闭合,苏联军队彻底成了瓮中之鳖。随着时间一分一秒地流逝,苏军内部的恐慌气氛越发沉重。维特曼看见一位政委扯下了袖子上的红五星(这是他作为一名政治军官的标志),但是,衣服上还是显示出曾经有五角星缝缀的痕迹,这位政委又绝望地拿稀泥遮盖有痕迹的地方,当发觉一切都是徒劳之后,他把这件衣服扔向了一名死去的战士,转身逃命了。维特曼还看见另外一名战士扔掉了步枪并且说道:“多少年来,我就像是一个劳改农场的犯人,如今对我来说,是死是活都不重要了。”对维特曼说完这些话,他就跑向德军去投降了。

在德军方面,参加哈尔科夫作战的有一个名叫约阿希姆·施滕佩尔的人。他回忆当时的场景时说:“苏军都睁大了震惊的双眼,他们不愿意接受眼前所发生的一切。他们不敢相信我们有多么强大的力量在等待他们的先遣部队。”施滕佩尔一闭眼就能回想起那一幕幕,他说:“你眼看着数千名苏联战士四下仓皇逃窜,他们当中的很多人大概是想冲出去,径直朝我们开枪,但是都被我们一一反击回去。四周都是绝望的呐喊,有人希望能够撕开一道裂口寻求突围,但都被我们密集的火力压制了……他们企图绝地求生的画面十分惨烈,让人难以忘记。很多人被炸得面目全非,还有很多人早已没有了气息。我看到有些人下颌被炸掉,有些人脑袋被炸开,仅有一息尚存,但仍然在奋力爬行……这一幕我无法忘却,大家都想着逃离这人间地狱,这是每个人的求生本能。”

在鲍里斯·维特曼周围,不停有受伤的苏军战士在呻吟,但是,没有人有精力去关注他们。在附近的一个防空洞里,苏军的医护人员借酒压惊,一个个躺在地上不省人事。维特曼说:“当时我拿枪指着他们,冲着他们叫喊,快点出去救救我们的伤员!但是,他们都彻底地醉了,其实他们心底也很清楚，伤员太多，根本救不过来。”

在德军持续加大攻势的时候，维特曼恐惧地注视着这一切。他说：“我认为他们就是屠夫，因为我方已经死伤无数，他们却依然没有停火的打算。随后我意识到，他们一定是不愿意安置这么多的俘虏，所以希望将我们全部剿杀，一了百了。德军的坦克在逐步逼近，装甲车也开了过来，此时，我们的上尉站了出来，他的头部缠上了绷带，上面都是血，他冲着我们大喊，‘进攻！’听到命令之后，大约有二十几个人站起身来，我也是其中的一个，尽管此时我的机枪早已没有了子弹。我们跟在他的身后，明摆着就是去送死。我们这支小队被敌军的火力团团围困，战友们在我的身边纷纷倒下。我就在不停地想，下一个倒下的就该是我了吧？此时，我听见了巨大的爆炸声，顷刻间地动山摇，我顿时失去了意识。但是，我很快清醒过来，随后意识到我的腿受伤了。”维特曼抬起头，看见了一辆德军的装甲车，就在距离他二十米左右的地方。两名拿着机枪的德国士兵走出装甲车，径直朝他走来。他们的嘴里叫喊着：“苏联人，共产党！共产党！”维特曼说：“由于腿受了伤，我根本站不起来，一名士兵面对着我，而另一个则拿机枪对着我的脑袋。当他们意识到我的确站不起来的时候，就拖着我的脚，将我扔进了一辆敞篷卡车的后厢。”

这辆车载着维特曼到达了一处集中安置伤员的地方。还能动弹的伤员被关了起来，周围有铁丝网警戒，还有纳粹党卫军的士兵们看守。此时，他听到一阵大声喝令：“犹太人和政委都站出来！”后来，政委们被带走了，留下了大约十个犹太人。“德军给犹太人发了铁锹，让他们去挖战壕。这时，天开始下雨。过了一会儿，我只能看见他们的脑袋。一名纳粹党卫军士兵不停地抽打着这些犹太人，敦促他们加快速度。当战壕挖得足够深的时候，他拿起一支苏联的机枪，扣响扳机，朝着战壕连开数枪。我们听见了犹太人的哀号。接着，德军又增加了一些人手，他们一起将这些犹太人了结了。这些人之所以被杀，仅仅因为他们是犹太人。这一幕让我非常震惊，此时此刻，我才真正体会到什么是纳粹主义。德军给我们洗脑，说犹太人和政委不能再掌控我们了，德军说他们会让我们得到解放，不久后我们就可以回家。但我只有一个信念，我要同德军抗争到底。"

鲍里斯·维特曼既不是犹太人，也不是政委，所以逃掉了立刻被处决的厄运，尽管如此，他依然命悬一线。此时来了一名德国医生，他开始挑选伤员。对医生来说，那些"有价值"的可以多活一会儿，其余的则立刻处死。在维特曼旁边有一位同胞，被机枪打中了肚子。为了使自己在医生那里看起来伤势轻一点，他奋力将流出的肠子塞回自己的肚子里。维特曼说："他看起来是如此绝望，他的眼神仿佛在发问，我们究竟该怎么办？"

维特曼暂时保住了性命，因为此前在学校期间他曾学习过德语，此时刚好可以给这位医生充当翻译。维特曼说："随后我注意到，同胞当中如果谁会说德语，那么就会得到不同的待遇。如果有人不会说外语的话，那么德军就会将他视作劣等种族的人。当他们听到我说德语时，他们给了我一些水，也停止了对我们的射杀。"维特曼能够听懂这些德国人之间的谈话，此时，两名纳粹党卫军高级军官开着一辆车抵达这里，走到维特曼他们身边，逐一审视着这些犯人。维特曼表示，其中有一位军官在说："季莫申科元帅不能亲临现场看看这一情况，那真是非常遗憾。我们的元首给他准备了一枚勋章，那是一枚橡树花纹的铁十字勋章，以此来表彰他为德军胜利做出的重大贡献。"

其实，季莫申科的确为德军的胜利做出了"巨大贡献"。尽管苏军在人数上占优，但是，他所发起的进攻已经被德军击溃。截至1942年5

月28日，他大约折损了二十五万将士。在巴尔文科沃一带，苏军中了德军的“捕鼠器”圈套，其两路军队几乎全军覆没。苏联红军中当时有一位叫马哈茂德·加里夫的军官，战后一度进入苏联的最高统帅层，他在回忆当时的场景时说：“那真是一场灾难，一场深重的灾难，如果说在1941年我们遭受挫败的话，那是因为德军发起闪电突袭，我们准备不足；而到了1942年，我们已经开展了一些防御作战，我们的前线也已经得到了巩固，但就是这样，我们却突然又被打得溃不成军。”就加里夫这样的人而言，他们很清楚遭受溃败的原因，用加里夫自己的话来说，其中一个主要原因就是：“这和1941年发生的情况有关，和斯大林的无能有关，斯大林缺乏对战略态势的把握，同时又不愿听取别人的意见。”

德军方面，约阿希姆·施滕佩尔说：“我们能这么快地取得重大胜利，大家都感到非常自豪。我得说，我们同心同德，劲儿都往一处使，没有什么目标是我们不能达到的，尽管这很困难，而且我们的装备也有所欠缺，但是我们依然做到了。我们坚定不移地认为，是上级卓越的领导才能帮助我们打了胜仗，他们还将带领着我们取得后续的胜利。在哈尔科夫包围战之后，我们还会战无不胜，我们群情激昂，对后续的战事充满期待。”

对约阿希姆·施滕佩尔来说，在1942年，他所期待的德军的节节胜利并非不可能。德军已经拿下了苏联的粮仓——乌克兰，此外还有顿巴斯（顿河盆地区域），此处是苏联的煤炭和钢铁中心。从哈尔科夫战斗的结果可以看出，斯大林并没有从前一年的战败经历中吸取经验教训，由此苏军最终战败看上去是可能的。

希特勒利用苏联在哈尔科夫的溃败来充实自己所谓的“蓝色行动”，该计划旨在向南挺进，抵达斯大林格勒、高加索山脉，直至里海。希特勒认为，这一计划如果成功实施，将会切断苏联军械的石油供给，此外还会重创苏联经济，使它再难恢复。依照希特勒自己的话说："战争的目的就是彻底摧毁苏联现有的关键性防御力量，使他们无法获得重大的战略资源，无法开展战时的军工生产。"我们只要稍稍看一下地图就能直观明白"蓝色行动"的野心，如果斯大林继续这样冥顽不化地指挥红军，没准德国真能取得成功。

1942年6月28日，德军沿着苏联整个南部发起进攻，装甲第4军朝着沃罗涅什推进，而装甲第1军则向哈尔科夫南部的外围平推。德军闪电战的势头十分迅疾，随着苏联的败退，1941年的战争场景仿佛又重新上演。加里夫说："[德军成功的] 主要原因是，我们自从在哈尔科夫一战中战败之后，防线被撕开了一道巨大的裂口。前线固若金汤的状况不复存在，我们也不再有充足的预备役力量，这些人已经上了各路战场。苏军一下子从莫斯科方向调动预备役，一下子又从列宁格勒方向调动，但真正的问题是，这些预备役匆忙地就要投入战斗。由于没有必要的准备，这种情况只会使战局变得更加糟糕。"

到了7月底，希特勒的军队已经开始朝着顿河进发，此时，他决定将军队兵分两路：一路人马向南直指高加索地区的油田，另一路人马则沿着伏尔加河逼近斯大林格勒。通过这一行动我们可以看出，希特勒已经没有了耐心，他要多管齐下，同时取得多个军事目标，此外，他对苏联红军的蔑视再一次彰显无遗。

斯大林关注着"蓝色行动"的进展，他对此感到非常地愤怒。他情愿相信德军在南部的攻势只不过是一个障眼法，其目的是为了确保对莫斯科的主力进攻。为了泄愤，他在自己的情报机构里随便找了几只替罪羊。接下来，随着苏军的节节败退，斯大林又发布了招致骂名的"第227号令"，该命令不允许苏军再后退一步，同时还明确了很多严苛的措施，赋予特别行动队专项大权——只要发现军队没有获准就开始撤退的话，一律格杀勿论。此外，它还正式设立了惩戒营（劳改大队），专门安置战场上的懦夫。在当前这种危急时刻，斯大林再一次认为，这种严苛惩戒的震慑能够最大化地激发苏联红军的斗志。

苏军的内部纪律十分严酷，关于这一点，苏共的历史学家并不愿意承认及公开，但从惩戒营中侥幸存活的一些人的经历当中，我们还是可以看得很清楚。苏联解体之后，一些曾在惩戒营待过的人才有机会说出当时那令人震惊的真相。在这些人当中，弗拉基米尔·康托夫斯基即是一例。

康托夫斯基的苦难开始于1941年春，当时，他还只是个十八岁的莫斯科少年。他得知自己的一位老师被捕了。（颇具讽刺意味的是，直到如今，他才能够接触到内务人民委员会的那些秘密档案，有些档案显示，他的老师之所以被捕，是因为就在德军入侵之前，有人偷听到老师妄议时政。此人当时说："《苏德互不侵犯条约》对苏联是十分危险的。"）老师被捕的消息传开，弗拉基米尔和同学们都非常气愤，他们印制了一些抗议传单，四处散发。他们都是坚定的共产主义者，他们认为自己的政治清白被暴政所玷污。弗拉基米尔说："我们对共产主义有着自己的理解，这种理解促使我们依照自己的内心来行事……我们并不是很看重斯大林及其党羽，但同时，我们都热爱自己的祖国，我们的内心是共产主义者，尽管我们的表现和斯大林的理解并不相符。"

苏德交战后不久，内务人民委员会就闯入弗拉基米尔的家中逮捕了他。到了7月份，他被转运到莫斯科东部的鄂木斯克监狱，在那里被囚禁了几个月。他说："那里的状况很糟糕，想象一下，一间牢房只有九张床是什么情况？我们的狱舍有五六十名犯人，但只有九张床。大家要么睡在床上，要么睡在床下，还有的睡在床的夹缝中或是门后面。我们一天有两次走出牢房上厕所的机会，两个星期有一次去浴室洗澡的机会，但是，我们永远不能走到户外。”

因为发传单抗议自己的老师被捕，弗拉基米尔最终被宣判在劳动营服刑十年。但是，一从鄂木斯克监狱转运出来，弗拉基米尔就主动请缨上前线，因为他表示：“国家在打仗，坐牢房不出力会让我有罪恶感。”西方一些人认为，正是苏联的暴政，使得苏联红军对战场上牺牲的众多将士们毫不足惜，以他们的眼光来看，弗拉基米尔此举令人费解。因为这样一来，他就等于主动为斯大林效力，主动把自己送入了惩戒营。弗拉基米尔的故事表明，苏联红军的表现之所以如此，苏联的暴政只是一部分原因。在1942年，甚至连遭受冤狱的囚犯，也会在爱国主义和共产主义信仰的激励下主动要求上战场。

斯大林于1942年夏发布了“第227号令”之后，弗拉基米尔的请求得到了批准。他将被派往前线，此前的刑期从十年改成了五年。从此，他成了惩戒营44万战士中的一员，这些人究竟有多少人活了下来，我们并不确定，但肯定是极少数。

一开始在前线上，他碰到了惩戒营中的其他人：“相比大家，我是唯一一个因为政治原因获刑的人。通常来说，惩戒营中的人都是因为犯了轻罪，比如上班迟到，在当时可是犯罪。如果你迟到了二十一分钟以上，就意味着要坐一年牢，但是如果不愿意坐牢的话，可以通过到惩戒营来作为交换。还有的人是因为小偷小摸，或是在大街上对别人动粗，这些都是犯罪，最终都有可能被送入惩戒营。”

弗拉基米尔知道，在惩戒营中，“只有通过流血才能赎罪，我只有在战争中挂彩，才能真正获得重生的机会”。但是，对于自己主动选择进入惩戒营，他永远也不感到后悔。对此他表示：“这是我的天性所在，对于已经决定的事，我就不再回头，我从不感情用事。尽管有这样那样的困苦，但我毕竟还有机会。即使生存下来的概率十分渺茫，尽管每二百五十人中大约只有十人能够存活，但这毕竟还是有机会的，不是吗？”

弗拉基米尔所在的分队没有接受任何的训练就被派往了前线，上级告诫他们：“向祖国母亲尽忠的机会摆在了你们面前，你们要通过战斗来证明一切。”该分队奉命向德军前线突进，并被告知：“尽可能让德军开火，好让我们的侦察部队确认敌军的火力方位，以便随后将其歼灭。”有一次，他们奉命向德军所控制的一处森林挺进，该地距苏军阵地四百米左右。弗拉基米尔说：“我们刚一动身，德军就开火了，我们的指挥官大声命令，‘前进，前进！’在这样的战斗场景下，我不知道你对爱国主义是怎样理解的，反正我是感受不到半分。此时此刻，占据你心灵的是麻木和困顿，你的头脑早已不愿多想，你只觉得这是一种宿命。你知道所发生的一切都不可扭转，都是命运安排，我们只是俄罗斯轮盘赌中一枚微不足道的筹码，你自己的命运有何足惜？”

随着惩戒营士兵的持续挺进，德军的机枪火力也愈发密集。与弗拉基米尔他们同行的四五辆坦克很快就被德军摧毁，紧接着，弗拉基米尔就感觉自己的胳膊和肩膀中弹了。他说：“我受伤了，身体开始流血。你只有身受重伤才能得到宽恕，但是，你自己怎么知道所受的是重伤还是轻伤？我只有凭自己的判断，如果认为自己所受的伤不是足够重的话，我根本不敢寻求急救。眼下我简直无法动弹，我的胳膊开始不听使唤，所以我只好躺在地上，用背部发力艰难前行。”

在弗拉基米尔的分队中有二百四十人，只有九人因为身受重伤而得到宽恕。弗拉基米尔本人也是其中的一位幸运儿，上级认为他的伤势非常严重，给他医疗救助，并将他调离了惩戒营。于是，弗拉基米尔又重新回到了莫斯科，在那里，他又重新做回了学生。但是，故事到这里并没有结束。1944年，弗拉基米尔再次被捕，罪名和1941年的如出一辙。内务人民委员会的调查人员告诉他：“1941年，你被判刑十年，好了，现在回去坐牢房吧，坐到1951年。”弗拉基米尔不知道自己为什么又被抓了回去。他说：“我们都生活在斯大林的个人独裁之下，我不愿评说斯大林是正义或是非正义——他就是个暴君。他所能干的就是制造恐惧、残酷打压、鼓励告密，他奉行的就是大棒政策，不会给我们任何安抚。”

本书中所涉及的采访都是真实存在的，而且被采访人也都是有代表意义和典型价值的，但即便如此，弗拉基米尔·康托夫斯基也绝对是让人印象最为深刻的案例之一。在莫斯科一间小小的公寓内，弗拉基米尔向我们讲述了他的故事，回忆了命运对他的不公。他遭受过苦难，自愿加入惩戒营，在战斗中身受重伤——这些事情的根源，就是他为老师的被捕而在1941年散发过抗议传单。除了身心的巨大苦难，很难得知那些传单还给他带来了什么。回过头看一下，他为自己写传单一事感到后悔吗？弗拉基米尔回答道：“我对此不感到后悔，因为在当时，并不是所有人都有自由表达自己想法的勇气，通过此事，我变得更加坚强。”说到这，他稍微停顿了一会儿，尝试着想出一些词语来准确表达自己的想法，最后，他说：“我不后悔，因为此事彰显了我的自尊。”一场战争中有这么多的幕后故事，故事的主人公们遭受了这么多的创伤，这些都已无从挽回，我想，我们有必要记住弗拉基米尔·康托夫斯基的个人经历——他当时做好了献身的准备，但并不是为了自己的国家，而是为了自身的尊严。

尽管这些自我牺牲的故事令人唏嘘，但它们依然没有阻止德军在1942年夏天的前进步伐。当年7月23日，德军的装甲师占领罗斯托夫，眼见着就要穿越顿河。一位与他们在此交战过的名叫阿纳托利·梅利什科的苏联军官说：“德军此刻信心百倍，这种情况也很正常，因为他们可以取道罗斯托夫跨过顿河……他们有理由充满信心。他们走在街上，将袖管卷起来，一身短打，嘴里还哼着歌。而反观我们的撤退部队，那真是垂头丧气。大家不知道何去何从，也不知道上哪去寻找出路。举个例子，大家被告知在马利诺夫卡集结，但是马利诺夫卡在哪？有几名战士发问，马利诺夫卡究竟在什么地方？大家就毫无目的地走啊走，当然，身上还背着枪，因为如果没有枪的话就要被盘查。”

塔玛拉·卡尔米科娃当时是一位十八岁的学生，她见证了苏军的撤退。谈及那一场景，她说：“情况真的很糟糕，每个人的脸上都写满了恐慌，大家都害怕丧命。过去我曾说过，我痛恨那些从战场撤退的人，如果给我一把枪，我会将他们全部枪毙，因为每撤退一步，都将付出沉重的代价，你事后需要付出如今两到三倍的伤亡才有可能重新赢回来。”

与卡尔米科娃的感受相比，斯大林的观点想必是如出一辙——这也是他为什么下令不许部队后退一步的原因。但在那年夏天，他同时又声称，为了防止被敌人包围，军队在确有必要的情况下可以阶段性撤退。这番言论可以说是个突破，因为这表明：斯大林第一次开始从以往所犯的错误中吸取教训，也是第一次开始听取周围同志的意见。只有灵活机动地采取战斗撤退，才能避免当年的哈尔科夫之战，以及此前的基辅之战、维亚济马之战的悲剧重演。

当年夏天，阿纳托利·梅利什科指挥一支精英部队对抗德军的“蓝色行动”。对他及其所指挥的这支部队来说，每一天都在重复着相同的模式。他说：“通常情况下，德军每发动两次攻势就会等待主力部队到达，随后在第二天一早发动一场更大规模攻势。等到夜晚来临，所有的战事都停止下来。但与此同时，他们会从侧翼部署摩托化部队，发射轻型炸弹。他们之所以这样做，是要给我们造成被围困的印象。德军的一切行动都是按照计划来实施，拂晓时分，他们的侦察机开始工作，随后，轰炸机开始陆续抵达。飞机开始朝着前线轰炸，随后是地毯式密集轰炸，再接下来，步兵和坦克登场。如果我们能抵挡住空袭和地毯式轰炸，那就是件好事，因为面对德国的坦克和步兵，我们一般都能予以反击。如果他们没有达到目的，一般就暂停攻击了。”有一天夜里，德军集结了更大规模的部队，苏联红军于是撤退了。梅利什科说：“我们没有足够的力量来进行防御，如果上级命令我们坚守阵地，我们就会留下，但上级不想让我们丧命。”颇具讽刺意味的是，这样一种便宜行事的新战略却并没能取悦梅利什科和他的战友们。他说：“因为自己没能发挥作用，我们感到受挫和愤怒，我们也不明白，为什么不让我们正常地同敌人战斗？为什么要撤退？我们一直在撤退，距离顿河越来越远。”

面对这种情况，此前所提到的名叫约阿希姆·施滕佩尔的德国坦克部队军官说：“我们的第一印象是，这些苏联人在逃跑，但是随后就发现，情况并不是如此。”苏联红军其实是在进行战略性撤退，在大家看来，他们早在1941年就该撤退。但是眼下，德军并没有形成紧密包围，而且，苏军‘打一枪就换个地方’的防御战术也削弱了德军的攻势。在德军B集团军作战的格哈德·明希说：“如果我们在白天追上苏联红军的话，到了夜晚，他们就会撤退到离我们更远的地方。此时，我第一次听闻了一种说法——苏联人在利用空间作战。这句话的意思是：他们让我们长驱直入，但随后，我们在后勤补给上就会面临越来越大的困难，军队的补给问题会变得越来越复杂。”明希所在部队的指挥官在朝着斯大林格勒挺进的过程中，也向他表达了类似的疑虑。明希说：“我们的指挥官在哈尔科夫一战后就变得非常犹疑不定，他时常表示，战线拉得如此之长，究竟该怎么办？当我们碰不到一个敌人时，他的观点是我们的对手故意利用空间在制衡我们。”

当年夏天，苏联红军审时度势，加大对德军的防御，同时，他们也找准时机灵活机动地撤退。苏军会严防死守那些重要的战略要地，如果面临遭到德军大举包围的危险时，他们就会撤退。约阿希姆·施滕佩尔和他的战友们跨过了顿河，遭遇了苏军的一处防御工事，此时，他们见证了苏军的这种新战术的复杂性，在此之前，他们对此毫无了解。他说："在这里，我们遭受了难以想象的重大损失，每一个小山丘后面，每一个突起物后面，都布满了T34坦克，我们只能看得见炮筒，当它们齐齐开火时，我们真的惊住了。我们发现，自己并不真正了解对手。尤其可怕的是他们的火焰喷射器部队，冒着四十摄氏度的高温，将所有的可燃物全部点着，我们的部队被烧得死伤惨重……我们离斯大林格勒越近，苏军的抵抗就会变得越强。"

希特勒下了决心，一定要将斯大林格勒拿下。该城市是苏联重要的工业中心，扼守伏尔加河，通过伏尔加河，苏联又可以从高加索地区运送重要的战略物资。如果切断莫斯科和其他一些城市来自南部的石油供应，苏联的经济就会遭遇重创。(希特勒之所以对这座城市如此执念，还有另外一个原因，那就是，斯大林格勒这座城市的名字是重新改过的，目的是为了向苏联内战中斯大林的功绩致敬，这一点更加刺激了希特勒的神经。)

德国的装甲集团第4军和第6军在这座城市会合，斯大林格勒像一条狭长的带子，沿着伏尔加河绵延五十公里。乍一看，这座城市很难防御，伏尔加河构起了一道天然的障碍，如果德军从城市的其他三个方向实施包围的话，对方就不得不冒险从水路突围。

8月23日，德军在斯大林格勒的上空投放了六百颗炸弹，这也是东线战场迄今为止最为密集的一次空袭。当天早晨，十一岁的学龄女孩瓦伦蒂娜·科鲁托娃和她十四岁的哥哥尤利正在城郊采摘浆果，这时，他们听到了飞机的巨大轰鸣。抬头一看，炸弹开始纷纷坠落。瓦伦蒂娜说:“四周都在燃烧,人们的尖叫声响成一片……当时,成年人可能知道大战即将来临,但是作为孩子,我们哪知道这些?我们觉得自己要死了,心里害怕极了。”

时年十四岁的艾伯特·博尔科夫斯基说:“空袭的场景真的十分可怕,我依然能回忆起那些飞机,它们发出巨大的轰鸣,把城市变成了人间地狱。我不知道人们如何逃生。整个世界就是一个巨大的火球。我们爬上了房顶,听见下面有人在呻吟。”等到空袭停止了之后,艾伯特立即跑回家里,看看祖母情况如何。来到自己曾经熟悉的街巷,他看到自家的房屋已经成为一堆焦土。他说:“在回家的途中,唯一能够听到的就是从废墟中传来的此起彼伏的呻吟声,我的祖母藏在了家里的地下室里,但是地下室也被废墟所掩埋,一切都被毁了。我怔怔地站了好久,又悲又愤,孤零零一人,真希望自己也被炸死。”

斯大林下定决心要守住这座城市。红军已从乌克兰的哈尔科夫撤退了好几百公里,并在伏尔加河地带停了下来。一开始,斯大林连这里的民众过河逃命都不允许。此刻将不再逃离,苏联红军将坚守这里,浴血奋战。

希特勒坐镇位于乌克兰维尼察的新的指挥总部,此时正是酷暑,热得他汗流浃背。尽管他的两路集团军都取得了一定的战果,但是苏联红军并没有被包围。让他更加懊恼的是,陆军总参谋长哈尔德将军表示,眼下已经没有足够的物资支撑两路集团军同时开战,可能也无法同时完成多重目标。希特勒对此感到极度愤怒。哈尔德在他的8月30日作战日志中写道:“今天元首召集我们开会,不出所料,他再一次质疑高级将领们的军事领导能力,将他们骂得狗血淋头。他骂大家情报失误、僵化死板、把握不住关键问题。”[2]

在9月初,陆军元帅李斯特领导的在高加索作战的A集团军也放慢了进攻的脚步。最高统帅部作战局局长约德尔支持李斯特的这一举动，他表示，李斯特是在听从元首此前的教诲。希特勒听闻此事后感到非常愤怒。随后，李斯特被撤职，9月9日，希特勒亲自执掌A集团军，从一千六百公里开外的地方开始快马加鞭。希特勒亲自来担任此路集团军的统帅，这给作战指挥构架造成了一些困扰。作为作战指挥，他需要对自己负责；然后，作为国防军最高总司令，他也需要对自己负责；最后，作为国家元首，他还是需要对自己负责。9月22日，希特勒又不动声色地撤换了哈尔德将军，取而代之的是库尔特·蔡茨勒，此人最擅长的就是阿谀奉承。与此同时，斯大林开始注重听取下属的意见，而希特勒却一手建立了一个不切实际的军事指挥框架，丝毫不关注下属的意见建议。当然，他的下属们也知道，如果胆敢挑战“无所不知的”元首的权威，等待他们的不会有什么好下场。

在对斯大林格勒实施空袭之后，8月底，德军最终抵达了伏尔加河。到了9月3日，这座城市被包围了。约阿希姆·施滕佩尔说：“我们来到一处高地，这里能够很好地俯瞰斯大林格勒，整座城市都笼罩在火光之中，突然，我看到了伏尔加河，它就像是一条银带，又是那样绝世独立。我们都很清楚，我们必须打过去，那是我们的目标，也许是整个战争的目标……站在亚洲的边界，心里默念，我们已经来到了伏尔加河——那种感觉真是难以言表。尽管遭受了伤亡，经历了困苦，我们依然可以实现目标，取得胜利。伏尔加！现在已尽在我们掌握！秋日的阳光下，伏尔加河呈现出的景色让人印象深刻。这条宽广的大河，我们此前在德国并未听说。亚洲的土地上，一切都是那样的令人难以置信。周围是广袤的森林，除了森林还是森林，极目远眺，远方还有平原和无尽的地平线。突破苏军的防御，这对参与其中的任何一个人来说，都是欢欣鼓舞的一件事，很遗憾，那些阵亡的战友们不能和我们一同分享此刻的经历。如今，眼前的这番景象，包括伏尔加河在内，和我们仅有一步之遥。我们相信，过不了多久，我们就能完成这最后的一步。”

随着德军朝着城市的步步进犯，成千上万的民众陷入孤岛境地。瓦伦蒂娜·科鲁托娃、尤利以及五岁的妹妹就是他们当中的一员，他们此刻已脱离了苏军控制的地带。这几个孩子同自己的祖母相依为命，而可怜的祖母也在爆炸中身受重伤。瓦伦蒂娜说：“德国人经常闯入我们的房子，他们打开房门，在里面四处查看。但是，此时我的祖母已经奄奄一息，他们害怕传染上什么疾病，所以也不会靠得太近。德国人看见祖母的身体上有很多水疱，伤口上还有小虫在蠕动，周围散发着恶臭。”

当时并没有什么医疗条件，没过多久，她的祖母就去世了。“当她去世后，我们草草料理了后事。我们把她的尸体抬到了沟渠里，上面盖了一些零零散散的衣服，在她的脸上还特别裹了碎布，以防止沾上泥土，随后，我们就将她埋葬了。后来，战争结束后，我们再也找不到埋葬她的地方了，这对我们来说是很难接受的一件事，因为在她活着的时候，我们能从她那里感受到一丝庇护。尽管她长年卧床不起，但她一直是一个生命，和我们同在。我们会和她聊天，她有时也会拥抱我们，以此表达她的爱意和怜悯，我们都感到十分温暖。尽管生活在德占区，但我们并没有因为恐惧而崩溃。而当她彻底离开我们之后，我们感到十分地悲痛，因为再也没人能给我们一丝慰藉了。”

同成千上万身陷孤岛的民众一样，这三个孩子生存下来的概率十分渺茫，但是，十四岁的尤利依然想尽办法去寻找食物。瓦伦蒂娜说：“我的哥哥经常去谷物升降机那里碰运气，那里会有此前撒落的少量谷粒，他把这些谷粒收集起来，每天给我们一点儿，这样，我们不至于饿死。他还把装着谷粒的袋子藏在窗玻璃的缝隙里。有一天来了一名德国军官和两名士兵，两名士兵有可能是德国人，也可能是罗马尼亚人。他们闯进屋子找食物，张嘴就要鸡蛋、鸡肉和面包，但我们什么也没有，于是他们就开始四处搜查。这些人十分狡猾，他们连窗户缝也没有放过，最终找到了一小袋小麦。他们气得当场就要开枪打死我们，哥哥和我赶紧下跪求饶。那名德国军官年纪不大，他对士兵们说了几句话，最终，他们拿走了那一小袋粮食，饶了我们一命。”

艾伯特·博尔科夫斯基也是个在城市中独自讨生活的孩子，但与这三个孩子相比，他又是幸运的，因为他生活在苏军控制的地带。在遭受轰炸的初期，他和一位校友使用推车帮助苏军运送伤员到伏尔加河的栈桥。他说：“我们把伤员带到河边的栈桥，可以看到小艇、船只、木筏朝着我们驶来。德军正在开火，火力非常密集。苏军的很多船只在到岸前都被打翻了，渡河非常困难，四处都是炸弹的呼啸，即便你会游泳也没有用，依然会被炸死。”

希特勒决心要拿下斯大林格勒，但斯大林也下令要严防死守。这座城市在“蓝色行动”初期曾被视作一个阶段目标，但如今已上升为计划的主要目标，甚至要成为整场战争的节点。斯大林下令苏联红军使用一切手段守住伏尔加河沿岸。

在如此激烈的对抗环境下，双方作战指挥官的性格特点就变得非常关键。率领德国第6军作战的是老谋深算的弗里德里希·保卢斯，此人作战经验丰富，此前曾在哈尔德将军手下任副参谋长。在第6军担任其下属的贡特尔·冯·贝洛说：“保卢斯身材很高大，非常冷静沉着。他很睿智，对下属也充满关心。在下达命令时他总是有些犹疑不决，最终总要有人帮他下定决心……有一次我对他说，将军，如果你不签署命令的话，那么在非常时刻，我就以你的名义来签字。最后他签署了命令，随后笑着说，怎么老是这样？”

苏军方面，从1942年9月开始在斯大林格勒坐镇指挥第62军的是一位与众不同的人物——瓦西里·崔可夫。如果说保卢斯是一位战略家，关注战争的总体局势的话，那么崔可夫就是一位战术家，他聚焦的是一条街道或是一处建筑。保卢斯谦恭谨慎，崔可夫则粗鲁狂暴，如果有谁坏了他的计划，他的惩罚可是严酷得令人难以想象。

在斯大林格勒参与作战的阿纳托利·梅利什科说："崔可夫能够感知战斗的本质，尽管面临很多障碍，但他总能及时地做出决定并且确保其执行。他的意志坚定，很有韧性……崔可夫的身上集合了苏联人的性格特点，正如有一首歌唱的那样，'如果要战斗，那就奋力战斗；如果要行乐，那就痛快行乐'。对崔可夫来说，战斗是第一位的。崔可夫的过人精力十分具有感染性，这种旺盛的精力传递给了高级军官们，又继续传递给了广大士兵。如果崔可夫换了一种性格的话，那么我们就不可能守住斯大林格勒。"

崔可夫还有一个性格特点就是严酷无情。如果一名指挥官没有按照他的喜好行事，崔可夫就会在身体上对他进行惩罚。梅利什科说："他直接拿拳头或是棍棒打人，因为这一点，斯大林还说过他。他时常拄着一根拐杖，如果哪位军官的举止惹恼了他，他就直接拿拐杖打他的背。"随着战争的持续，梅利什科有了更多了解崔可夫的机会。他说："我走进作战指挥部，看见桌子翻了，我的领导则斜靠在墙上。他拿着一块手帕捂着鼻子，上面还有着点点血迹。他告诉我，崔可夫打了他。"至于为什么挨打，原因其实十分简单，梅利什科的这位领导解释说："他对呈上的报告感到不满意。"停顿了一会儿，他又对梅利什科说："幸亏你才来，如果你早来一会儿的话，估计他连你也一块儿打了。"

崔可夫是新一代的苏联指挥官之一，他个性特点十分鲜明，不喜欢对斯大林溜须拍马，而是横冲直撞、钢铁强硬。他知道自己的使命：要么守住斯大林格勒，要么死路一条。他还知道，要想完成目标，就要在将士之中树立起极度严明的纪律。在这些将士中，有一万三千多人因为违纪被捕，大多数最终遭到处决。此外，苏联的体制历来信奉“用恐惧战胜恐惧”，将士们被告诫道，此时再无可能后退，“守不住伏尔加河，他们将河山尽失”。

崔可夫精于战术研究，他敏感地意识到，这座四面硝烟的城市对苏联红军有利，因为此时将要打一场全新的、与众不同的战争，在这种战争中，个人的英勇、顽强与高大上的战略同样重要。苏联红军驻守在这座仿佛混凝土铸就的城市中，准备与德军开展巷战与贴身肉搏。崔可夫命令红军必须驻守在离德军前线尽可能近的地方，这样的话，德军的轰炸机和大炮就难以发挥作用，因为他们害怕会误伤自己人。于是，在红军上下流传着这样一句格言：“别离敌人太远。”阿纳托利·梅利什科说：“我们的原则是逼近敌人，将自己的利爪直接插向敌人的咽喉，只有这样我们才能绝地求生。这些都是崔可夫的战术。通常情况下，我们与敌人的距离不超过五十米或是一百米，还有的不超过一个手榴弹的投程。如果我们投掷手榴弹的话，爆炸之前，我们仅有四秒的躲避时间。当德军投掷手榴弹的时候，如果它们落入了我们的战壕，在爆炸之前，我们的战士可以捡起手榴弹，重新把它扔回去，因为德军手榴弹的爆炸等待时间是九秒或十秒，这对他们来说是一个不利因素，我们可以充分利用这一点，而这些也是崔可夫想出来的战法。”

崔可夫还擅长使用战队战术来打击德军所控制的建筑物。梅利什科说：“这样的一种小型战队通常由五到五十人组成，不背作战包，只使用手榴弹，其主要任务是打开建筑物的入口，随后支援分队跟进。战队负责给德军制造恐慌情绪，支援分队负责打击德军的反抗。”

这种建筑物清障战术十分地惨烈，苏伦·米尔佐扬是参加这种战斗幸存下来的少数红军战士之一，谈及当时的场景，他说："建筑物仅剩下外墙，但里面还有着残垣断壁，德军就藏在当中。突然之间，一名德军跳出来突袭我的战友，战友本能地反应过来，猛踢他的膝盖，紧接着，又跳出来一个敌人，由于我们身上带着刀，于是就朝着他们猛砍。你有没有过这样的经历——用力挤压一个熟透的番茄，里面的汁液喷涌而出。我拿刀拼命捅他，周围全是血。我的脑子里只想着一件事——杀了他，杀了他！心中有野兽在激荡。突然，又一个德军扑向了我，嘴里大喊着什么，随后就倒下了。如果你在体能上不够强壮的话，那么德军就会把你捅死。在斯大林格勒的每一寸土地上都笼罩着死亡的阴影。死亡跟着我们，如影随形。"

在这种原始的搏斗中，米尔佐扬不主张使用现代武器，他说："我尝试着不使用这些现代武器，我有刀和战术铲，我的铲子非常地锋利，它们有时比机枪还好用。在前线我也使用铲子，你不仅能用铲子挖战壕，还能用它和敌人来一场一对一的决斗。使用机枪很费时，你还得装上子弹，但有了铲子，你抬手就能投入战斗。这些武器很好用，它们在战斗中发挥了非常重要的作用。"

到了9月中旬，德军集结了一场关键性的战斗，占领了斯大林格勒的中央火车站。在苏联第13警卫师的支援下，崔可夫率领部队开始了反击。崔可夫下定决心，要么守住河岸，要么战死疆场，这种信念成为全军上下之共识。此时，每一座工厂，每一条街道，每一座房屋都是战场。

在斯大林格勒断壁残垣中开展的原始蛮荒战斗，使得闪电战没有了用武之地。德军第305步兵师的一位叫赫尔穆特·瓦尔茨的士兵表示，这不是什么复杂的战争，而是原始的搏斗。10月17日上午，他和战友们驻守在一处工厂的废墟中，他说："我们接到命令，沿着户外空间前进，到达一处工厂。周围全是瓦砾碎石，所有的一切都交织混杂在一起。突然,在离我前方十五米处,我看见了苏联士兵,他们就在掩体之中。我又前进了大约十米,这下他们离我只有五六米的距离了。我以一处凸起的混凝土作为掩护,用俄语向他们高喊,劝他们投降,但是他们并没有投降。周围是一片火海,子弹在空中呼啸而过。我朝着他们扔了一颗手榴弹,不久,一名苏军士兵跳了出来,他的鼻子、耳朵和嘴里都流着血。我虽然不懂医理,但我很清楚他活不长了——他的身体已被打穿。他举起枪对准了我,那是一支苏联机枪,前部有着小的弹鼓。我在心里默念着,'伙计,你可打不死我'。于是,我也拿枪对准了他。紧接着,我看见空中闪过一道火星,有一刹那,我失去了知觉。怎么回事?我拿左手摸了摸自己的脸,一股鲜血喷涌而出,我的牙齿崩掉了几颗。"

瓦尔茨的一位战友看到了这一幕,跳上一大块碎石,从制高点向这位苏联士兵猛烈攻击。瓦尔茨说:"他的靴子几乎就要贴到苏军士兵的脸上,我甚至能听到对方脸部关节开裂的声音,我的战友在用靴子狠命地踢他,也许就这样把他踢死了。"瓦尔茨的中尉领导示意他躲进一处弹坑,在那里,领导用尽一切可用的物品对瓦尔茨进行了包扎。突然,又有一名苏军士兵出现在了他们上方。瓦尔茨说:"那名士兵拿机枪对准了中尉,他的头盔已被打飞。他的眼睛里燃烧着熊熊的怒火,他的脑袋已被打开,我甚至能看见他的大脑,不见鲜血,只有体液渗出。他朝中尉开了一枪,随后又狠狠地盯着我,但紧接着,他就在弹坑周围倒下了。"打死他的是瓦尔茨的另一名战友,为了拯救中尉,瓦尔茨爬行着去找药。

到10月的那一天结束时,他所在的七十七人的连队几乎全军覆没,"战友们要么战死,要么身受重伤,整个连队土崩瓦解"。

苏军与德军在斯大林格勒是如此地接近,双方开展了遭遇战,他们的互动变得十分奇怪,有时甚至显得比较"友好"。阿纳托利·梅利什科说："你可以想象一下双方在一栋房屋里作战的场景。我们控制了三楼，而德军控制了一楼和二楼。打到一半，双方都有些疲惫。德国人喊，'嗨，苏联人！'我们则回答道，'干什么？德国人！'他们又问，'能不能给我们一点水？'我们则回答道，'一罐水换一罐香烟！'大约一个小时之后，我们又相互开火了。有时德军也会喊，'我们没有香烟，给你们一对怀表和手表行不行？'我们就是这样相互交换，拿水换香烟、伏特加或是杜松子酒，在以物易物的过程中，我们都坦诚地履行不开火原则。最终的战斗结果是，不是他们把我们打出屋子，就是我们把他们打出去，这毕竟还是一场战斗，只有强者才能取胜。"

德军此前根本没有想到，他们会碰到这样的作战形式。约阿希姆·施滕佩尔说："贴身的战斗实在出乎预料，我并不是说这是天方夜谭，但是，我们此前的训练中确实没有这样的内容。我们是骁勇之师，训练有素、冲锋陷阵，我们可以抵御对方，但是，我们的确不了解苏联士兵，他们的训练，他们的本性，以及由这方水土所孕育的心理，我们都知之甚少，同时，这些也都是我们不曾具备的。我认为，我们这一方的伤亡要更加惨重一些，因为我们不如苏联士兵那样熟悉脚下的土地……苏联士兵充分发挥了沟壑作战和贴身作战的优势，这一点毋庸置疑。作为一支坦克部队，我们的习惯思维就是驾驶坦克，碾过敌军，然后停下来，清理战场，再次向前挺进。但是，这些都已经不够用了。"

德军所遭受的挫败正变得愈发沉重，因为距离伏尔加河太近了。"我们经常可以听到这样的喊话——'再前进一百米，就是你的位置！'但是，如果不能做到全身而退的话，你怎么敢这样做？这并不是我们熟悉的打法，有好几个星期，我们都没有什么进展，占领一块小小的区域都变得十分艰难。在这种情况下，逼退苏军十米或十五米都成了一种胜利。但更为重要的是，苏军守卫的是一条狭长的地带，大约有三百米的落差，从最陡峭的高坡一直缓缓绵延至伏尔加河河畔，那里驻守着苏军的指挥部，也是他们的大本营。站岗放哨的战士仿佛打了鸡血，一刻也不敢玩忽职守。他们领受的命令是：'你们必须守住这里，因为你们的将领就在身后！'在这种情形下，原先一步之遥的目标仿佛都成了不可能的任务。"

此前所提到的格哈德·明希如今已是一名营长，他迅速地意识到，在这种近距离的巷战中，任何一方都不可能获胜。他说："如果敌人占领了楼梯井或是一楼，那么你就不要想着占领这栋楼了，因为你不可能取得成功。一旦你认为无论怎样尝试都是徒劳，那么你就不想再费力了，幸运一点的话，把自己受伤的战友拉回来已经算是不错了。由此，整个战斗陷入了僵持状态……这种局面无法改变，除非再增派几支部队，但即便是这样，我估计也还是没有用。"

德军在整座城市的进攻陷入困境，苏军的狙击手藏在残垣断壁中，找准机会就采取行动，枪枪毙命。德军对他们又是厌恶，又是恐惧，他们已经成为这种令德军所不齿的作战形式的象征。格哈德·明希说："苏联的狙击手被红军视为英雄，我的内心对他们却十分厌恶，在我看来，他们就像是躲在黑暗处射鹿的猎人，毫无战斗精神可言。"

约阿希姆·施滕佩尔说："局势正变得愈发严峻，每一场战斗我们都死伤惨重，而且也找不出好的破解办法，过不了多久，感觉人都要死光了。我们知道苏联在夜间通过伏尔加河投送兵力，但有时是心有余而力不足。"其实，德军也加大了兵力投送，但是，由于缺乏经验，在斯大林格勒这方战场无法迅速地产生效果。"我还记得有一次，军营里传来欢呼的声音，有人叫喊着，'今晚可以给你们多派七十个人过来！'当然，这毕竟给了我们一点希望，会让我们暂时忘却烦恼。等到他们到了以后，我们一看，全都是男孩，约莫十八九岁的年纪，大约只接受了四个星期的训练就来到了战场。但是，当天晚上就出了大乱子。首先，苏联的大炮开火了，随后，苏军进入我们的战壕发动了夜袭。我们的指挥官跳进战壕来帮助我，最终，我们将这些苏联士兵赶出了战壕，但是，这些新来的孩子也折损了大半，他们要么战死，要么受了重伤，要知道，他们才刚刚来到这里。之所以出现这种情况，是因为他们缺乏感知，缺乏对风险、危机的本能嗅觉，我们打仗打久了，能够迅速做出反应，而他们显然还做不到。”

在马马耶夫—库尔干一带的战斗最为惨烈，此地是城郊的古坟冢。谁要是控制了这一片坟冢，就对斯大林格勒的中心地带形成了居高临下之势，而且伏尔加河也近在咫尺。双方在这个重要的战略点展开了拉锯式争夺，有时甚至在一天内数易其手。此前所提到的艾伯特·博尔科夫斯基也参加了战斗，此时他已被苏军的第13步枪警卫师“征召入伍”，十四岁的他成为参加斯大林格勒保卫战的最年轻的战士之一。他说：“我还记得在马马耶夫—库尔干踩着尸骨前行的场景，你能想象吗？我的脚踩在地面上，当抬起脚的时候，上面沾满了死人的肠子。这一幕永远也无法从我的脑海中抹去……但是，对我来说，最可怕的经历是，我第一次杀了德国人。有一天，德军朝着马马耶夫—库尔干发动了将近二十场进攻，首先是飞机空袭，随后是大炮开火，接下来是坦克开过，最后是步兵上阵。突然，我看见了一名德国士兵朝着我的方向走来，由于我趴在地上，浑身盖着泥土，隐蔽得很好，所以他没有发现我。当我看到了这位高大的德国人的时候，我没有起身就立刻朝他开火了。如此近距离地开枪，我看见他的身体迅速破成碎片，喷射到空中。我能看到他的身体碎片，闻到他的衣服的味道，因为距离实在是太近了。我忍不住开始呕吐，我的一些战友们则安抚着让我保持平静，还有一些人则说，‘别想那么多了，这只是一个德国人而已’，但是，我依然止不住地浑身发抖。这一幕我永生都难以忘记。”

为了躲避德军的空中轰炸，苏军在伏尔加河岸边挖了很多地下工事。崔可夫的指挥总部就在地下深处，距离伏尔加河只有几米的距离。博尔科夫斯基说：“如果你想生存下来，那就必须要挖战壕和掩体，大家身上都生了很多虱子，因为根本没有时间洗澡。但是，并没有人因此生病，因为我们的神经都绷得紧紧的，根本不敢，也不允许自己生病。”在不远处，另一位苏军指挥官也窝在阴沟里，和下属召开作战会议，他们的头顶上方就是奔涌的河水。德军此前不曾料到，苏军的意志是如此顽强。阿纳托利·梅利什科平静地说：“我认为，只有苏联人才能承受这样的困苦。”

其实，捍卫斯大林格勒的不仅仅是苏联的男人，在西方国家，大家对女性战士在红军部队中做出的重大贡献相对关注较少。实际上，在战争中，大约有八十万女性参军入伍。此前所提到的塔玛拉·卡尔米科娃此时已是第64军的一名通信联络官，她是守卫斯大林格勒的万千女性当中的一员。她说：“当我们到达斯大林格勒前线的时候，我们深知，此刻我们只能依靠自己，只有这样才能挽救战争初期我们所犯下的错误……妇女虽然是弱势群体，但是我们有更加绵密的韧性。正如崔可夫所说，‘我们可以在一定程度上相信妇女，她们会不惜一切代价执行指令，这一点不用怀疑’。女子本弱，为母则刚，她会像保护孩子一样守卫自己的国家……此外，妇女也是无情的，她们在战争中失去了丈夫、兄弟，心中充满了复仇的火焰。在那些所有妇女齐上战场的家庭中，大多是为了死去的亲人报仇。战火烧光了她们的所有，曾经的家变成了废墟焦土。这种情况发生在任何国家，都会让人心生复仇的怒火。非常时期，妇女们拥有了非凡的力量、决心和勇气，这些都激励着她们去完成一个又一个艰巨的任务。”

尽管卡尔米科娃负责的工作是通信联络，但是，她同样也参加了城市外围的惨烈战斗。她说："在战斗中，我们正在沿着通信线路前进，突然听到了一声尖叫，一名枪手中弹了。我向他跑了过去，后面紧跟着我的战友，她是一名护士。她赶紧给这名枪手包扎，但是，他已经死了。于是，我的护士战友把他平放在机枪旁边，自己拿起机枪开始扫射，我也冲上前帮助她装子弹，我们成功击退了德军的进攻，但是，我的护士战友也牺牲了。我对敌人充满了愤怒，他们打死了我的朋友……我对战友心怀愧疚，她只有十八岁，她本该拥有美好的人生。"

没过多久，塔玛拉·卡尔米科娃就拥有了向德军复仇的机会，但对她来说同样也是龙潭虎穴。附近一个营的通信线路被切断了，她的上级派了一男一女两名士兵带上电线前去维修，但最终两人都没有回来。于是，上级又派卡尔米科娃去看看这两人的情况。卡尔米科娃说："我沿着通信线路走了三公里，这时我看到了那名男战士，他已经死了，躺在地上，头部中了一枪。我又接着走，然后又看到了那名女战士，她也已经死了，子弹从她的脑后和脊柱射入。我把他们两人的证件收好，继续寻找线路的破损处以便将其修复。突然，我看到灌木丛中有一个德国人，我觉得自己要死了，拼命地往回爬，但是，身上背负的沉重步枪给我带来了很大的麻烦。与此同时，那个德国人拿的是一支冲锋枪，对他来说，打死我是件轻而易举的事。但是，他识别了我作为通信联络官的身份，知道我一定掌握很多信息，于是他想生擒我。我找准这个空当朝他开了一枪，他应声倒地。一开始，我不敢相信他真的死了，以为他是在玩什么诱骗战术。当我确定他真的死了以后，我慢慢地朝他靠近。我没有看他的脸，只是把手伸进他的口袋取他的证件。当我把手伸进他的口袋时，我真的感到十分地排斥。但是，如果我不拿走他的证件，战友们根本不会相信我杀了一个德国人。当我返回驻地的时候，战友们看到我拿着一个德军背包和一把机枪时，他们都惊呆了。我一下子躺到床上，感到虚弱极了。刚才的场景真是惊心动魄，尽管如此，我还是要这样做，因为如果我不杀他的话，最终死的将是我自己。如果你坐以待毙的话，那么谁也救不了你。不是你死就是我亡，就是这么简单的逻辑。”

苏军的顽强抵抗在战争中发挥了作用，最初进入城市中心的德军在9月被控制住了。到了10月，尽管德军的攻势更加猛烈，但是红军依然镇守伏尔加河一带的领土。希特勒开始失去耐心，他的第6军拥有超过三十万的兵力，为什么迟迟拿不下一座已成废墟的城市？但是，问题的关键在于，即使是保卢斯的手下也没有多少人确信自己能够全歼深藏在碎石和阴沟中的红军战士。一些参过战的德国老兵在如今依然强调这一点。德军最初认为伏尔加河对他们来说是一个有利因素，以为它可以阻挡苏军的撤退，同时也使苏军增派兵力变得十分冒险，但如今，伏尔加河反而成了德军的绊脚石，它的存在让第6军迟迟无法彻底地包围对手。

德军绞尽脑汁，想早日解决战场新态势所造成的困难，与此同时，斯大林及其将领们也在讨论自己将如何应对。因为哈尔科夫一战的惨败，如今，斯大林独断专行的缺点也改正了一些，部队在初级军官当中还教授起了德军的闪电战术。塔玛拉·卡尔米科娃说：“我得承认，在战争中，我们也开始向对手学习，尤其需要学习的是作战、侦察、通信和制图的协同。”

在学习过程中，还有一个主要内容是，派追捕队穿过德军的封锁，直接抓犯人回来审讯。当然，这种任务极度危险。在1942年夏，苏伦·米尔佐扬就和一位战友被选中执行过这样的任务。在遭遇敌人之前，他们匍匐着穿越无人区。他说：“我们首先查明德军都在哪些建筑物里,接着,我们爬着穿过一片马铃薯田,我们不停地爬,直到抵达德军的一处岗哨附近。哨兵举着机枪来回地踱步。我很紧张,紧张得冒汗,我不知道,如果有别的德军士兵发现我们该怎么办。就在这个哨兵扭头的一瞬间,我上前猛击他的头部,我的力气很大,他立刻倒地,嘴里还发出了尖叫。我立刻堵上他的嘴,把他拖走了。把他拖了好几米之后,德军发现了,随即朝我们开火,但我们最终还是完成了任务,把他拖回了八公里开外的指挥部。”

追捕队的这种做法对德军士兵的心理打击是巨大的。赫尔穆特·瓦尔茨还记得有一次到处找他们的军医:“大家叫喊着,‘军医!你在哪里?’但是,并没有人应答。”随后,他们开始四处搜查,最终发现一个下水道的盖子下面直通地下管道。看到这一切的赫尔穆特冲着战友们大叫:“他们从这里把军医拖走了!”

对苏联的情报官员来说,能不能从被俘的这些德国士兵身上获取只言片语的有用信息,同样也面临着很大的压力。关于这一点,我们可以从战时曾从事过这项工作的季娜伊达·皮特基娜身上来了解。乍一看皮特基娜,觉得她和苏联街角的普通老太太没什么区别,为了抵御寒风,浑身包裹得严严实实。但是,她直刺人心的眼神和干净利落的行事方式让她在战时声名鹊起。战争中,季娜伊达·皮特基娜被选入斯大林最为绝密的安全机关工作,这个机关的代号就是“SMERSH”。直到苏联解体之后,皮特基娜才敢把她战时所从事的工作告诉她最亲密的朋友。

“SMERSH”是惊悚作家钟爱的题材,而且它确实曾存在过。它成立于1943年4月14日,是国家的一个反情报机构。它成立的时候,距离苏联红军重取斯大林格勒刚刚过去三个月,取代了原先的内政部第三指挥所的特别事务部。据皮特基娜所称,它的职责是秘密从事反间谍活动，调查敌军机构，审讯由追捕队捕获的战俘。此外，“SMERSH”还通过诱骗战术来检验红军战士的忠诚。

当我们问到皮特基娜所负责的工作时，她说：“我的工作就是履行上级交付给我的所有任务。”我们又追问道：“但具体都有哪些工作内容呢？”她回答道：“上级所交付的一切内容。”过了一会儿，她的戒备心理稍微打开了一些，她表示，自己有一部分工作是在红军内部招募线人，以调查逃兵和叛徒。她还有一个任务，就是参与审讯由追捕队俘获的德国士兵。这项工作用她的话来说，就是“艰难、棘手、有趣”。

尽管如此，有一个问题是，“SMERSH”的工作人员在审讯被俘的德国士兵时，能确保对方所说的话就是真话吗？对此，皮特基娜说：“我们一般预先已经知道自己想获得哪方面的情报，‘SMERSH’和军事情报机构会从俘虏口中套出一部分信息，剩下的工作交由专家们来处理。”我们问道：“专家们又是如何来加工整理这些信息的？”她说：“如果俘虏们不开口，我们就设法让他们开口。”“你们如何让他们开口？给他们灌伏特加吗？”皮特基娜回答说：“我从来没有看到给俘虏灌伏特加的行为，最多就是打他一顿。如果一个敌人站在你的面前，对你想掌握的信息老是不吐一个字的话，你给他‘洗几次澡’之后，他就老实了，我们就是这样从他们口中获取信息的。”(此处的“洗澡”是一句黑话，是对鞭笞殴打的一种比喻。) 在采访中，我们又问皮特基娜：“你本人是如何让德国战俘开口的？”她的回答含糊其词而又颇为讽刺：“我不知道如何让他们开口，那些一言不发的人都会被‘温柔对待’，但是，也没有人真的想死。”

事实上，季娜伊达・皮特基娜不仅时常审讯那些被抓捕的德国人，同时，她还参与了这些人的处决过程。有一次，上级命令她“挑选”一名年轻的德军少校，针对此人的审讯已经完成。审讯室的外面已经挖好了一个坑,这个德国人被喝令跪在旁边。皮特基娜掏出手枪,手指没有丝毫的颤抖,她举枪对准此人的脖子,扣响了扳机。这个德国人应声倒在了坑里。皮特基娜回忆当时的心情说:“这对我来说是一个愉快的时刻,德国人没有向我们求饶,这激怒了我……但同时我还是感到很愉快,因为我完成了自己的任务,后来,我回到办公室喝了一杯。”

关于皮特基娜在枪杀德国军官时为什么如此冷血,我们想要多了解一些细节。据此,皮特基娜说:“我对我们的人民抱有愧疚之心,我们在撤退的过程中牺牲了很多战友,他们中的大多数都才十七八岁。我需要怜悯德国人吗?不会,这是我的真实想法……作为一名共产党员,德国人就在我的面前杀死了我的亲人,如果可以的话,我会毫不犹豫地砍下他的脑袋。我认为,杀他一个人还不够,问一问他自己,他杀了我们多少人?他没有考虑过这个问题吗?……”

皮特基娜又说:“为什么一个女人会拿枪打死男人?那是特殊的时期造成的,我现在不会再这样做了。只有发生战争,只有此前的惨状重演,我才会这样做……这些人被我们俘虏,像他们这样的人杀了我们多少同胞?我把他们处决,难道不应该吗?……此前,我甚至自告奋勇要去亲自执行抓捕任务,但没有被批准。上级不允许妇女执行这样的任务,但是我依然想去,我渴望着匍匐贴近敌人的巢穴,抓捕一名俘虏,亲自结果了他。”

斯大林无疑会对季娜伊达·皮特基娜这种毫不留情的态度赞赏有加,时间重回1942年秋,他当时也号召保卫斯大林格勒的将士们要冷酷无情、血战到底。但是,光有无情的意志并不能赢得战争。在德军实施“蓝色行动”期间,苏联红军看起来已经掌握了灵活机动的撤退战术。如今,他们需要证明自己同样也能实施有效的进攻。在战争中,红军的行动第一次表明,他们知道如何打一场现代的机械化战争,此外,他们除了大无畏的勇气之外,对战术也有了更深的理解。

这种转变最初发生在1942年初秋的莫斯科。当时,斯大林正在通电话,朱可夫和瓦西里耶夫斯基(他在1942年的保卫战中任副政委)正在旁边讨论南部战场的替代性战略方案。与朱可夫关系密切的一位同事马哈茂德·加里夫说:"朱可夫和瓦西里耶夫斯基在交谈,此时,朱可夫表示,'我们需要制订一个新的方案'。斯大林立刻停止了电话中的交谈,加入了他们的谈话,他问朱可夫,'你的新方案是什么?'于是,朱可夫和瓦西里耶夫斯基对他进行了详细阐述。斯大林说,'我给你一个星期的时间来研究局势,但是不要让最高统帅部其他任何人参与进来'。"

这场交谈促成了"天王星行动",它也是苏联在战争中所取得的第一个重大胜利。"天王星行动"的计划十分大胆:从侧翼攻击德军,包围整个第6军。"天王星行动"的理念与实施都表明,红军已经改变在哈尔科夫战斗时期的落后战法。马哈茂德·加里夫说:"红军从德国人那里学习经验,而且,不仅仅从德国人那里学习,也从自己的失败中吸取教训。"天王星计划是从德军在1941年开展的大规模包抄中所获取的灵感,此外,在20世纪30年代初期,红军的将领们曾创造性地提出过"机械化纵深作战"的构想,在当时并没有获得通过,而天王星计划也吸取了这一理论的精华。斯大林接受了朱可夫和瓦西里耶夫斯基的想法,在指挥中也体现出灵活机动性。而在此前,如果有人胆敢挑战他的权威,估计早就被处决了。

"天王星行动"不仅要打击强大的德国第6军,同时也把目标指向了侧翼的匈牙利、罗马尼亚和意大利军团。由于希特勒此前野心勃勃,命令军队兵分两路,妄图同时取得多个目标,此刻,德国被迫使用轴心国的部队,以此来填补战线的空当。

尽管斯大林此前的很多作战计划都被德军所料到,但"天王星行动”却有所不同。这场作战之所以出名，是因为苏联第一次采用了军事诱骗战术。伊万・戈洛科连科是当时参加“天王星行动”的苏联第5坦克军的一名军官，在作战一开始，连他和战友们都搞不清楚作战的真实意图。他说：“1942年10月20日，我们接到命令，收集木材供应莫斯科，帮助那里的人抵御寒冬。”戈洛科连科的分队把木材运到附近的一个火车站，这时他们才发现，这些木材根本不是要运往莫斯科，而仅仅是为了伪装火车车皮上的坦克。他说：“大约过了两三天，全部的三趟列车都已发车完毕。但是，没有人知道我们最终将去往何方。我们不知道目的地是哪，甚至连我们的旅长也不清楚，同样，沿途的火车站站长也一无所知。大约在10月24日，我们于夜间停在了斯大林格勒北部的卡穆尔卡火车站，这时，部队开始下车。随后，我们不开车灯，行驶五十五公里。我们几乎在伸手不见五指的黑夜中前行，车辆一辆紧挨着一辆，开得非常缓慢……我还记得，在路过一个十字路口的时候，有一群将领站在附近，我们的一名司机刹那间有些恍惚，失误打开了车灯。他听到了一声咒骂，接着一阵棍棒朝着车灯打过来，随即就是玻璃碎裂的声音。接着，大家就在惊声高喊：‘朱可夫！朱可夫！’我也认出了将领中的朱可夫。是朱可夫本人拿着拐杖打烂了车灯，他就站在那里，看着部队行进。他对诱骗战术的口风管理得特别严，他非常重视这一点，为了实现目标，他会不惜一切代价……对于违令者，他不留任何情面，也不会有任何的仁慈，我认为这一点在战争中是必要的。”

“天王星行动”的隐蔽和欺骗做得非常好，敌军丝毫没有掌握部队的动向，但是，它要做的还不仅仅是这一点。同很多分队一样，戈洛科连科的分队也奉命开始挖战壕，构建户外的防御工事，以此来给德军的侦察机造成这样一种错觉：苏军还没有想好要发动进攻。同时，他们故意让德军飞机看到有很多桥梁，它们距离既定的作战地带有十几公里远。戈洛科连科说:“这些桥梁都是假的,部队离真正发动进攻的方向也被故意造成相隔很远的假象。搭建这些桥梁是为了分散德军的注意力。”为了先头部队的冲锋,需要在水上搭建真正桥梁的时候,苏军也注意做好伪装。戈洛科连科说:“有一些桥梁是在水下搭设,它们和水面大概有五十到七十厘米的距离。敌军的空中侦察机很难发现这些桥梁的存在。”

在等待冲锋命令的时候,戈洛科连科所在的分队还练习了步兵与坦克协同作战,这种训练他们在此前从未接触过。他们还接受了另外一项训练——克服最打怵的“坦克恐惧症”。他说:“训练内容是,我们蹲在战壕里,坦克从我们的头顶开过。我们需要保持镇定,在战壕中丝毫不乱。其实,大家对坦克还是挺恐惧的,坦克一来,步兵们都吓跑了。此外,我还记得,大家对‘包围’这个词也很敏感,只要有人一喊‘我们要被包围了’,就立刻会引起恐慌。”

现在,苏联红军也在准备一场闪电战式的进攻,而这些正是从1941年遭德军闪电攻击中所学。戈洛科连科说:“此前,坦克分队主要用来支援步兵作战,而在新理念下,情况则有了很大的不同。在前线的狭长地带,在攻破防御后,就可以派出两支坦克分队登场。坦克分队的目标是绕过敌军重点防守的地带,朝着纵深开进,占领那些诸如桥梁、城市塔楼等真正重要的战略点。而步兵则跟随在坦克后面,替坦克清理留下的残局——这完全是一种崭新的理念。”

战争中,红军还有一个强大的动力基础是,苏联在军事硬件的生产上超过了德军。德军所控制的工厂只能源源不断地加大生产,以满足需要。1942年之前,苏联工厂中的工人约有一半都是妇女,她们的劳动条件十分简陋,即便如此,苏联的产量还是完胜德国。举例来说,在1942年,苏联制造了二万五千架飞机,比德国的产量多了一万架。此外，大多数这些军工产品的性能都不输于德国，有的甚至还强于德国。

在“天王星行动”打响之前，苏军秘密地集结了一百万战士。他们的行动甚至骗过了蔡茨勒，此人如今已是希特勒新任的总参谋长。10月23日，就在距离“天王星行动”正式打响不到四个星期的时候，蔡茨勒还断言：“红军没有发动大规模进攻的计划，无法拿下远距离目标。”[3]

11月19日是“天王星行动”正式打响的日子，当天早晨六点，伊万·戈洛科连科的分队在旅部的横幅标语前跪地誓师，此时，他们听到了来自斯大林的一番动员讲话：“亲爱的将士们，你们都是我的兄弟，我向你们发表动员讲话。今天，你们就要开始一场进攻，你们的行动决定着国家的命运，决定着我们究竟是沦陷亡国还是屹立不倒。”戈洛科连科说：“这些话语字字敲打着我的内心，誓师大会结束时，我差一点落泪。我感到非常振奋，愈发地斗志昂扬。”

我们不知道还有多少人像伊万·戈洛科连科那样，被斯大林的话语感染得热血沸腾。比较难以回答的一个问题是：对苏联将士们来说，如果他们不爱国，不爱戴斯大林，或是不信仰共产主义的话，他们是否还能够这样英勇无畏地抗击德军。答案可能很难用简单的“是”或“否”来回答，因为这里面掺杂了很多的因素，不同的人会有不同的动机，即使是同一个人，在不同的时期也可能有不同的动机。但当我们如今回顾这段历史的时候，我们可能都低估了斯大林对苏联大部分民众的重要性。我们知道斯大林制造过的恐怖，这让我们很容易忽略这样一个事实：在战争中，斯大林是关乎成败的一个关键节点。如今，像阿纳托利·梅利什科这样的老兵对他的评价比较有代表性。梅利什科说：“如今人们传说，斯大林曾杀了好几百万苏联人，我们并不知道还有这种情况。我只知道，在战场上我们高喊的口号都是‘为了祖国！为了斯大林！’如今，我们都没有了理想。此前还有各种各样的口号，比如‘一切为了前线！’‘一切为了胜利！’，这些口号将人们紧紧地团结在一起，而这些现在都没有了。当时，很多妇女、儿童都在工厂热火朝天地工作，这并不是狂热，而是坚定的信仰。”

11月19日上午七点三十分，“天王星行动”正式打响，刹那间，炮火齐鸣。和此前的密集训练及伪装诱骗一样，作战从德军那里吸取了经验，采取了全新的打法。戈洛科连科说：“此前，在发动攻势前，会先用大炮轰炸十到十五分钟，如今，我们拥有了更为壮观的大炮集群，约五百门大炮同时开火，火力基本上全部聚焦前线的一条狭长地带。”

戈洛科连科乘坐着卡车和战友们奔赴前线，他说：“当大炮开火的时候，天开始下雪，能见度变得愈发糟糕。晚些时候，我们接到命令，继续朝前推进。刚一抵近敌军的防御前线，我们就遭受了密集的火力攻击。我们的一辆坦克爆炸了，随后又爆炸了一辆，接下来又有一辆起火了。突然，我们这辆卡车的水箱也被打爆了，战友们赶紧下车，跟在坦克身后奔跑。在前进了三百米左右后，坦克停了下来，步兵们躺倒在地上……我当时真的非常害怕，这就像我此前在列宁格勒等地参加过的战斗一样，我们一发起进攻，战况就立刻急转直下，我害怕的是我们从没有打过一场漂亮的战斗，每当局势一恶化，我们就吃败仗，我总是对此感到非常绝望。”

好在真实的情况是，戈洛科连科所在的分队只是有些不走运而已——他们所遭遇的那股敌军并没有被此前的炮火打伤元气。而反观其他的分队，他们取得了很好的战果，随后，戈洛科连科的分队也冒雪突进，从白天打到黑夜，和其他分队一起占领了德军控制的地带。战斗中，罗马尼亚军团奉德军之命守住侧翼，他们的表现不堪一击，从此沦为大家的笑柄。戈洛科连科说：“我无意伤害罗马尼亚人的情感，但是，他们的准备比德军还仓促。德军好歹还训练有素、英勇无畏，而罗马尼亚人连一个具体的目标都没有，他们到底为什么而战？其实，在作战中我们也遭到了敌军的顽抗，但与此前相比要轻松多了。他们似乎没有做好任何的防御准备。”

“天王星行动”的主要火力在顿河的西边，距离保卢斯的总部约一百五十公里，位于斯大林格勒以北。即使德军能够对战斗做出迅速反应，但短时间内，他们依然无法调动装甲力量来对抗苏军的进攻。而真实情况是，德军甚至还无法做出迅速反应，面对有可能要被苏军包围的威胁，保卢斯此刻优柔寡断，还想着要和希特勒商议。而此刻的希特勒暂时离开了位于东普鲁士的总部，如今正在巴伐利亚南部的贝格霍夫。德军此刻兵力不足，加上又在大雪中作战，同时要面临严寒和能见度不足的双重挑战，此前德军的突袭和轻装作战的优势在此刻尽失。

在这场传奇性的战斗中，菲利波夫中校和他的下属们径直把车开进了德军控制的卡拉奇镇，当时，他们熄掉了一切灯火，接着，在蹚过顿河的浮桥，接近市镇中心时，突然开火。这样的奇袭再次成为苏联红军有勇有谋的缩影。苏联红军沉重打击了德军和轴心国部队，靠的不是人数，而是非凡的谋略。11月23日，各路红军在卡拉奇附近会师，完全包围了德国第6军。伊万·戈洛科连科说：“我们感到欢欣鼓舞，此刻，我们对打败敌人充满信心，这场战斗我永生难忘，它也是我们最为闪耀的时刻。我感觉自己好像长出了翅膀，此刻正飞翔在云端。在此之前，我是如此的灰心丧气，但此刻，我轻盈无比，打开翅膀就能在云中漫步。”

对德国第6军来说，尽管知道此刻已经被包围，但是，很多士兵依然不愿相信如今他们已经处于危险之中。此前他们认为，苏联红军不过是一帮乌合之众，装备落后，训练不足。更为重要的是，他们认为希特勒也不会允许这种情况发生，不会让他们一败涂地。就在不久前，他们还因为巴巴罗萨计划的初步胜利而变得自信心爆棚，他们的喜悦之情还没有散尽。在包围战中被俘的德国军官伯恩哈德·贝希勒说："斯大林格勒被包围了，但即便在那时，我还是相信元首不会放弃我们，他不会牺牲第6军，他会帮助第6军突围。"在战争中幸存的一些德国老兵表示，他们很多人一开始对希特勒依然充满信念。格哈德·明希说："大家都认为，这种包围持续不了多久，最多只能持续几天而已，我们认为这一切都只是暂时的。"

了解情况之后，希特勒命令保卢斯镇守原地，不要做任何突围的尝试。戈林此刻急于献媚，他夸下海口，承诺自己的空军部队可以架设一道"空中桥梁"来支援第6军。他的说法此前曾有一个先例，时间是1942年初，地点在德米扬斯克。当时，德军也有部队被苏联红军围困，而德国飞机则通过空投的方式成功地对军队进行了补给。但是，德米扬斯克的作战规模和此刻的第6军不可同日而语。与此同时，陆军元帅冯·曼施泰因奉命从西南边作战，希望以此从苏军包围圈中打开缺口，缓解保卢斯的压力。这场以"冬季风暴"为代号的战斗，冒着大雪与冰雹，于1942年12月12日打响。

当第6军的将士们得知营救行动之后，他们都更加坚定了对希特勒的信念。伯恩哈德·贝希勒说："据传言，曼施泰因的救援部队正在步步逼近，大家老是重复着这样的故事，以至于有些人仿佛都产生了幻听。他们说，'我今天已经听到救援部队的枪炮轰鸣了，曼施泰因就快要到了！'突然之间，这些传言就变得沸沸扬扬，尽管它们并不是真的，但出于对未来的恐惧，大家还是宁愿活在幻想之中。"

苏军在斯大林格勒周围部署了六十个师的兵力，所以，曼施泰因根本无力回天。12月19日，第57装甲师抵达距离斯大林格勒五十公里处的米绍夫河，这已是救援部队所能达到的最近距离了。圣诞平安夜，曼施泰因自己的部队差点被苏军包围，于是匆匆撤退。

随着1942年即将过完，戈林此前承诺的“空中桥梁”并没有完全搭建起来，它只能向被困军队投送很小一部分的补给。有时，因为风向改变或是目标方位没有辨识清楚，这些德国飞机还把物资投送到了苏军控制的地带。日复一日，第6军所面临的情况越来越恶化，此前他们坚信希特勒有足够的力量拯救他们，如今，他们的信念开始动摇了。

伯恩哈德·贝希勒说：“如果你没有亲身经历过的话，你就不知道当时的情形有多么残酷。我蜷缩在地上，把手插进衣领里取暖，我的手上都是虱子，这些虱子还传播伤寒病菌……我们没有吃的，周围有一些冻僵的马，我们找了一把斧子，劈了一些马肉，把它放在罐子里煮一煮，好歹果腹。我们就呆呆地躺着，几乎就要被冻死了，那种情形实在太可怕了……你可以想象一下那种场景：一片干草原，所有的东西都冻结了，温度在零下二三十摄氏度以下，白茫茫一片大雪。我们就躺在积雪下的掩体里……有的士兵躺在积雪上，几乎就被埋住了，由于饥寒，意识也不够清醒，就直接被开过的坦克碾死了。我也下意识地喃喃自语，‘此刻，就让祖国的人民看到这里的我们，就让他们看到我们的士兵正在凄惨地死去！’随着思绪飞转，我也开始反问自己，‘作为一名德国军官，离家好几千英里，你在斯大林格勒干什么？你在这里做什么？你是在这里保卫德国吗？为什么？’”

曼施泰因的拯救行动失败之后，圣诞节和新年也次第来临，第6军的一些军官们感到了深深的绝望，他们想到了自杀。格哈德·明希说：“圣诞‘派对’结束之后，我去团部那里祝愿大家圣诞快乐。紧接着，我就得知，炮兵团的一些军官开枪自尽了……在新年前夜，我的连队指挥官们来到我的身边，他们说，‘既然一切都已结束，不如我们也开枪自尽吧？’我们讨论了一整夜，商量究竟该怎么做。最后的讨论结果是：只要我们的手下还有士兵，我们在道义上就没有自杀的权利。”

1943年1月，约阿希姆·施滕佩尔去看望了他的父亲——第371步兵师的总指挥，他的部队在斯大林格勒的另外一个地方。那次会面成为约阿希姆人生中的一次重要时刻，他说：“我开着一辆吉普车到了他的指挥中心，和他谈论了局势，关于这一点，他比我这个小小的军官肯定知道得更多。所以，我才知道情况真正糟糕到了什么程度。我的父亲非常现实地说，‘我们是在牺牲自己，拯救别人’。接着，门就被打开了，保卢斯走了进来。父亲向他汇报情况，突然又问道，‘我的儿子需要回避吗？’保卢斯说，‘不用，可能你的孩子也想留下来听一听’。接下来，他们就开始讨论局势。最后，保卢斯说了这样一句话：‘我荣耀的第6军此刻正经历着它本不应承受的苦难，对我们来说，在绝境时刻，我们需要力量，也需要把这种力量传递给战士们。作为一名将领，你知道自己的终极使命是什么。我的将士们和我将会在这低矮的营房坚守岗位，直到对方将我们吞没，将我们连同这营房炸成尘土。’说完话，他同我们父子逐一握手，然后就离开了。”

保卢斯离开后，约阿希姆·施滕佩尔和他的父亲仔细揣摩刚才所听到的那番话。约阿希姆说：“它的意思听起来已经很清晰了，我的父亲也说，‘将军们是不能被俘的，这是不可能的，保卢斯也说到了这一点。但是，你可以试一试，你还年轻，你试着看看能不能逃出去。最后，我会选择饮弹自尽，在我的属下尝试突围的时候，我不想成为他们的负担。我已经五十岁了，我不能成为他们的负担。所以，我会把这里的情况料理好，我会坚守到最后一刻，直到对方打到我的营房外，来到你现在所站立的这个房间。我会像一艘沉船的船长一样，和它一同沉入海底。船长不能上救生艇，船长要和舰船同在。我的战士们为了祖国死在这里，再也无法回望自己的家园，我也无法再看到自己的家，我就在这里，和死去的属下们同在’。”

这是约阿希姆·施滕佩尔的父亲和他的最后一次谈话。他说：“父亲尽心地抚养我、训练我，我对此十分感恩。他助我完成学业，给了我温暖的家庭，对我关爱有加，支持我选择的事业。我祝愿父亲一切安好。分别时，我向父亲敬了一个军礼，父亲说，‘我们会很快相逢，在那里，所有勇敢的将士们都会再次相见，好好照顾自己，我的孩子’。我再次向他敬礼，走了出去。”

1943年1月10日，苏联红军发动了“指环行动”，对第6军的包围愈发收紧。到了1月26日，一些先锋部队已经和崔可夫的第62军在伏尔加河会师。1月即将结束，德军的反抗也即将到头。伯恩哈德·贝希勒说：“有一天，三名红军士兵靠近了我们藏身的小洞，我和我的副官——一名年轻的中尉——守在那里，此处离团指挥所只有几米之遥。突然，这些士兵朝我们走过来。我们的大脑飞速地转了一下，估计这下就要彻底结束了。他们要么会开枪打死我们，要么会囚禁我们，我们该怎么办？就在那时，我的副官从上衣口袋里拿出了一张照片，我一看，照片上是他非常年轻的妻子和两个非常年幼的孩子。他凝视着照片，随后把它撕了个粉碎。突然，他掏出了手枪，朝着自己的头部开了一枪，倒地死了。这种情形我此前也见过，但是你无法想象，突然有一个人在你身边倒地死亡是怎样的一种心情。接下来，一名红军士兵走向了我，他举起手枪对准了我的胸口，但是，他并没有扣动扳机。在那一刻，当我意识到他没有想打死我的时候，我的第二次生命开始了。”

至于格哈德·明希，他在不久前还告诫他的初级军官们不要自杀，只要战士们还需要他们，就要和战士们同在。如今，随着德军防御的崩溃，他从第51兵团总部的一位上校那里领受了出人意料的命令。上校告诉他：“你今天要飞离这里。”明希作为“特别信使”之一，奉命将文件带离斯大林格勒。在临时准备的机场，当明希登上飞机的时候，绝望的士兵们蜂拥了过来。明希说："此时，苏军的大炮开始朝我们轰炸，飞机开始起飞，没有挤进飞机的一些战士紧紧地抓着飞机的底部不松手。飞行员操纵飞机左右摇晃，把他们甩了下去。那种场景简直难以描述，你无法回避，就这样眼睁睁地看着他们，他们是那样地渴望逃出去。"

明希临行前并没有把计划告诉那些身陷囹圄的战友们，上级甚至不允许他打电话告诉战友们他即将离开的消息。明希说："我的内心为此挣扎了很久，我此前在接受训练和教育时，知道需要恪守原则，在任何时候都应该与战友们同在。这种情况对我来说太艰难了，我对此好几年都心结难平……战士们都很信任我，而且，战友之间最重要的就是相互信任。但是，在最后的关头，我背弃了战友。"

此时，第6军的厄运已经不可扭转，即使是希特勒也无力回天。于是，希特勒临时晋升保卢斯为陆军元帅。依据德国的惯例，陆军元帅是不能当俘虏的。这一举动传递的消息也十分明确：他希望保卢斯能够自杀。

1月30日，苏军封锁了保卢斯位于革命英雄广场乌内福尔马格百货公司的总部，此时，保卢斯的一位名叫格哈德·欣登朗的下属在电台里听到了一则消息，消息的内容就是保卢斯获升军衔一事。欣登朗奉命将这则消息报告给保卢斯，此外，还有一份情报也要呈递给他——苏军准备彻底击垮德军的最后一丝反抗。欣登朗说："我走到保卢斯的处所，向他报告说，刚才在电台里听到了他被晋升为陆军元帅的消息。但是，我同时还要说的是，我希望他能够投降，因为苏军已经把作为指挥所的百货公司团团围住，再负隅顽抗已经是毫无意义的事情。向他说完这些话后，保卢斯对我说，'欣登朗，我是德国陆军最为年轻的元帅，我只能做战俘了'。听了他的这番话，我有些惊讶，甚至可以说有些震惊。他看着我吃惊的表情，然后说道，‘你对自杀怎么看？’我说，‘元帅，我的手下掌管着战士，不到最后一刻，我不会自杀。如果确有必要，我会去做战俘，但是你……’保卢斯说，‘欣登朗，我是一名基督徒，我拒绝自杀’。”

第二天，保卢斯被苏联红军生擒。1943年2月1日，希特勒召集了形势分析会议，从留存下来的会议纪要看，希特勒又是震怒，又是疑惑。在会上，希特勒说：“让我最受打击的是，我们众多的将士们宁死不屈，显示出高尚的英雄主义，而这些都被这么一个平庸的软骨头给毁了……什么是‘生’？在非常情况下，个人必须‘死’。祖国大义高于个人生命。但是，我们怎会有如此贪生怕死之辈，置责任与荣誉而不顾！”在会议后期，希特勒又重复了自己的观点，他说：“我个人为此备受打击，我竟然还晋升他为陆军元帅……这是我在战争中提拔的最后一位陆军元帅。尘埃未定之前，一切都是变数……我只是对他的行为难以理解……此时，我们本来应该为他流下悲伤的泪水，他本该在我们的国家永垂不朽，但是，他竟然选择投向莫斯科的怀抱。他在此时怎么还想着要给自己留后路？这太疯狂了。”会议的内容显示，希特勒极度地震惊，与斯大林格勒一战的失利相比，他对保卢斯的行为显然更加地不能接受。[4]

此前所提到的贡特尔·冯·贝洛与保卢斯一同被俘，在他看来，保卢斯之所以不选择自杀，原因其实非常简单。冯·贝洛说：“保卢斯曾经表示，‘作为一个人，作为一名基督徒，我没有权利取走自己的生命’。与保卢斯一样，我的想法也是如此……这并不是一种懦夫的行为。选择和自己的战士们一同被俘，这同样也是我的职责。如果我选择自尽，那才是懦夫的行为，这是我的观点。”

但是，在约阿希姆·施滕佩尔看来，保卢斯没有选择自杀，而是和自己的战士们一同被俘，这是不能接受的一件事。约阿希姆说："这简直是开玩笑，因为被俘后没多久，保卢斯就离开了自己的下属，他乘坐上了一列温暖如春的快速火车，床上和桌子上都铺着雪白的亚麻布，火车载着他驶向莫斯科的高级收留营。"保卢斯并没有和战士们同在，他实际上背弃了大家。苏联秘密档案中的一本影集有照片显示，这位陆军元帅被俘后，受到了相对优渥的待遇。关押他的地方如果谈不上奢侈的话，那也比他的战士们的牢房要好上百倍。(在斯大林格勒一战中，有超过九万德军士兵被俘，在这些俘虏当中，95%的准尉军官和普通士兵最后都死了，同时死去的还有55%的初级军官，但在高级军官中，死去的仅有5%。[5])

在听到保卢斯选择被俘的消息时，约阿希姆说："我感到非常地失望，我此前对一切事情都信以为真。我不知道，一名高级军官的价值究竟体现在什么地方？"就施滕佩尔而言，他曾见证过保卢斯和他父亲的谈话，当时，保卢斯在谈话中所传递的信息是那样的明确——他在劝说他的高级军官们自杀。约阿希姆说："如果我的父亲当时不是那么确信的话，他本也可以猜想，如果作为总指挥，保卢斯都可以选择偷生，选择被苏军俘虏，那么我只是一个师的领导，我为什么不能也这样做？"

在保卢斯被苏联红军俘虏的时候，在斯大林格勒的某个地方，瓦伦蒂娜·科鲁托娃和她的兄弟姐妹们正蜷缩在床上，当时，她们的身体已经极度虚弱，再没有力气去寻找食物了。科鲁托娃说："我的兄弟躺在床的一侧，而我则躺在另一侧，我的妹妹则躺在我们中间。我们脑海中的唯一念头就是：到哪能找点吃的。我们实在是太饿了。如今，我都无法想象，当时我是怎么挺过来的……我们就这样静静地在床上躺着，相互拥抱着，一天又一天。突然有一天，我们听到有人在敲房门。随后我们就听到了一阵俄语。一个听起来是士兵的声音说：'你为什么敲门？

别敲了，也许屋里有德国人，他们会用手榴弹炸死我们的。'但最终，另一个士兵还是打开了房门。一开始，士兵们并不确定房间里是什么情况，我们立刻尖声叫起来，'不要杀我们，我们是苏联人！'有一个士兵一下子冲到我们身边，大声叫喊着，'这里有几个孩子！'当士兵们都过来看到我们的时候，他们都难过地大哭起来。"

对苏联红军来说，斯大林格勒一战的胜利简直就是一场军事凯旋，它一改此前红军的颓势，成为提振军心的分水岭。苏伦·米尔佐扬说："我痛饮了几杯，斯大林格勒一战之后，我再也不会畏惧。"对阿纳托利·梅利什科来说，这场胜利给了他一种亦真亦幻的感觉，他说："我竟然在战争中活了下来，当我看到那些被包围的德国士兵时，我意识到他们在斯大林格勒再也杀不了我，我就知道自己一定能够活着看到胜利的那一刻，我对此充满信心，我确定自己能活下来。"

但是，在东线战场，斯大林格勒的战果并不是像有些人所说的那样充满决定性意义。在这一仗被打败后，德军并没有放弃，此外，由于第6军的持续抵抗，确保了A集团军安全地从卡尔梅克和高加索地区撤离，由此避免了另外一场围剿。但不管怎么说，斯大林格勒的战果依然具有重大的意义，从此之后，德军再也不敢觊觎伏尔加河。

这些惊心动魄的行动天天在前线上演，千里之外，纳粹对犹太人的罪恶——机械化灭绝也正在进行。

第八章

通往特雷布林卡之路

世人对奥斯维辛的画面想必都非常地熟悉，早年的一些新闻片都有这样的场景：一排一排的棚屋，死不瞑目的干瘪尸体。影片之所以反映奥斯维辛，是因为这里是一个集中营，同时也是一个灭绝中心。因为其双重身份，使得这里的幸存者比其他的灭绝中心要多得多。奥斯维辛尽管是梦魇般的存在，但是，它依然无法最大限度地体现纳粹的罪恶。除了奥斯维辛之外，纳粹炮制了很多人间地狱，它们是活生生的杀人工厂，这里只干一件事——屠戮。这些地方远离德国本土，用以满足纳粹的罪恶目的，在战争结束之前，纳粹将它们尽数销毁，以此来掩盖曾经犯下的罪行。在这当中，最典型的一个地方叫特雷布林卡。特雷布林卡灭绝营位于波兰乡间一处人迹罕至的地方，如果你现在要参观灭绝营遗址的话，你看到的只是一片森林，周围安静得只能听到鸟鸣。但是，就在你所站的地方，它显示了人性可以险恶阴暗到何等程度，附近还有一块纪念碑，上面写着这样几个字——“再也不要重演”。它应该再加上两个字——“牢记”。

塞缪尔·维伦贝格是一名犹太人，在一次犹太人的大围捕中，他在波兰南部的奥帕图夫被纳粹所抓。1942年，他被塞入火车运往特雷布林卡。眼下，他蜷缩在一节运输牲畜的车皮里，火车每到一站，他都能听到波兰孩子们的叫喊："犹太人！你们就要被做成肥皂了！"火车蜿蜒着在乡间穿越，塞缪尔听到了车皮中其他犹太人的低语。有人说："太糟糕了，我们要去的是特雷布林卡。"但是在此时，车皮里依然没有人相信，作为无辜的一群人，他们会在这个地方被灭绝。塞缪尔·维伦贝格说："我很难相信这一点，即使在火车里，我一开始也很难相信这一点。"

最终，火车抵达了特雷布林卡，车皮的门被打开，突然，周围有人用德语在叫喊："快一点！快一点！"穿着纳粹党卫军黑色制服的乌克兰人把这些人像牲口一样赶下站台，穿过一道门，将他们推进营区较低的部分。队伍进行了分组，男人在右边，女人在左边。一位戴着红袖章的年轻犹太人手里拿着一些带子，走到男性这一组，让他们把鞋脱掉，领带摘下来。塞缪尔看着这个年轻人有些面熟，于是问他："你是哪儿人？"那位年轻人回答了他，又反过来问他。塞缪尔回答说："我来自华沙奥帕图夫的琴斯托霍瓦。""琴斯托霍瓦？""是的。""你叫什么名字？""塞缪尔·维伦贝格。""你就说你是一个砖匠。"说完，这个年轻人就离开了。这次偶然的相遇和"说你是一个砖匠"这句话后来拯救了塞缪尔的性命。依照年轻人的建议，塞缪尔告诉看守，自己是一个砖匠，于是，他和其他少部分犹太人被分配去营区中帮忙，避免了被立刻处死的厄运。

1942年7月到1943年8月的十三个月时间里，大约有八十万人在特雷布林卡被处死（有人预计真实死亡的人数超过一百万）。执行这项工作的仅有五十名德国人，另有一百五十名乌克兰人和一千多名犹太人被迫给他们打下手。如今，站在这里，曾经的灭绝营仿佛已无迹可寻，但是，让你感到震惊的是这座灭绝营的面积——它只有四百到六百米见方。但转念一想，你就会明白，如果大量的人口被直接处死的话，也就不需要多大的空间了。想到这，你的内心肯定会猛地一颤。

灭绝营的布局十分简单。等待宰割的牺牲品被火车车皮运输到这里，从车站像牲畜一样被赶到营区中间的院子里。在这里，男人们要全部脱光衣服。院子的另外一边有一个简陋的棚屋，在那里，女人们脱光衣服，并被剪掉头发。塞缪尔说："就这一点来说，这些女人可能还有一丝生存的机会。如果她们被剪了头发，那意味着还能活一段时间，因为营区也需要基本的卫生。女人们当然不知道，德国人之所以剪去她们的头发，是要用头发来填充垫褥。我看到一个男子脱掉了鞋子，随后德国人喝令，'脱光！'他只好把衣服全部脱掉，此刻，他已没有了尊严，不再是自己的主宰。他用手遮掩着私处，他感到屈辱。也许，他的脑海一下子会闪现无数个问题，而此前他的正常生活中从来没有想过这些。他从来没有想过会赤身裸体，也许孩提时代他这样做过，也许朋友之间曾经裸裎相见。但是，就在眼前，所有的人都一丝不挂！而如你所知，德国人就利用了他们的这种心理。他们站在高处，大声叫喊着，'快一点！快一点！'在那种情形之下，一个人只想着尽快地跑开，不管是跑到哪里，跑开就好。"男人、女人、孩童被赶上一条通道，德国人把它叫作通往天堂之路。这条通道不足百米长，它直接通向毒气室，在那里，这些人将被集体灭绝。一旦被处死之后，这些人的尸体就被扔到毒气室旁边的小坑里。

从一趟火车抵达，到这些人的尸体被扔到坑里，整个过程不超过两个小时。对于大多数死难者来说，直到临死之前，他们可能都还没搞清楚：自己到底在哪儿？到底发生了什么事？德国人想尽一切办法来欺骗和愚弄他们。比如：特雷布林卡火车站就被装修得像一个真的火车站的样子，站里还有挂钟和时刻表。下车前，这些死难者被告知，这里是一个中转站，他们要在这里洗个澡。铁丝网围成的高大栅栏被缠上了树枝，以至于外面的人根本看不到里面发生了什么。

在一轮处决结束后，特雷布林卡又成了一个巨大的分拣中心。在灭绝营东边的一个大院里，一些诸如塞缪尔·维伦贝格这样的犹太人，就要帮助分拣出这些死人的贵重物品。塞缪尔说："这里看起来就像一个集市，打开的手提箱、摊开的床单，每一条床单上又放着不同的东西。裤子要从T恤中分拣出来，羊毛制品需要单独分拣出来，金饰从包里取出来……我们每个人都摊了一条床单，放置分拣物品，床单旁边，我们则放置照片、文件、证书。"塞缪尔的监工是一位党卫军看守，此人非常严酷，大家都叫他"木偶"(Doll)。他有一条名叫巴利的圣伯纳德犬，专门训练它撕扯人的肌肉，咬男人的生殖器，一听到"人咬狗"的指令，圣伯纳德犬就会采取行动。在这位看守看来，他说"人咬狗"时，"人"指的是巴利，而"狗"则指的是犯人。[1]塞缪尔就这样提心吊胆地在特雷布林卡工作，直至七个月后，他逃进了周围的森林中，在此之前，他每一天都有可能因为"木偶"的心血来潮而丧命。

过了五十多年，塞缪尔·维伦贝格依然对当时的场景难以理解。他说："人们从火车站的月台走下，仿佛到达的是一个疗养院。谁曾想到，就在这方小小的土地上，却炮制了全欧洲，乃至全世界最为惨绝人寰的谋杀。"塞缪尔的历史老师梅林教授曾和塞缪尔一同在特雷布林卡工作过，塞缪尔说："老师在死之前曾说过一句让我永远不会忘记的话。他说，'你知道吗，这也是历史的一部分'。我问他，'老师，你说什么？'我看着老师，感觉他已经疯了。"

到了晚上，塞缪尔和其他参与帮忙的犹太人则绞尽脑汁想要理出事情的头绪。他说："我们小声地讨论，互相发问，大家都想知道——为什么会发生这样的事情？是的，我们总在发问——为什么？为什么？我们犯了什么罪？为什么连孩子们也不放过？他们究竟做错了什么？我做错了什么？我们每一个人又做错了什么？关于这些问题，我们找不到答案。这些问题如今依然在我耳畔回响。德国人怎么会实施这样惨无人道的灭绝？不仅是在特雷布林卡，还有奥斯维辛、贝乌热茨、索比堡等一长串灭绝营。纵观历史，没有哪一场罪行能与其相提并论。此前，没有人曾想过男人、妇女、儿童会被这样大规模地屠戮，而刽子手的说辞仅仅是：'他们是犹太人'，'他们是吉卜赛人'，'他们是同性恋'，仅凭这样的几句话，仅仅是因为这些人的身份和他们不同，他们就如此肆意地开展屠杀。世间怎么会发生这样的事情？地球上怎么会存在特雷布林卡这样一个地方？"

也许，"没有什么原因"——这就是最好的解释。尽管如此，德国之所以最终决定开展如此大规模的屠杀，其实还是有一些背景条件的。本文的第一章阐述了在第一次世界大战后，反犹情绪是如何在德国抬头，一些极端的右翼政党又是如何煽风点火地谋害犹太人。但是，在希特勒本人成为德国总理之前，至少在他的公开演讲和文件中，他从未直言不讳地说要杀死犹太人。在20世纪30年代，他的公开立场一直是：剥夺犹太人的德国公民身份，将他们赶出德国。最终，很多犹太人被迫离开德国。几乎就在大举屠戮之前，纳粹对犹太人采取的依然还是这样的政策。

话虽如此，但德国为了保持血统的"纯净"而大举驱逐犹太人，深层次挖掘一下，这种理念当中已经包含了非常邪恶的思想。早在1933年3月21日，莱比锡的一家报纸就声称："如果一颗子弹打中了我们敬爱的领袖，那么德国的所有犹太人都要靠墙站好，我们会给他们来一场规模空前的扫射。"如同阿尔农·塔米尔告诉我们的，纳粹的反犹情绪可以简单地归结为一句话——“犹太人是罪恶的，他们时时有罪，事事有罪。”[2]

这种“归罪”的理念是纳粹看待犹太人的一个重要内容。纳粹非常鄙视精神疾病，但他们从来不将矛头对准自己人，而对于犹太人，他们则肆意地苛责：第一次世界大战战败要怪犹太人，布尔什维克思想的背后也是丑陋的犹太人。这种说法是不是正确，那根本不重要，问题是纳粹的确这样认为，毕竟德国确实在第一次世界大战中被打败，而且由此承受了苦果。进一步来说，纳粹之所以认为每一个犹太人都有罪，那是因为他们的宣传一直在扭曲地说，犹太人都是一路货色，他们只会彼此勾结，而不会忠于德国。如果一个犹太人犯了罪的话，那么所有的犹太人都犯了罪。

上述这些言论虽然仇视犹太人，但并没有促使纳粹一掌权后就开始对犹太人实施灭绝。在20世纪30年代的大部分时间里，很多犹太人在希特勒的统治之下照样过着相对平静的生活。在早年的暴力和1933年4月1日抵制未遂的活动之后，德国对犹太人的暴力程度稍稍减缓了一些。虽然种族隔离和歧视依然普遍存在，但是很多犹太人依然还能够容忍这些日常的欺凌。随后，在1938年11月9日，又爆发了“水晶之夜”。那一夜的可怕场景一直深深刻在鲁迪·班贝尔的脑海，当时十八岁的他打电话报警称，纳粹冲锋队砸烂了他的家，但后来他才知道，警察根本不会帮他，他们纵容了这场暴力。

“水晶之夜”是纳粹反犹主义演变中的一次重要事件，因为它再一次表明，犹太人会在一项“罪名”下受到集体责罚。犹太人枪击德国驻巴黎外交官一事并没有被看成一例个体犯罪，而是被视作集体行为，牵连了所有的犹太人。鲁迪·班贝尔想不通，为什么纳粹冲锋队要砸烂他的家，他不知道自己一家究竟做错了什么。但是，纳粹可不这样认为。在他们的头脑中，只要有一个犹太人犯了罪，所有的其他犹太人都是同伙。至于这些犹太人之间是否认识，或是罪行是否也被其他犹太人所唾弃，他们根本不管，在他们眼里，一个犹太人就是所有犹太人。

这也意味着，在纳粹德国，犹太人是一个非常弱势的群体。1939年1月30日，希特勒在一次演讲中这样说道："……如果欧洲内外的犹太国际金融家们再次把各国拖入一场世界大战的话，那么，结果并不是布尔什维克思想遍布全球，也不是犹太人全面胜利，而是欧洲犹太种族的灭绝。"乍一读这些话，感觉希特勒的态度已经十分清晰，他谈到了"欧洲犹太种族的灭绝"，还有比这更清楚不过的屠杀令吗？但实际上，情况并非完全如此。我们此前已经得知，在1940年，罗兹犹太人居住区的管理人员根本不知道有什么灭绝犹太人的计划，相反，这些犹太人居住区的定位更像是一个奴隶工厂。要想梳理1940年的纳粹思想，我们还可以从希姆莱的备忘录中寻得一个重要线索。备忘录的标题是"处理东部外族人口的几点想法"，备忘录中谈到了如何给波兰儿童提供最低限度的教育，如何诱拐那些看起来属于最优种族的波兰儿童，除此之外，希姆莱又补充道："虽然每例个案可能都很残忍或是充满悲剧色彩，但是，有人反对布尔什维克那种从身体上处决一个人的做法，认为这样做'不够德国'，有失德国风范，与此相比，我们的方案已经是最温和、最好的方案了。"这份备忘录完成于1940年春，希姆莱写了"从身体上处决一个人的做法'不够德国'"这样的话语，我们判定，他有可能是在撒谎。他可能已经知道希特勒制订了一个灭绝犹太人的秘密计划。但是，在这份注定递呈给希特勒的备忘录中，他为什么又要刻意掩饰呢？如果屠杀命令已定，希姆莱没有必要粉饰文字。(1943年10月在波兹南的一次演讲中，谈及"灭绝犹太人"时，他说道："面对我们的人民，我们有道义、有责任去毁灭那些妄图迫害我们的族群，我们之所以要灭菌，是因为我们不希望最终被细菌所感染，更不希望因此而死去。”[3])

因此，希特勒在1939年所做的那次演讲还不足以作为参考，他应该是到了1941年才有了灭绝犹太人的系统性计划。但是，我们对此也没有百分之百的把握，因为，我们毕竟无从考证希特勒的真实内心。也许，他掩盖了自己的企图，也许，他早就想实施灭绝计划，只不过因条件所限，只好另寻良机。另外，还有一种更大的可能性就是，希特勒一直反感和鄙视犹太人，他就是想除掉他们。至于采取何种形式“除掉”他们，纳粹也在依据情况的变化而不断调整方案。最初，公开的政策是驱逐犹太人。阿道夫·艾希曼于德国、奥地利“合并”之前，在维也纳开设了纳粹党卫军“犹太人出境管理办公室”，在犹太人获许离境之前，该机构趁机对他们的财富大肆盘剥。从某种意义上来说，这也是在朝着“灭绝”奥地利犹太人的道路上前进。

1940年，在法国被占领后，纳粹提出了将犹太人赶出欧洲的更为大规模的计划。乍一看，这个计划简直令人难以置信——他们要把犹太人赶到马达加斯加。在德国外交部工作的弗朗茨·拉德马赫曾于1940年7月3日完成了一份备忘录。在备忘录中他这样写道：“作战胜利已经近在眼前，这使得德国解决欧洲的犹太人问题成为可能，在我看来，这同样也是一种责任。理想的方案是，所有的犹太人都离开欧洲……签署和平条约时，法国必须要让出马达加斯加，以便解决犹太人问题。此外，法国必须重新安置居住在那里的两万五千名本国公民，对他们予以补偿。马达加斯加岛将移交给德国托管……全体犹太人负责出资购买该岛，他们此前在欧洲的资产将交由一家欧洲银行冻结，以备购岛之用。从目前来看，他们的资产不足以购岛，此外，为了发展该岛，需要开展必要的欧洲商品交易，因此，该银行同时还将对犹太人开展信贷业务。”[4]这份计划虽然看起来光怪陆离，但是，它却对纳粹的驱逐犹太人政策进行了理性思考。只不过，将犹太人赶到马达加斯加似乎是一个不小的计划，这是一个非洲岛屿，路程自然十分遥远，此外，为了居住在那里，犹太人还需要自己掏钱，纳粹这样做实在是巧取豪夺。对犹太人来说，马达加斯加并不是什么热带天堂。

最终，马达加斯加方案胎死腹中。要实施该方案，其先决条件是，通往非洲的海路对德国航运来说必须要非常安全。因为英国依然在作战，所以这一点无法得到保证。当然，在拉德马赫于1940年7月书写这份备忘录的时候，纳粹想当然地认为，英国会很快地退出战争。希特勒根本就不想同英国作战，他一直在准备讨论和平条约，通过和平条约，他想让英国和法国维希政权一样，成为纳粹帝国的一个卫星国。

1941年很快就要结束了，而野心勃勃的马达加斯加方案依然没有取得什么实质性的进展。纳粹重新将波兰人和犹太人驱逐到普通政府领地，但是，由于数量不足，无法解决格赖泽尔的问题。汉斯·弗朗克同时在抱怨，普通政府没有足够的资源来处置被驱逐者。1941年3月，交通运输又重新暂停了。纳粹这些在波兰的管理官员之间的纷争看起来永无休止。

此时，德国已经做好了入侵苏联的准备，而这一事件则触发了纳粹对犹太人政策的剧变。此时，别动队将被赋予更大的职能。

1941年7月2日的一项指令阐述了别动队的工作范围，指令内容如下："……第4项：处决。下列范畴人员将被处决——共产国际的所有官员（无疑，大多数这样的官员都是职业政治家）；共产党内、中央委员会、省内及地区委员会的中高级官员和'极端分子'；人民政委；为苏联和共产党服务的犹太人……在被德国新占领的地区，不得干扰任何以共产党和犹太人为目标的肃清行动，相反，需要对这些行动予以秘密鼓励。"[5]发布这项指令的是莱因哈德·海德里希，他此时是党卫军国家安全总局局长，同时也是希姆莱的亲密同事。海德里希仅仅公开号召“处决那些为苏联或共产党服务的犹太人”，但是，“肃清行动又需要被秘密鼓励”，这暗指肃清行动不分男女老幼一律处决。所以，这一指令本身就存在着自相矛盾的情况，除非“为苏联或共产党服务的犹太人”仅仅代表的是需要处决的一小部分群体。

让我们来看一下别动队是如何执行这些骇人听闻的任务的。A别动队由警察总长和纳粹党卫军旅队长瓦尔特·施塔勒克指挥。1941年6月23日，他们跟随在德国陆军身后潜入立陶宛，紧接着抵达立陶宛第二大城市考纳斯。在1940年，依据莫洛托夫和里宾特洛甫的秘密协议，立陶宛被迫并入苏联，考虑到这一情况，施塔勒克希望立陶宛在劝说之下能够自行起身对抗从前的敌人。在共产党执政立陶宛的主要时期内，纳粹再次大肆散播谣言，声称共产主义和犹太主义是一路货色。施塔勒克在一份报告中这样说道：“安全警察的任务就是要启动肃清行动，并且使之走上正轨，以确保在尽可能短的时间内取得既定目标。”[6]

就在德国人抵达考纳斯不久后的一天，十六岁的立陶宛少女维耶拉·西尔基奈特正路过市郊的一排仓库。这时，她看到有一群人围在一起，貌似是一群醉汉在打架。等她走近一些，她看到一个人躺在地上，已经快没了呼吸，有一个人站在他身上，手里还拿着一根木棒。原来，这并不是醉汉斗殴，而是被德国人从监狱里放出来的一些立陶宛人正在把手无寸铁的犹太人往死里打。西尔基奈特说：“我非常害怕，大脑一片空白，我无法描述自己的思想状态，直到现在，我的眼前还会浮现当时的场景。周围一些看热闹的人还给打人者助威，他们叫喊着：‘狠狠揍那些犹太人！’有个人甚至还把他年幼的孩子举过头顶，让他观看这一场景。我不敢相信，一个小孩也要看这样的血腥场面。如果他能理解这一幕的话，那么他长大后会成为什么样的人？对那些叫喊助威的人,你又能预计他们会做出怎样的举动?这些人摩拳擦掌,恨不得亲自上场殴打。”

一些德国人碰巧见证了这些杀人行为,留存下来的报告中记录了这一点。其中有一名军官这样写道:“人群中有很多妇女,她们把自己的孩子抱在椅子或是箱子上,以便他们能够看得更清楚。一开始,我还以为这是什么胜利庆典或是某种类型的运动项目,因为周围的助威声、拍手声和欢笑声此起彼伏。但是,当我询问发生什么情况时,有人告诉我,考纳斯的‘死亡交易’开场了……一个人静静地走上场,被别人手拿木棒以最残暴的方式活活打死……”[7]一名德国摄影师说道:“在带来的人全都被打死之后,一个年轻人把铁撬棍放到一边,拿出一架手风琴,站在堆积如山的尸体上演奏起了立陶宛的国歌。”[8]

这场杀戮没看几分钟,维耶拉·西尔基奈特就跑到附近的公墓去寻求慰藉。她说:“我感到耻辱,当我跑到公墓的时候,我坐了下来,心里默念着,‘伟大的主啊,我之前听说有砸人家玻璃或是类似的事情,我对此还能够相信,但是,如此野蛮地殴打这样无助的人……这简直太过分了’。”

从一开始,A别动队就比其他三路别动队要更加血腥凶残。我们之所以知道这些,是因为各路别动队自身的记录内容就证明了这一点。不同的别动队对任务的理解各有不同,但即使是A别动队在最初的几个星期内也没有戕害妇女和儿童。

莉娃·洛桑斯卡娅当时生活在一个名叫布特里莫尼斯的村庄,该地大致位于考纳斯和立陶宛首都维尔纽斯的中间。在德国人入侵的时候,洛桑斯卡娅刚刚二十一岁。战争开始之前,她和父母及两个姐妹在布特里莫尼斯度过了一段非常美好的时光。莉娃一家是犹太人,但在战争之前,这些并没有给她带来什么影响,居民之间相处融洽,并无事端。莉娃说:“当战争开始时,尽管我们听说了犹太人在波兰所遭受的苦难,我们依然不相信同样的事情会发生到我们身上。我们都是无辜的人,怎么会毫无缘由地被羁押和杀害呢?我的父亲经常说,如果没有审判一个人的话,就不能对他实施任何加害。”但是,随着德军的抵近,莉娃看见人们四处奔跑,嘴里大喊着:“我们必须逃离这里!”有谣言说,为了报复犹太人,德国人进行了肆意的屠杀,“街道上都堆满了犹太人的尸体”。莉娃全家简单收拾了一下,走了十公里,到了附近的一个村子,他们想在这里藏身。此时,他们依然认为,苏联的撤退是暂时的,德军最终会被赶出立陶宛。没过多久,却传来了令他们震惊的消息——苏联人不会再回来了。此时,作为一整个家庭,藏身另外一个村庄,最终也不是办法。莉娃说:“村子里的人连一块面包皮也不会给你。我们简直无地可去了。”在这种情况下,她们一家人决定返回布特里莫尼斯,在那里,他们开始了艰难的生活。

在德军占领此地的前几天里,村子里所有的年轻犹太人都被集中起来带走了。有人告诉剩下的犹太村民说,这些年轻人被送到了附近的阿利图斯镇,在那里,他们给德国人干活。莉娃的父亲也在这些被带走的人当中,几天之后,一些当地人来找她和她的母亲,声称有好消息要告诉她们。莉娃说:“这些人对我们十分‘友好’,我们从未感到被这样对待过,他们对我说,我们见过你的父亲,不要哭了。其中有一个人自称是维特科维西亚斯,他对我们说,‘我给你们捎来了一封你父亲的信,我给你们念一念,然后你们可以准备一个包裹,由我来带给他’。他看起来对我的父亲非常地友好。我跑到邻居那里,告诉大家,‘所有被带走的人都还活着,别哭了,我的父亲也还活着,现在,我还准备通过维特科维西亚斯给他捎去一些衣服和食物’。邻居们得知此事后都说,‘莉娃,你的朋友真是好人,我们能不能给他一些钱,让他帮我们也捎一些衣服、食物给我们的丈夫和父亲？’于是，我们各家都把包裹准备好，将其交给了维特科维西亚斯。其他街区也发生了同样的情况，有其他人收集大家准备好的各自的包裹。”但实际上，这是一个骗局，残酷无情，令人齿冷。其实，立陶宛警察已经奉德国人之命将这群人给杀了，他们在临死之前还被强迫写信给各自家人，让家人把金钱、衣服和食物捎过来。接着，一些当地人拿着警察交给他们的信，挨家挨户行骗，搜刮钱财。在他们谎称见过莉娃的父亲时，其实莉娃的父亲已经死了。

自从父亲被带走以后，莉娃和她的家人从来不敢在家里过夜。她们睡在土豆田里，或是寄居在邻居的家中，她们非常小心谨慎，无论在哪个地方，她们都只住一晚。尽管这样，她们也没有离家太远，而且到了白天，又都回到家中。时间到了1941年9月，此时有谣言在村里流传，有人说：纳粹对犹太人的政策要变了，德国下令要杀掉立陶宛的所有犹太人，包括妇女和小孩。莉娃说：“大家都传得有鼻子有眼，有一个妇女还说，‘我看到这些德国人都已经开始挖坑了’，但是我们有些人认为，挖坑也许是为了储存土豆，为了备战。那位妇女不停地说，‘他们明天就要过来枪毙我们了，大家都快逃命吧！’但是，我们依然在幻想，也许德国人并不会枪毙我们，也许，他们挖坑并没有什么特别的原因。现在想来，我们那时实在是太傻了。我们根本没料到，他们这么快就会过来要我们的命。大家还说，假日马上就要到了，就让我们放松几天吧。”

时间到了9月9日，这一天是宗教节日。布特里莫尼斯的很多犹太人都认为，在这一天，他们的自身安全应该不会有什么问题。但实际上，他们想错了。当天早晨，在当地一些激进分子的帮助下，立陶宛警察开始搜捕剩余的犹太妇女、儿童和老人。莉娃和母亲也被抓了起来，她们像牲口一样被赶着往村外走。她们的终点是两公里开外的地方，在那里，德国人已经沿着树木和草地，在路上挖好了一个两百米长的大坑。途中，这些犹太人步履蹒跚，他们又饿又累，很多人都止不住地颤抖。莉娃说："直到最后一刻，我都还抱着一丝残念。"在走到距离处决场地大约只有五百米的时候，莉娃看到大路旁边又延伸出来一条小道，直通茂密的森林。于是，她赶紧拉过母亲朝小路上走，偷偷地躲在了灌木丛后面。因为大家在此前的行进中都很顺从，一旁的看守此刻已经有些懒散，所以莉娃和母亲没有被发觉。没过几分钟，莉娃和母亲就听到了枪声，她说："狗也开始狂吠，也许它们是被枪声惊着了。母亲惊恐着说，'他们开枪了！'我连忙解释，'不是，不是，是狗在叫'，我之所以这样宽慰母亲，是怕她会发疯。"

就在同一天的这个时候，阿尔方萨斯·纳瓦辛斯卡斯和他的朋友柯西玛正经过附近的一片草地。他说："我看见一群人从布特里莫尼斯走出来，一些骑马的人位于队伍的最前方，随后是一些警察，再往后则是普通平民，他们当中，有一个是店老板，还有几个是办公室职员，手里拿着棍子和粗制滥造的枪，与他们同行的，还有一群犹太人。"纳瓦辛斯卡斯和朋友悄悄跟在队伍后面，这时，负责人命令犹太人躺到草地上。纳瓦辛斯卡斯说："随后，举枪的一群人就走了出来，有人发话：'所有人都起身！'我看到地上有一些被撕碎的银行支票，显然，这些犹太人并不想把这些钱留给刽子手。我等待了一会儿，又稍稍凑近了一些。我听到有人喝令：'选好你的位置！你！还有你！'一群犹太人被胁迫着在大坑旁边脱光衣服，在脱衣服的过程中，有些人把衣服扔给剩余人群中的熟人，以防止刽子手偷取他们的钱物。"在这些犹太人被枪决之前，其中有一个人高喊着："我不该遭遇如此！我本该穿着衣服在今晚起舞！"纳瓦辛斯卡斯还听到一名犹太妇女对一位当地人说："这是一件羊毛衫，拿去送给你的妻子吧。"这件衣服的扣子虽然蒙了布，但里面可是沙皇时代的金币，不过，获赠这件衣服的人在当时并不知情。

阿尔方萨斯·纳瓦辛斯卡斯看到接连有五组犹太人被射死在大坑里，看完以后，他就独自回家了，而他的朋友则留在那里收集被撕碎的支票。纳瓦辛斯卡斯说："在回家的途中，我不时地扭头看看，我很担心有人跟踪我，当时我的心里非常地害怕。没有人为犹太人说话，没有人哪怕说一个字，在旁观者看来，这些好像都是再正常不过的事情。"

除了纳瓦辛斯卡斯，当时见证了这场杀戮的还有一位村民，他叫尤扎斯·格拉玛乌斯卡斯，时年二十一岁。他说："妇女、儿童和老人都被射死在大坑里。孩子们惊慌失措地四处奔跑，嘴里大声喊着：'妈妈！爸爸！妈妈！'我还听到有人在呼唤女儿的声音。随后就走出来一个扛枪的胖子——砰！砰！枪声响起，哀号声、哭喊声响成一片，听了简直让人心碎。即使到如今，那些哭喊声还时时在我耳畔回响。直到现在，我都难以想象到底发生了什么。"

这次枪决是由立陶宛的士兵执行，他们是奉了德国人的命令。当时也有德国士兵在场，不过他们仅仅是旁观这场屠杀。屠杀一直持续到晚上，刽子手们还点起了火，看看大坑里还有没有什么动静。尤扎斯·格拉玛乌斯卡斯说："这一幕不断浮现在我眼前，这些畜生！"

纳粹的这些恐怖行径在第三特别行动队的报告中都有所记录。报告原文这样写道："1941年9月9日，布特里莫尼斯地区：犹太男性67人，犹太女性370人，犹太儿童303人，总计740人。"也有一些村民记得屠杀的时间是9月8日，而不是9月9日，据他们回忆，大约有900名犹太人被杀。在这场血腥的屠杀中，估计很难统计出死难者的准确人数。

纳粹为什么会做出这样的事情，大家感到很难理解。有人试图简而化之，认为这些刽子手都是"疯子"，但在事实证据面前，这种草率的结论很难自圆其说。别动队中有一名队员叫菲利克斯·兰道，他当时的日记得以留存。此人之前是个木工，于1931年加入纳粹，当时二十一岁。到了1938年，他成为维也纳盖世太保的一名成员。1941年6月，他向别动队报告了工作情况。他的日记有些特别，混杂了杀戮的恐怖行径和他对自己女朋友的柔情，在1941年7月3日，他这样写道："我不太倾向枪杀那些手无寸铁的人——即使他们全部是犹太人。我希望公平地对抗。晚安，亲爱的。"[9]两天后，他的日记中写到了那些遭处决的人的挣扎："其中有一个人还没有死，枪杀了第一组犹太人之后，尸体上被埋上了一层沙子，这时，一只手突然从沙子里伸了出来，在空中挥舞着，指向了一个地方，看起来指的是自己的心脏。于是，大家开始补枪扫射，有人大声喊：'快点打！'——事实上是那个垂死的人自己在喊。人是什么？"在日记的第二段，他写道："看起来，我们到现在才能吃上今天的第一顿热饭。此外，上级还给我们每人发了十马克以购买一些个人必需品，我买了一根鞭子，花了两马克。"[10]

在1941年7月12日，他写道："这真是一件很奇怪的事情，明明喜欢搏斗对抗，但总是要去射杀那些毫无防御的人。今天又有二十三人被枪杀……这些人被分成三批处决，因为我们没有足够的铲子。奇怪的是，我的内心毫无波澜。我并没有产生什么怜悯之情，我什么感觉也没有。事情原本就是这样，现在事情结束了。"[11]

菲利克斯·兰道的日记显示出了他本人毫无悔恨自责的内心，他是个自私又卑鄙的人，但我们并不能说他是疯子。

这本日记还有很多其他方面的研究价值，尤其是它能够代表那个缺乏后见之明的时刻。但是，我们缺乏相互印证的替代物，用以进行更为深层的研究。于是，我们想找寻一位曾在立陶宛执行过枪决的人。最终，我们找到了一位立陶宛的前士兵，他曾经和德国的别动队一起射杀过犹太人，最终因为此事发配西伯利亚二十年。此人名叫彼得拉斯·基里扬卡，1917年出生于一个农民家庭。他的家庭条件在当地尚可，拥有一个小小的农场和两头奶牛。在苏联占领立陶宛时期，他曾听谣言说："在国家安全部门，抓过去的人受尽犹太人的折磨。他们把螺丝钉放在人的头上，然后逐渐拧紧，他们就是这样来折磨教师和学者的。"随后，基里扬卡加入了立陶宛军队，参军动机用他自己的话说就是："我热爱立陶宛，我是一个真正的立陶宛人……我对军事感到着迷，我热爱军队。"

在德国占领初期，别动队杀的主要都是犹太男人，此时，彼得拉斯·基里扬卡在考纳斯第七要塞也第一次见证了屠杀犹太人的行动。作为一名警卫，他的主要职责就是在要塞巡逻。他看见了枪杀犹太男人的场景，一次枪决十五个，在他们旁边是提前挖好的坑，每杀完一批人，就在他们身上盖一层土，随后再重复同样的动作，直到最后，犹太男人基本上都被杀完了。他还回忆道："这些男人在被枪决前都没有什么反抗，就像一群羔羊一样。"

从1941年夏末开始，屠杀的范围拓展到了外围村庄，妇女和儿童也不能幸免。基里扬卡此时也成为处决行动的一名枪手。在被问到第一次执行枪决是什么时间的时候，他则回答说："当时我在哪？我来想想看，也许是在巴布泰？或者，也许是在约尼什基斯？或者是什么别的地方……反正我把他们带到了某个地方。首先，把他们从犹太人居住区中赶出来，然后把他们带到某个地方。"在战后的审判中，基里扬卡向苏联政府坦白：他参与了很多场大屠杀，参与的次数太多，以至于他都不记得自己第一次是在什么地方执行枪决的了。

他向我们描述了一天执行枪决的大致流程。依他所言，一大早吃过早饭后，他所在部队的士兵们就离开了营房，一开始，大家都不知道目的地是哪。有人只是给他们下一个简单的指令："伙计们，我们走吧!”接着,他们就坐上卡车出发了。他说:“车里的气氛不是很好,有时我在想,我此行将要枪杀一些无辜的人了。”(基里扬卡所说的“无辜”并不包括犹太人,连犹太妇女和儿童也排除在外。)

当卡车抵达了目的地之后,他们会将村子里的犹太人驱赶到预定的处决场地。德国人会搜刮走犹太人身上的“黄金制品”,比如珠宝、手表等,然后再命令他们躺倒。随后,点好一批数量,将他们带到大坑旁边,在这里他们将被枪决。基里扬卡所在的小组由一支德军分队提供协助,他说:“他们不在场的话,我们就没法执行枪决,机枪在他们手上,我们只是负责射击。”

在实施处决的过程中,枪手们可以喝酒。基里扬卡说:“喝了伏特加之后,大家都会变得更加果敢。当你喝了酒之后,你的感觉是不一样的。”有时候,在执行完枪决后,德国士兵会感谢这些立陶宛人的帮助。在战后的审判中,基里扬卡坦白:有一次在维基亚,他和战友们枪决了五百人。他说:“执行完枪决之后,我们在克拉克斯的一个饭店里吃午饭,大家喝了很多酒。”从他的话中可以得知,枪决的过程并没有影响他的胃口。

这些执行处决的枪手都是自愿报名的,并没有记录显示,如果他们拒绝执行的话就会被枪毙或是关禁闭。关于自愿参与这一点,基里扬卡如今并不愿意承认。我们对他说:“你本可以拒绝这样做的。”

他回答说:“你可以参与,也可以不参与,但事实上,整个过程也就是扣个扳机而已,情况就是如此,在当时这并不是什么大事。”

我们追问:“当时,你有没有想过要拒绝此事?”

他回答说:“这是个非常难以解释的问题。所有的内容不过是要么开枪,要么不开枪。我不知道怎么回答。我知道,有人这样做是为了泄愤……这些犹太人非常自私,我还能说什么……”

我们又询问了他射杀妇女和儿童的事情。“假设一下，有一个犹太人站在你的面前，不是男人，而是女人或是小孩，一个小孩不可能是什么共产党员，但你枪杀了他，他到底做错了什么？”

他回答道：“这是一个悲剧，一个沉重的悲剧，因为……我怎样才能解释得更清楚一点？也许这是出于冲动或是好奇。你只是扣响了扳机，机枪就开火了，然后这个小孩就死了。不是有个词叫年少无知吗？这个小孩可能命该如此，情况就是这样。”

我们还徒劳地想知道他在大屠杀中的内心起伏，于是问他：“你枪杀的第一个人是谁？你还记得他吗？”

他说：“不记得了，这个问题我没法回答你，他们都是犹太人，没有我的同胞，他们不过是犹太人。”

“但是，这个人是男人、女人还是孩子？”

“我该怎么回答呢？有可能是个男人，也有可能是个女人……事情过去了那么多年，我哪里还记得那么多细节呢？”

面对此人毫无负罪感的样子，我让翻译再“刺”他几句。他难道没有感到一丝的羞耻吗？

翻译把我的意思说给他听：“我的同事是个英国人，他的话翻译过来就是：‘英国人在观看纪录片的时候很难理解这样一个问题，为什么一个士兵会如此残忍地杀戮犹太人的同时却没有一丝负罪感？’”

他回答说：“那如果你们愿意的话，可以起诉我，我已经因为这事被判了二十年，简单干脆，我曾被判有罪，做了二十年的苦役。”

“但是，那是官方惩罚，你自己的内心是如何回应的？”

“我不知道，我也不想再回答这样的问题……对你，我不想再做任何解释。”

采访到此结束了。

采访彼得拉斯·基里扬卡是一次不太寻常的经历，很少有人像他这样犯下如此可怕的战争罪行却能公开承认，即使他已经为此做过二十年的劳役，也没有了被再度判刑的危险。我们采访的这个人当年曾和别动队一起从事屠杀活动，他既不感到荣耀，也不心生愧疚，他就坐在我们面前，平静地阐述着事实。

如果曾读过特别行动队杀戮行动的相关文件，那么大家一般都会认为，这些人都不是“人”，也许他们集体都得了精神病。但是，彼得拉斯·基里扬卡的每一句表述都非常平静和清晰，和正常人相比并没有什么区别。也许你在大街上遇到他的话，你会觉得他就是个普通人而已。但是，不了解他的话，谁曾想到他当初是那样地心狠手辣。如今，在我们脑海中，恐怖杀手的形象都是流俗媒体所渲染出来的变态杀人狂的样子，但是，真实情况却并不总是这样，看看彼得拉斯·基里扬卡就知道了。他杀人如麻，比那些所谓的变态杀人狂要恐怖得多，而当他坐在你面前的时候，看起来就是普通到极点的一位老者。

基里扬卡在立陶宛参与了很多起屠杀，但他否认去过布特里莫尼斯。如果他确实没有去过的话，那肯定就是和他类似的人杀了莉娃·洛桑斯卡娅的犹太邻居们，而莉娃本人则死里逃生。

在布特里莫尼斯的犹太人遭枪杀的几个星期后，莉娃对那些普通村民的行为感到越发地恶心，犹太人基本都死光了，他们不仅没有什么怜悯，反而从中大肆获利。莉娃还记得当时的场景：当犹太人被驱赶到刑场的时候，剩余的村民中有很多人竟然跑到这些犹太人的家中偷东西。她说：“有两位牧师的妻子竟然还因为分赃不均而打了起来。”此外，莉娃还得知，有一位当地的妇女在刑场上自告奋勇地去扒犹太人的衣服，随后她就将这些衣服全部据为己有了。莉娃说：“她甚至把这些人的裤子都扒光了，这些裤子对她来说可能比较贵重，她的孩子们就穿着这些衣服招摇过市,有时他们竟然还穿着拉比的衣服。”

在德国占领期间,莉娃和母亲一直生活在恐惧之中,她们生怕遭人告发。她说:“很多人都会去当局那里告密,汇报那些侥幸逃脱者的行踪下落,甚至是看起来好心的人也会这样做。有一个犹太人走进了一个苏联人家庭,希望能暂住一下。一开始,他们给了这个犹太人一些吃的,随后就喊来了警察,最终,这个犹太人还是没能逃脱被枪决的厄运。当时,几乎所有的人都这样做,因为他们想得到衣物和钱财,他们认为犹太人有很多黄金。”

多年来,莉娃·洛桑斯卡娅一直在和特雷布林卡的塞缪尔·维伦贝格一样思考着同一个问题——“为什么会这样?”莉娃说:“五十年过去了,我依然想不通,他们怎么可以做出那样残暴的事情。我尊崇智慧,我尊敬智者,但是,看见智者就这样被残杀……没有人知道,纳粹为什么要这样做。德国是一个有文化的国家,他们有很多的文化巨匠,比如歌德、席勒、海因里希·海涅等,我不明白,一个这样的国家为什么会做出这样的事。”对莉娃来说,尽管犹太人遭屠杀时,开枪执行的是立陶宛的士兵,但是,她依然对德国人持有更深的怨念。她说:“他们是我苦难生活的根源,虽然是立陶宛士兵开的枪,但是在德国人到来之前,他们并没有这样做过。”

德国占领立陶宛初期所进行的这些残忍屠杀,都被他们自己记录在所谓的《耶格尔报告》中。该报告显示:从1941年8月中旬开始,遭屠杀的犹太人人数激增,其中有很多人都是妇女和孩子。在同年8月15日之前,尚没有犹太儿童被杀的记载,但是自那以后,他们杀了数千名儿童(仅8月18日至22日,在克瑞斯拉塞尼艾一处就有1609名犹太儿童被杀)。[12]

这一现象代表了屠杀政策的变化,此前,也有很多生活在犹太人居住区的犹太妇女、儿童因饥饿或疾病而死，但这是不同的情况。如今，他们却已被明确地当作目标，遭到刽子手们残酷的屠杀。

纳粹之所以改变政策，原因有很多种，对他们来说，最为直接的一个原因就是出于“现实”的考量，具体内容就是：在犹太男人被杀掉之后，纳粹认为担负妇女、儿童这些“废物”的生活简直是一种浪费。在纳粹看来，他们不可能用自己的军费去给这些人提供补给。

同时，纳粹的这一行为还和意识形态的因素有关。在当年7月，希特勒宣布：希望德国人能在东方开辟出一方“伊甸园”。其中暗指的意思是：在纳粹所到之处，将不再有犹太人的容身之地。希特勒在7月单独进行了好几次一对一秘密会议，随后，希姆莱就下令开展更大规模屠杀，妇女和儿童也不能幸免。这种情况并非偶然，没有希特勒的授意，这种情况就不会发生。

这一事件是否直接促成了后来那骇人听闻的针对欧洲犹太人的“最终解决方案”，我们尚不好评判。不过，有一份文件倒是可以证明两者之间的关系。乍一看该文件，它还显得有些隐晦。

1941年7月31日，海德里希收到了戈林批示的一份文件，批示上写着：“为了完成好早在1939年1月24日交派给你的任务，以最恰当的方式进行驱逐，解决犹太人问题，对此，我希望你递交一份内容翔实的计划，以便‘最终解决方案’的实施。”这份文件的日期非常关键，由此我们可以看出：就在别动队在东方大肆杀戮犹太妇女和儿童的时候，戈林已经授权海德里希在德国控制的地区对所有的犹太人实施“最终解决方案”。

尽管如此，通过莫斯科秘密档案而研究出的一项成果却表明：7月31日正式授权开始“最终解决方案”的这一说法存在疑点。这份档案包含了海德里希在1941年3月26日所写的一张便条，其内容如下：“我简要向戈林汇报了犹太人问题，并且递呈了我的新的计划方案，他对罗森贝格的管辖一事提出了修改意见，随后命我重新递交。”[13]在这张便条中，海德里希提到了“新的计划方案”，当时的背景是：德国即将入侵苏联，纳粹的反犹政策由此需要调整，所以，这个“新的计划方案”极有可能是为了政策调整而做出的回应。此前，将犹太人驱逐到非洲的方案没有实施下去，1941年初，希特勒下令海德里希草拟一份计划，以对德国占领区的犹太人进行驱逐。因为与苏联的战争已经箭在弦上，而且德国预计战争会在苏联寒冬到来之前结束，所以，海德里希和希特勒可能会想到，在战争中也会实时出现犹太人问题，他们需要制订一个计划来解决这个问题。这种猜测是能够说得通的。在东方苏联的不毛之地，犹太人将饱受苦难。

7月31日的授权表明，海德里希在1939年初第一次领受了任务，他需要制订方案，“通过驱逐方式解决犹太人问题”，从那时起，他一定会持续和上级讨论行动的尺度问题。3月26日的便条中提到了罗森贝格，此人在1941年7月17日被希特勒正式任命为东部占领区的长官，他对海德里希在东部的权势构成了潜在威胁，而7月31日的授权表明了海德里希的地位。

此前，学界观点一边倒地认为：1941年夏，希特勒做出重大决定，下令戕害欧洲所有的犹太人，其中，7月31日对海德里希的授权是一个重要组成部分。但是，在权衡了我们掌握的一些新的信息之后，这种观点可能值得商榷。真正的情况有可能是：所有的纳粹高层都将注意力聚焦在对苏联的作战上，此时在东部残杀犹太妇女和儿童对纳粹来说只是解决具体问题的现实需要。

一开始，屠杀并没有涉及德国和西欧其他地方的犹太人，纳粹原先是想，一旦战争结束，就将这些犹太人“转运到东方”。以希特勒、希姆莱和海德里希的乐观主义预想，他们认为战争在1941年秋就能结束。至于“战争结束”后，这些犹太人被转运到东方后究竟会发生什么情况，就不清楚了，因为到那时为止，并没有什么灭绝营在等待接收他们。他们很有可能会被送到纳粹在苏联的占领区内最为荒僻的劳改营，尽管不会像在波兰的毒气室里那样被迅速地杀死，但是，他们在那里最终依然会遭到屠杀。

尽管如此，在那一年的8月，一些纳粹高层对该计划已经没有什么耐心。他们知道，在东部，苏联的犹太人正在以最残酷的方式被“处置”。于是，他们建议，为什么不把德国的犹太人也推入这场屠杀之中？纳粹的宣传部长兼柏林地方长官约瑟夫·戈培尔就是失去耐心的高层中的一员，他在那年夏天带头敦促将柏林的犹太人驱逐到东方。在8月15日的一次会议上，戈培尔的秘书利奥波德·古特勒指出：柏林的七万犹太人中，工作的只有一万九千人（其实这种情况也是纳粹造成的，他们对德国犹太人的就业设置了严格的限制）。至于剩余的犹太人，用古特勒自己的话说：“应该将他们赶到苏联，最好的办法就是处决他们。”[14] 8月19日，戈培尔本人拜会了希特勒，他也提出了类似的言论，希望立即驱逐柏林的犹太人。

戈培尔是一个狂热的纳粹分子，他念念不忘德国犹太人在第一次世界大战中的所作所为。当时，德国士兵在前线浴血奋战，而这些犹太人却在一些大城市的庇护所内大肆渔利。（当然，真实情况根本不是这样，德国犹太人在前线战场的死伤人数同样不少。）他认为：不应该对这些犹太人太过仁慈，但是直到如今，也就是1941年的夏天，纳粹国防军已经在东线开始了殊死战斗，而这些犹太人却依然还在柏林无所事事。（其实，这些根本不关犹太人的事，因为纳粹禁止犹太人参军。纳粹总是如此，他们总是先入为主，对犹太人充满偏见。）尽管戈培尔再三怂恿，但是，希特勒此时依然没有打算要驱逐柏林的犹太人。在他看来，眼下的战争是头等大事，犹太人问题可以稍微缓一缓。不过，希特勒还是批准了戈培尔的一些请求。在纳粹反犹情绪不断升级时，希特勒同意用黄色大卫星标记来标注德国的犹太人。在战争的最初几个月，在波兰犹太人居住区的犹太人就被以类似的方式做上了标记，而眼下，德国的犹太人也未能逃脱这种羞辱。

在当年的夏秋时节，戈培尔并不是唯一一个怂恿希特勒驱逐犹太人的纳粹高层，其中还有卡尔·考夫曼。此人是汉堡的地方长官，在英国9月15日轰炸汉堡后不久，他就决定致信希特勒，请求他授权驱逐汉堡的犹太人，以便腾出他们的房子，安置那些在轰炸中失去家园的非犹太市民。希特勒此时收到一些建议，希望他将各个地方的犹太人都赶到东方去。提建议的人中还包括阿尔弗雷德·罗森贝格，此人希望希特勒驱逐中欧的犹太人，以此来报复斯大林将伏尔加的日耳曼人赶到西伯利亚的秘密行动。几个星期之前，希特勒还声称不会驱逐德国的犹太人，如今在各种建议下，他突然改变了自己的观点。当年9月，他做出决定，将犹太人赶到东方。

尽管如此，我们并不能将这种政策的转变看作希特勒优柔寡断，屈从于下属的意志。他之所以这样做，除了下属的不断怂恿之外，同样也是出于对军事形势的考量。希特勒此前总是表示要在战争结束时对犹太人实施驱逐，到了1941年9月，希特勒认为战争不会持续多久了，在他看来，是在眼下驱逐犹太人，还是在“战争迅速结束”后驱逐他们，差别不是太大了，估计也就只有几个星期的不同而已。此时，基辅即将陷落，而莫斯科看起来也门户大开，苏联眼看着在今年冬天前就要被击溃，所以驱逐犹太人可以动手了。

当然，既然要驱逐犹太人，就涉及将他们驱逐到哪里的问题。希姆莱迅速想到了一个方案——可以将德国的犹太人赶到波兰的犹太人居住区中。9月18日，希姆莱致信波兰瓦尔特高地区的纳粹地方长官阿尔图尔·格赖泽尔，请他在罗兹犹太人居住区接收来自德国的六万名犹太人。

但是，由于人数过多，希姆莱的这一提议遭到了抗议，于是，接收的人数改成两万名犹太人，另加五千名吉卜赛人。但是，接收这么多人依然给阿尔图尔·格赖泽尔带来了很大困难。于是，他同该地的纳粹党卫军高级军官兼警察部队头目威廉·科佩商量，希望能想出一个方案，以解决犹太人居住区内待安置人口过多的问题。其实，自1941年夏开始，纳粹在东线就曾希望通过屠杀来解决此类问题，所以，这两个人也不约而同地想到了屠杀。于是，他们号令党卫军突击队大队长赫伯特·朗格上尉来执行这一任务，此人之前掌管着一个分队，职责是处决东普鲁士和周边地区的残疾人。在之前的处决过程中，他和队员们使用过一种“毒气车”，车的后厢是密封的，把待处决的人推进去之后，再投入罐装的一氧化碳，从而达到杀人的目的。如今，为了解决罗兹犹太人居住区犹太人人口激增的问题，这种毒气车被看作最合适的工具。

赫伯特·朗格手下有一个司机叫瓦尔特·博迈斯特，依据他的描述，在那年暮秋，朗格在瓦尔特高地区发现了一处合适的场所来放置他的“毒气车”。朗格对司机说：“从一开始我就要跟你说清楚，这件事情必须绝对地保密。我本人接到命令，负责在海乌姆诺成立一个特别指挥部。届时，会有波兹南的相关人员和罗兹的警察相继加入我们。我们需要完成一项艰难但十分重要的任务。”[15]在罗兹西北五十公里的地方，朗格和队员们准备了一处村舍，他们把它叫作“堡垒”，用以执行这项“艰难但十分重要的任务”。由此，从罗兹犹太人居住区中有选择性地屠杀犹太人的第一处场所并不是奥斯维辛，而是海乌姆诺。

但是，在1941年末的这段时期内，海乌姆诺并不是唯一在建的处决场所。11月1日，在波兰东部卢布林地区的贝乌热茨，另一个灭绝营也在建设当中。贝乌热茨灭绝营中的很多工作人员，包括第一任主管——党卫军突击队大队长克里斯蒂安·维尔特——在内，都是从“成人安乐死计划”的得力干将中遴选而来。贝乌热茨灭绝营位于普通政府辖区内的一处偏僻地方，建立该灭绝营的初衷和海乌姆诺一样，即处决当地“没有生产能力”的犹太人。但是，和海乌姆诺不同的是，它是第一个在成立之初就配置毒气室的灭绝营，毒气室连通着专门的设备，能够源源不断注入一氧化碳。

与此同时，德国的犹太人也在持续地遭到驱逐。在1941年10月至1942年2月之间，各地共有五万八千名犹太人被驱逐到东方，其中也包括罗兹犹太人居住区。他们每每被驱逐到一处，当地的纳粹当局都要想出一个方案来解决他们的安置问题，有时他们是依照柏林政府的命令来行事，有时是依据自己的想法。在汉堡，大约有七千名犹太人被驱逐到明斯克，在此处，他们被安置在犹太人居住区一角，这是单独为他们清理出来的空间，在他们到来之前，约有一万两千名生活在这里的苏联犹太人被枪杀。来自慕尼黑、柏林、法兰克福和德国其他一些城市的犹太人则被驱逐到立陶宛的考纳斯，在那里，他们当中约有五千人被纳粹的第三别动队所枪杀。在被驱逐到东方的人群中，他们是刚抵达就遭屠杀的第一批德国犹太人。11月30日，还有一批来自柏林的犹太人被驱逐到拉脱维亚的里加，这群人也是一抵达就遭到了屠杀的厄运。但是，这一举动违背了希姆莱的意愿，此前，他在打给海德里希的电话中这样说道：“不要处决来自柏林的犹太人。”因为此事，做出处决命令的党卫军军官弗里德里希·耶克林后来被希姆莱惩戒了。

从以上的事例中我们可以看出，1941年秋的这段时间内，在德国犹太人的处理政策方面，纳粹并没有多少延续性。比如：希姆莱抗议在里加射杀犹太人，但是他不反对在考纳斯的类似行动。尽管这些情况看起来让人有些费解，但是依然有大量证据可以表明，将德国犹太人驱逐到东方是纳粹政策的一个分水岭。在10月的一次午餐讲话中，希特勒说：“我们需要将犹太人赶走，没有人可以反对，如果要质疑的话，你们可曾关心过我们的人民？如果我们在处决犹太人时能产生震慑心理，那是一件好事。”[16]当年秋天，纳粹高层之间频频展开讨论，计划将所有的犹太人驱逐到德国所控制的东方地带。在法国，莱因哈德·海德里希对焚烧巴黎的犹太教堂的行为予以肯定，他说：“我已经批准了这类行动，这些人最终都该从欧洲消失。”[17]就在同一个月，也就是1941年11月，希特勒与飞到柏林的耶路撒冷的大穆夫提（伊斯兰教的宗教领袖）进行了一次会谈，希特勒在会谈中表示，自己希望所有的犹太人（包括不在德国控制范围内的犹太人）“都被摧毁”[18]。

在希特勒决定驱逐德国犹太人的过程中，有一系列诱因导致了他们最终遭处决的厄运。在苏联，纳粹已经开始了对当地犹太男人、妇女和儿童的枪杀。把众多的德国犹太人驱逐到特定区域后，希特勒对他们还会做些什么？从耶克林在里加的行动来看，屠杀当地的犹太人来为新到的德国犹太人提供安置空间，抑或是德国犹太人刚抵达就被处决——这两者之间的界限其实并不是很清晰。在波兰的加里西亚的普通政府，这种界限甚至被纳粹领导层处理得更加模糊。纳粹别动队屠杀加里西亚犹太人的行动一度持续了好几个星期，对当局来说，他们不会搞什么特殊，他们不会只在普通政府的某个地方枪杀犹太人，而在别的地方网开一面。

但是，这些情况并不意味着希特勒和纳粹其他高层在1941年秋天已经做了毫不动摇的决定，要将德国控制地区的所有犹太人全部处决。

在最初，只是没有足够的能力来实施这一罪行。1941年11月，唯一在建的处决设施就是海乌姆诺的“毒气车”装置和贝乌热茨的小型毒气室装置。大约在此后没多久，一家德国工厂还奉命在白俄罗斯的莫吉廖夫建设一个大型的、有三十二个毒气室的焚尸场，这个焚尸场也被某些人视为证据，认为纳粹有意在东方再造一个灭绝中心，虽然这一计划最终没有完成。但是，这些行动都足以表明，地方当局希望有足够的能力来处理犹太人。一方面，他们会处决当地的犹太人以此来为新到达的德国犹太人腾出安置空间；另一方面，他们也会处决控制区内没有工作能力的犹太人，因为这些人在他们看来是“无用的”。

其实，纵观一下世界局势，我们就可以澄清这些令人费解的事态。1941年12月7日，日本轰炸了珍珠港。12月11日，作为日本的盟国，德国向美国宣战。对希特勒来说，他可以把脏水泼给犹太人，他大肆宣扬是全球的犹太人精心策划了一场世界战争。在对美宣战后不久，他就立刻对德国人民发表了广播讲话，在讲话中，他赤裸裸地声称犹太人在操控美国的罗斯福总统，这些人和斯大林一样，都是他的敌人。

第二天，希特勒还对纳粹地方长官和国家级长官们发表了演讲，在演讲中，他的表述更加扭曲，他将“世界大战”的爆发与他在1939年1月30日国民议会上所做的预言联系起来。在那次国民议会上的预言中，他警告说：“如果犹太人真的引发了世界大战的话，那么结果将是欧洲犹太人的灭绝。”12月13日，宣传部长约瑟夫·戈培尔在日记中写道：“就犹太人问题而言，元首已经决定要实施一场大清洗。他对犹太人做出了预先警告——如果犹太人再次挑起一场世界战争的话，那么等待他们的将是遭处决的命运。这不是什么泛泛而谈，如今，世界战争已经爆发，犹太人难逃遭处决的后果。这个问题必须严肃处理，不能有丝毫怜悯。”

眼下，犹太人的命运已是黑云压境。12月16日，普通政府的长官汉斯·弗朗克对克拉科夫的纳粹高级官员也发表了一番演讲。他在演讲中说:“作为一名纳粹党老党员，我必须要说的是，如果我们在防御欧洲的战争中抛洒热血，而那些犹太人却逍遥偷生的话，那么只能说，这场战争没有取得完全的成功。因此，说到犹太人，我在此断言，他们会彻底消失……无论在哪，只要发现犹太人，我们就要将其处决。”[19]12月12日，希特勒曾分别与一些纳粹高层进行了简短谈话，弗朗克也是其中一位，因此他在演讲中又补充说，“在柏林”他已经领受了上级的示意，像他这样的人应该“自己展开对犹太人的处决行动”。

在20世纪90年代，希姆莱完整版的工作日记得以披露，这一发现也使我们能够更多了解希特勒在这一时期的内心情况。12月18日，希特勒单独会见了希姆莱，随后，希姆莱在日记中写道:“要把犹太人视为游击队员来消灭。”此处，他使用“游击队员”一词，是一种隐语，为的是处决工作能够在东方秘密进行。[20]

在此之前，现存的希特勒的所有文书中都没有什么蛛丝马迹，能够将他本人和直接下令开展“最终解决方案”联系起来，但是，这本日记的内容无疑证明：当年12月，他正在鼓励和指导一场针对犹太人的密集行动。真实的情况很有可能是：即使没有美国参战这一诱因，那些被希特勒驱逐到东方的德国犹太人最终还是难逃一死。12月5日，苏联红军在莫斯科的门户地带发起了反击，希特勒既感到受挫，又雷霆大怒，他可能早就想把这股无名之火发泄到犹太人身上。但是，此时发生的珍珠港事件给了希特勒一个更加直接的借口，他对此也无须再隐藏什么。此前纳粹高层中只是将犹太人驱逐到东方并关在集中营的所有伪装，现如今都统统卸下。无论以何种方式，犹太人所要面临的都是“灭绝”。

1942年1月20日，在柏林郊外万湖之畔的一处党卫军小楼里，纳粹召集了一次会议。这次会议在历史上臭名昭著，它是纳粹推进“最终解决方案”过程中的一次最重要的事件。会议上，莱因哈德·海德里希邀请了一些相关事务的政府官员来讨论犹太人问题。参会者此前在接收邀请函时，另外还收到了一份文件的复本，文件内容就是1941年7月31日戈林就开展“最终解决方案”一事给海德里希的授权。(尽管在1941年7月，“最终解决方案”的内容和1942年1月相比还有很多不同之处。) 因为会议计划在中午召开，所以邀请函上还特别注明届时会有一些“提神醒脑”的项目。会议的地址是万湖路56—58号，小楼此前为国际刑警组织办公所用。需要引起我们注意的是，参加万湖会议的都是来自德国这个欧洲大国，从政府那里领取俸禄的官员，他们不是什么街头的恐怖分子，但是，他们所犯下的罪行比世界历史上任何一个常规罪犯的行为都更加令人发指，如今，还有人经常说罪犯都是缺乏教育的下层阶级，但是不要忘了，参加万湖会议的十五个人当中，有八个人拥有学术博士学位。

会议的邀请函最初是在1941年11月送出的，而且，会议的原定时间是12月9日，但是，由于珍珠港事件的爆发导致了会期的延迟。如果会议没有碰到这一干扰因素而是如期召开的话，那么它又会讨论哪些内容？——关于这一问题，我们就不得而知了。可以肯定的一点是，会议的主题依然是执行一个彻底毁灭的方案，以此来解决犹太人问题；但是，会议可能还会更多关注一个最终的战后解决方案，或者会真的讨论为那些驱逐到东方的犹太人建立劳改营。关于这些，我们都只是猜测而已，唯有一点可以肯定的是，不管美国参战与否，对希姆莱和海德里希来说，万湖会议都是非常重要的一次会议。1941年秋季，德国各地上报了很多种杀戮犹太人的计划方案，对希姆莱和海德里希来说，他们有必要通过万湖会议来统筹汇总这些信息，此外，他们还要树立纳粹党卫军在整个行动计划中的权威。

万湖会议由党卫军阿道夫·艾希曼中校负责记录，此人是海德里希的“犹太人问题专家”，由于会议纪要的复本得以在战争中留存，于是我们今天可以得知会议当时所讨论的议题。艾希曼的会议纪要对于研究那段历史有着非常重要的价值，在为数不多的相关文件中，它直截了当地反映了“最终解决方案”背后的思考过程。

会议一开始，海德里希重申了戈林对他本人的行政授权，随后，他开始宣布纳粹针对犹太人政策的一些正式调整。当然，对于与会者来说，这些内容他们也都已经了解。现在，已不再是将犹太人“移民”到纳粹控制之外的国家，而是在德国位于东方的势力范围内将他们“处决”。执行处决的犹太人总数达到一千一百万（包括诸如爱尔兰、英国等一些尚未被德国占领的国家中的几百万犹太人），到达东方后，这些犹太人先按照性别分组，随后，那些身体健康的将被分配去修路（海德里希此时也在为一些工程做筹划，比如“第四干线”项目，这是一条公路和铁路枢纽，计划从德国直通东方前线，当时已经在建），而不适合从事这项工作的则被立刻处死。但是，对于那些参与建设工作的人来说，他们也不过是晚一点死而已，因为这些人中的大多数都将在繁重的手工劳动中毙命。海德里希还谈到了如果有人在劳动中活下来了该怎么办，据他所言：这些承受住了自然选择的犹太人是纳粹最危险的敌人，他们同样要受到“相应的处置”。关于这一点，与会的其他人员都没有什么意见。

在屠杀犹太人的广义原则上，会议没有任何分歧。但是，在以下两个方面参会者产生了不同意见：一方面，如何准确合法地定义“犹太人”；另一方面，哪些人需要被驱逐而哪些人则不用。对于那些“半犹太人”该如何处理的问题，与会者展开了热烈讨论。有人建议：这类人应该被实施绝育手术，或者让他们自己在绝育和驱逐之间做选择。还有人建议：将这些人安置在一个特别的犹太人居住区，地点位于捷克的泰雷津，在那里，他们将和当地的老弱病残住在一起。

随后，与会者开始讨论普通政府和苏联的德占区内的犹太人问题，这个问题对他们来说更为紧迫。对苏联的德占区犹太人的枪杀已经开始执行，而在普通政府辖区，贝乌热茨灭绝营也已经投入建设。但是，这些地方依然还活着数百万犹太人。艾希曼在会议纪要中写道：与会者提出了“各种解决方案”。到了此时，会议已经开始讨论灭绝犹太人的具体方法。

万湖会议的纪要被故意进行了模糊处理，艾希曼的草稿经过了海德里希和盖世太保头目海因里希·缪勒的多次修改。因为此事波及的范围较广，所以他们故意使用较为隐晦的语言来书写。对于那些了解背景情况和上下文的人来说，他们知道这些表述的具体含义，而对外行人来说，万一他们碰巧接触到的话，也看不出什么门道。尽管如此，这份会议纪要依然能够清晰地反映出“最终解决方案”背后的策划过程，同时，它也是随后展开的大规模屠杀的最有力证据。

如此看来，万湖会议是否可以像一些学界观点所说的那样，是屠杀犹太人整个过程中最重要的一次会议呢？答案是否定的。学界之所以误判，是因为他们认为，正是在这次会议上，纳粹决定开始启动“最终解决方案”。但是，事实并非如此。不可否认，万湖会议十分重要，但是，它是一场二线的执行会议，会议的很多关于处决的内容在别处早就已经被确定下来。与万湖会议相比，更为重要的是希特勒于1941年12月所举行的历次讨论。如果那一时期内希特勒与希姆莱的会晤纪要能够保存下来的话，我们就能把握给这个世界带来苦难的整个心理过程的全景。

当然,这些最高层决定所造成的实际后果是灾难性的。举例来说,1942年秋,在一次极为残酷的行动中,纳粹决定将罗兹犹太人居住区中小于十岁的儿童尽数除去。他们命令父母将这些孩子们带到一个集中点,然后将他们装上汽车拖走了。埃斯特拉·弗伦基尔说:“这些孩子远离了父母的怀抱,哭喊声震天……母亲们亲手把孩子送到车边,孩子们尖叫着大哭,母亲们把孩子紧紧抱在怀里,抚慰他们几句,然后就悲恸地离开了。”很多母亲决定离开犹太人居住区的丈夫们,和自己的孩子一起接受厄运。有一个家庭把孩子藏了起来,等他们回来一看,孩子已经在藏匿的地方被掐死了。

埃斯特拉·弗伦基尔由于在犹太人居住区的犹太人管理机构工作,所以她能够接触到一些相关信息,而在这些信息中,有一些是她此前闻所未闻的。有一天,从比伯的办公室寄来了一封信,信上这样写道:“我要求你们立刻确认犹太人居住区内有没有骨头粉碎机,电动或手动均可。”信上还有比伯的签名。弗伦基尔说:“读到这封信时,我的心跳仿佛骤停了。海乌姆诺的别动队竟然对骨头粉碎机产生了兴趣,一下子,很多念头浮现在我的脑海,这是要干什么?为什么要这么干?这次针对的又是谁?他们的目的又是什么?”对罗兹犹太人居住区的很多人来说,他们就像当时登上开往特雷布林卡的火车的犹太人一样,还对事情结果抱着最大的幻想,但是,他们的希望要落空了。

最后,埃斯特拉·弗伦基尔和她的母亲被送到了拉文斯布吕克集中营。她说:“犹太人居住区的生活就像传说中的一样,人们缺衣少食,不断有人饿死,为了争夺食物,大家大打出手。此外,大家也都尽力避免被驱逐。但是,拉文斯布吕克集中营简直就是监狱,这里已经没有了白天和黑夜的区分。我能活下来只有一个解释——运气。”

1942年，特雷布林卡、索比堡、马伊达内克、贝乌热茨陆续建立了灭绝营。奥斯维辛最初只是作为一个集中营存在，随后也在附近的比克瑙进行了大规模拓展，变成了一个灭绝营。

与特雷布林卡相比，奥斯维辛有所不同，它会不时地对关押的人群进行系统的筛选，有些人立刻被处决，有些人可以不死——当然，这是暂时的。对纳粹医生来说，这里有充足的“人体白鼠”，他们在此大肆开展人体试验。他们的试验名目众多，同时又十分残忍，如果要研究这一段历史细节，足以让人心惊胆寒。其中，有一个臭名昭著的医生叫约瑟夫·门格勒，他专门折磨年幼的孩子，尤其是双胞胎。还有一位医生为了钻研自己的扭曲理论，专挑快要饿死的人做试验，以了解营养不良对新陈代谢所产生的影响，在这些人被处决后，他迅速挖出他们的内脏，以印证自己的分析判断。

此时，纳粹的罪行已经达到“前无古人”的地步——他们一手建立起杀人工厂，在这里，犹太男人、妇女、儿童在几个小时内就能被处决完毕。毒气室的画面已经成为纳粹主义的一个符号，并将永久地被钉在历史的耻辱柱上。但是，我们也知道，毒气室绝对不会无缘无故地凭空产生，在此之前经历了很多阶段，其中包括：第一次世界大战战败后不久所产生的反犹主义，将犹太人排除在主流德国人生活之外，认为犹太人是危险的劣等人，入侵波兰，控制三百万波兰犹太人，在巴巴罗萨计划初期杀戮共产党和犹太人等——这些都一步步积累，导致了如今的这种局面。但是，直到1941年之前，纳粹并没有实施大屠杀的具体计划，在纳粹内部，这一问题一直处理得比较混乱。

直到德国入侵苏联后，纳粹处理犹太人的方法才发生了剧变。希特勒在文件中写道，在入侵苏联的时候，他感到了极度的“精神自由”。依据他的个性，这种自由指的是：他可以真实、自由地表达自己的世界观了。关于这种世界观，他在1939年8月对其将领们的讲话中曾提到了这一点：在这个世界上，人应该努力“收起怜悯，残忍行动”。在巴巴罗萨计划之前，纳粹曾有过很多约束其野蛮的行动，比如释放波兰的学者等。但是，巴巴罗萨计划一旦开始，纳粹就露出了真实嘴脸，弃道义和良知于不顾。

一开始，他们也不知道屠杀这么多人是否可行，但是，在20世纪的科学技术面前，这些都不是问题。

第九章

恶有恶报

1942年至1943年秋冬季的斯大林格勒战役之后，希特勒和德国人遭受了重创。由此人们不禁要问：当时眼看战争败局已定的时候，德国为什么还要负隅顽抗到最后一刻呢？为什么德国甘于遭受由此所带来的巨大创伤？要回答这些问题，就需要了解纳粹主义的一些核心内容。在希特勒看来，纳粹宁愿自我毁灭也不能投降。由此，在战争的最后几个月内，纳粹吞食了自己埋下的恶果。

近年来，一些历史学家依然还把关注的重点放在战争转折点的研究上。直到最近，才有人对战争的最后阶段进行了更为详细的研究，而这一阶段，也是纳粹帝国开始分崩解体的时期。1944年7月至1945年5月间，德国的死亡人数超过此前四年的总和，每个月大概有二十九万德国士兵和民众死去。但是，轴心国的另一个法西斯邻国却在战争末期剥夺了独裁者的权力，避免了进一步的重创。

1943年7月25日，意大利的法西斯独裁者墨索里尼会见了该国国王。国王告诉他，大法西斯议会 (Grand Fascist Council) 以十九票对七票的结果撤除他作为国家首脑的身份，墨索里尼在离开会见房间时被捕，由此，他成了第一个被无情剥夺权力的法西斯独裁者。这也由此引发了一个问题——既然意大利人可以看出战争的大势所趋，并由此而采取自救的行动，为什么德国不能也这样做？

关于这一问题的首要原因是：在德国，没有与大法西斯议会对等的机构，无法对希特勒做出联合审判。希特勒早就撤销了那些能够监督其权力的常规国家机关，此时的德国，没有内阁会议，没有国家大会，没有参议院，没有合法的论坛去质询战争行为。希特勒所建立起来的这一体制保证了自己不会遭到宪法上的弹劾，甚至连任何的抨击都无法伤及他。

随着军事形势的急转直下，希特勒本人并不准备投降。依照他的性格，他对这一行为非常排斥。他心中充斥着仇恨的怒火，把自杀当作最好的解脱方式，但只有纳粹主义真正到了穷途末路那一刻，他才会这样做。希特勒是绝对不会认输的一个人。为了德国少遭受些苦难，人们需要将他拉下权力的宝座。

如果不能像墨索里尼那样被合法弹劾的话，那么唯一的替代方案就是通过暴力手段剥夺他的权力。但是，任何人要想行刺希特勒就必须要有能接近他的特权，而这在战争的最后几年里已经是非常困难的一件事了。眼下，唯一承认希特勒的存在的，要么是纳粹领导层的官员，要么是武装部队成员，这同样会给意欲行刺的人造成非常多的障碍。这些顽固分子对纳粹主义“忠心耿耿”，他们坚定不移地相信希特勒有超于常人的能力，这种能力在20世纪20年代的纽伦堡党代会上就显露无遗。对他们来说，挑战希特勒就意味着背叛了将近二十年所培育的信仰。除此之外，纳粹领导层之间也帮派林立，壁垒重重，比如：戈培尔不喜欢戈林，戈林讨厌里宾特洛甫，里宾特洛甫又厌恶戈培尔。按照最后纽伦堡审判结果所显示的那样，这些纳粹领导层——如果不是全部——绝大多数都和犯罪脱不了干系。在废除希特勒的权力、创造和平两件事情方面,他们没有付出任何的努力。正如此前他们跟随希特勒作威作福一样,如今,他们也要因为跟随希特勒而遭受痛苦的创伤。

能与希特勒进行常态化接触的只有武装部队的领导,这些人本来是有望将他拉下权力宝座的,但是,他们在入职前都曾在希特勒面前立过誓言,所以,如果要背叛他的话,这些人会面临着很大的心理负担。一位曾在东线服役名叫贝恩德·林的军官说:“这种情况其实很好理解,军人需要立誓并忠于自己的誓言。”希特勒也的确有能力凭借他的说服力给这些军人洗脑,关于这一点,一位名叫卡尔·勃姆—泰特尔巴赫的空军军官就经常能在“狼穴”中见识到。有一次,他驾车前往当地的机场去接一位陆军元帅,此人刚从巴黎飞过来,准备去向希特勒汇报西线的战况。在返回“狼穴”的途中,这位陆军元帅向卡尔·勃姆—泰特尔巴赫打听希特勒此刻的心情。他对泰特尔巴赫说:“到时我要嗔怪元首几句,他应该知道法国此刻的情况。”后来,在去机场重回巴黎的路上,这位元帅又说:“勃姆,对不起啊,之前我说那番话简直是疯了,我犯了一个错误。元首的话令我确信,他说的都是对的,错的是我。他知道的东西我都不知道。所以,勃姆,非常对不起。”关于希特勒的这种能力,正如卡尔·勃姆—泰特尔巴赫在如今所说:“希特勒这个人超乎寻常,他可以把你鼓动得几欲自杀,也可以让你重拾对生活的希望,还能让你在战争中举旗不倒,为他流干最后一滴血,这实在是非常难以捉摸的一件事。”

正是希特勒强大的鼓动能力或者军人对誓言的信守,使得军队中的很多人保持一致:对东线所发生的一切通常是不能言说的。此外,德军在撤退的过程中也发生了很多不为人知的恐怖行径,每一步都沾满了淋漓的鲜血。

瓦尔特·毛特曾是德国第30师的一名步兵，他参加了1944年从苏联的焦土式撤退行动。他说："我注意到，没有人会稍稍费些精力去打开房子的门，看看里面有没有生病的妇女或是其他什么人，而是直接向房子残忍地射击或把房子烧毁。这在大家看来都已经稀松平常，没有人会在乎这些。而且，他们都是劣等人，不是吗？"瓦尔特在他的分队中还承担过一部分警卫工作，他也见证了战友们大肆屠戮的场景。他说："我亲历了他们朝房屋开炮的全过程……但是，因为对方是苏联人，所以这没有什么大不了的。相反，你还会得到荣誉，你杀的人越多，得到的荣誉就越高，情况就是这样。"

瓦尔特自己也承认："从个人观点来说，我也认为这种行为是一种犯罪，过去这样认为，现在也是如此，尤其是现在回过头去看，这真是一幕活生生的丑剧！我想把自己知道的情况都说出来，好让大家都知道这些人在战争中都干了怎样的勾当，他们都是罪犯。"

瓦尔特对这些苏联人是心存愧疚的，因为他曾在一户苏联人家中短暂居住过一段时间，这些人非常友善，对他也很热情。他说："当时，他们甚至让我和他们的祖母一起睡在壁炉顶上。"瓦尔特的分队里有一位军士也和附近的苏联人住在一起，对于这些老百姓给他房子住这件事，他并没有什么感恩之情。瓦尔特说："有一次，我突然听到了两声机枪响，我先以为是游击队或是其他什么人开的枪，所以跑到房屋里取枪。让我难以置信的是，我看到军士的脚下躺着两个苏联老人，这两人原先是和他住在一起。原来，枪是军士开的。我走近了问他，'你怎么能做出这样的事情？'而他只是轻描淡写地说自己喝多了。我愤怒地说，'这些好端端的苏联人就被你打死了，他们都只是些可怜的老人，你知道吗？！'而中士听到这番话根本就无动于衷。这实在是让人悲伤的一件事。"

在了解德军在东线战场所犯的暴行之后，国家的精英阶层可能会有如下几种反应：一、官员们坚定信仰纳粹主义，他们认为这个国家的人都是劣等人，他们应该被消灭；二、这种情况会使得官员们更加害怕德国人会被击败，也使得他们更加不顾一切地支持战争，以此来将这些罪行隐藏；三、官员们认为应该终止这种犯罪，而且头号罪犯希特勒应受到应有的处置。当然，持这种反应的官员极为稀少。不过也确有其人，汉斯·冯·赫尔瓦特所持的反应就属于第三种，在我们所采访的德国军人中，他算是非常特殊的一位。他承认自己知道德军在东线的暴行，除此之外，他还和朋友冯·施陶芬贝格试图进行阻止。

汉斯·冯·赫尔瓦特在1942年夏第一次听闻了德军的大屠杀行为，当时，有一位军官亲历了这些事情，并把情况告知了他。在了解情况之后，他做了一个决定。他私下里说："我们必须除掉希特勒，我愈发地坚信，他是一个恶魔，需要被摧毁。"大约在一年后，他与冯·施陶芬贝格进行了会面。谈及当时的场景，他说："见面时，他正躺在慕尼黑的一家医院里，疲惫的身躯压抑不住他愤怒的火焰，如你所知，那是一种正义的火焰。施陶芬贝格当时说，'我希望自己的身体赶紧好起来，我需要做点事情了'。这时我接着说，'有很多人都希望刺杀希特勒，但是，根本没有可能把这些人带到希特勒的身边'。"不过，与这些想刺杀希特勒的人相比，冯·施陶芬贝格作为"狼穴"的一名参谋军官的身份倒是使他具备了接触希特勒的可能。

1944年7月20日早晨，卡尔·勃姆—泰特尔巴赫起床比较晚，此时，他生活在元首的总部，此处靠近东普鲁士的拉斯滕堡。前一天晚上，他工作到深夜，此刻，想着中午还要去向希特勒进行情况汇报，他感到非常疲惫。大概在十二点四十五分，他走进了自己的办公室，此时，他突然听到了远处传来爆炸声。随即，他的一位同事闯了进来，问他：

“你听到刚才的爆炸巨响了吗?”勃姆—泰特尔巴赫说:“听到了,有可能是只可怜的鹿吧。”他之所以这样说,是因为“狼穴”附近密集地埋设了地雷,森林中的鹿和兔子经常误踩了地雷而引发爆炸,这种情况每天夜里都会发生四五起。不过,这一次爆炸可不是哪只动物踩的地雷,而是在希特勒自己的作战指挥室。

这起爆炸就是第三帝国历史上一次著名的刺杀希特勒未遂事件,安放炸弹的就是冯·施陶芬贝格。希特勒的作战指挥室原计划使用的是混凝土墙,后来改成了木墙,如果不是因为这一点的话,他也许就被炸死了。爆炸时,木墙朝外倒塌,并且分散了爆炸的冲击力,这使得希特勒只是受了点伤,并没有被炸死。

这起刺杀事件在很多书中都有所反映,特别是在战后不久写成的著作中,有很多都将7月20日视为德国历史上一个令人惋惜但又是荣耀的时刻。不过在当时,人们可不这样认为。爆炸发生后不久,前线部队的信函如雪片般飞回国内,通过这些信函,我们看到了一种截然不同的反应。在检查了四万五千封信函之后,审查报告做出如下结论:“所有人都将其视为阴谋小团体的背叛,并认为这是对德国人民的极大犯罪。”[1]当然,这些写信的人知道自己的信件会被检查,他们不敢在信件中公开发表反希特勒的言论,不排除有人会说违心话,但是,他们同样也没有义务要义愤填膺地谴责这起爆炸案,所以,这依然还是反映了当时的舆论倾向。这些信件基本都提到了“背叛”一词,毕竟,对德国军人来说,如果对希特勒图谋不轨,那就是背叛了自己曾经的誓言。

对于这些军官所说的背叛誓言一事,汉斯·冯·赫尔瓦特并不认同。他说:“他们认为这是对希特勒的背叛,并把它作为攻击爆炸事件的借口,但是,我并不这样认为,这是一个非常廉价的借口。要说背叛誓言,希特勒自己的背叛还少吗?二十次?五十次?希特勒背叛了整个德国。”

我问卡尔·勃姆—泰特尔巴赫，如果冯·施陶芬贝格当时试图从他那里疏通关系的话，他会怎么做。泰特尔巴赫回答道：“我会说，你竟然想谋杀希特勒？我要立即向他报告。”尽管事情已经过去了五十多年，但他依然对冯·施陶芬贝格当年的行动感到愤怒。他直截了当地说：“我不能接受。”泰特尔巴赫之所以排斥7月20日的这起爆炸事件，主要是出于以下几个原因：一、他认为冯·施陶芬贝格背叛了当初面对希特勒所立下的誓言（“没有人可以拉我下水，因为他们都知道，我根本不会背叛自己的军人誓言”）；二、即使杀了希特勒，也不会有什么好的结果（“希姆莱有可能取而代之，戈林可能取而代之，还有很多其他的人，他们都有可能上位”）；三、更为重要的是，冯·施陶芬贝格根本没有想过要牺牲自己，以确保爆炸的效果（“就如巴勒斯坦人现在所做的那样”）。

刺杀行动失败，希特勒并没有被炸死，纳粹迅速开始了疯狂的报复行动。到了1945年4月，大约有七千人因此事被捕，其中有五千人被判处极刑。和此事哪怕只有一点点关联的人，即使并没有参与，最终都被处死。爆炸事件发生的第二天，在早餐的时候，卡尔·勃姆—泰特尔巴赫就看到纳粹的复仇行动已经开始了。当时，他坐在一位上校的旁边，那人浑身止不住地颤抖。“他看起来是如此紧张，于是我问他，‘你怎么了？为什么这么紧张？’此时，他的手一抖，打翻了咖啡，溅了一身，但还是掩饰着说，‘我没有紧张，我不能告诉你’。接着，大概在九点钟的时候，两名党卫军官员走了进来，冲着他说，‘上校，跟我们走一趟’。随后，到了当天晚上，这名上校就死了，他的死因是曾和冯·施陶芬贝格接触过，虽然他本人并没有参与这起行动。”与这些人相比，汉斯·冯·赫尔瓦特则是幸运的，那些参与此事的人知道赫尔瓦特为爆炸事件提供了便利，但是，即使遭受了严刑拷打，他们也没有供出他的名字。赫尔瓦特如今还说：“我的命都是他们给的。”

这起爆炸事件之所以发生，德军在东线的暴行可以说是一个导火索。从近来的一些学术研究成果中我们得知，东线的士兵大体上都了解这些暴行。至于当时德国的普通民众对德军在战争末期的所作所为又知道多少，这一点我们则不太确定。

我们所知道的是，在战争期间，德国社会发生了根本性的转变。此前在德国，政府大力宣扬种族主义的价值观，而此时它却享受到了种族主义所带来的利益。如盖耶教授所说：“在德国，30%的工业、农业劳动力都是外来人口，他们有的是强迫性劳动力，有的是战俘，有的甚至是集中营里关押的人，使用他们的成本极其低廉，因此，他们在生产领域占了很大的比重。”谈到德国之所以成为一个种族主义者的国家时，盖耶教授说：“因为这种情况是德国人自己造成的，而且大体上来说，他们还比较喜欢这种局面。”这些外来人口大量拥入，他们的地位比那些最下等的德国人还要卑微，这对德国人来说当然是“好事”。至少，他们更加直观地感受到了自己的“高贵身份”，也更加相信纳粹的宣传是正确的——他们是“主宰者种族”。在这种情况下，底层的德国工人也能成为工头领班，家庭主妇也有仆人使唤。德国社会在种族构成上发生了深刻的变化。在这样的背景下，如果德国本土民众表示自己对东线战场所发生的情况一无所知，那这种言论可能就值得商榷了。因为当时每一个德国人都经历过纳粹关于种族主义的宣传，而且几乎每一个德国人都感受到了种族主义给他们带来的好处，因为这些所谓的下等劳动力随处可见。面对这样的环境，你还说自己感受不到“高贵的”身份，那简直是自欺欺人了。看着衣衫褴褛的波兰工人，德国人怎么可能不会有高人一等的感觉？到了1945年之后，德国人不太敢在公开场合表达这种优越感，尤其是在了解了大屠杀的一些细节之后，情况更是如此。本土的民众开始回避种族主义这个词语，前线的士兵们对此也三缄其口。

在一个多种族构成的国家中，德国人一方面享受着由此所带来的利益，另一方面又担心这些奴隶一旦获得自由，自己的生活水平会由此下降——这种观点是有据可依的。如果德国垮台了，这些“下等人”一定会向压迫者们复仇，任何一个曾经从中渔利的德国人都会想方设法避免这种情况的发生。

按照这种观点推断，普通的德国民众从这些“下等人”身上得到了好处，他们害怕情况突变而使自己遭受牵连，或多或少出于这种原因，他们追随政府直到最后一刻。那么，这里就有一个关键的问题需要面对：有多少德国普通民众知道纳粹在战争期间灭绝犹太人？如果有人看过我们采访当年这些德国民众的影像，答案就十分明了——没有人知道。我们曾采访过一位时任政府秘书，名字叫作加布里埃莱·温克勒。在被问到当时的犹太人状况时，她回答说：“纳粹只是告诉我们，犹太人将要前往马达加斯加，或是别的什么地方，谁曾想他们说的都是一派胡言，我对此真的知之甚少。”在采访中，受访者都表示，他们原以为这些犹太人都被驱逐到东方接受劳动。一位名叫约翰内斯·察恩的金融专家说：“我原以为犹太人是被送到了劳改营，我根本不知道他们遭受了大规模的屠杀，但是，我也得坦诚地说，即使我当时知道了真实情况，我也做不了什么……因为对扣响扳机的人来说，他们的头脑都不会太清醒。”

对于纳粹针对犹太人所进行的一些相对较轻的举动，比如在驱逐犹太人之前强迫他们佩戴上黄色大卫星标记等，我们的受访者也表示了愤怒。当时还是住在慕尼黑的青年女子厄纳·克兰兹说：“太可怕了，太可怕了！在游街的队伍中有一位因嫁了男爵而获封女男爵的人，由于她的出身有问题，是汉堡一个犹太裔杂货店老板的女儿，所以她被戴上了大卫星标记。我对此感到非常遗憾，这简直太可怕了，因为你要是和这个女人接触过就会知道，她非常善良。在当时，这些人需要你的帮助，而你却有心无力。你问我们能做什么？我们什么也做不了。换作是你，你能吗？我们无能为力，眼睁睁地看着一个无辜的善良人落得如此悲惨的命运。”从这些采访记录中我们得知，对当时的民众来说，有些情况还是看在眼里的。在针对犹太人的政策中，即使是这些“小小的不公正行为”也会造成很大的舆论反响。出于这一原因，为了掩本国民众之耳目，纳粹计划将犹太人全部转运到国外，以实施他们更加残忍的邪恶行动。

我们常常会问受访者：“你是什么时候知道有灭绝营这件事的？”这个问题问得越多，回答就愈发地泾渭分明——他们要么在战争时就知道，要么就根本不知道。而盖耶教授则认为，关于这些犹太人最终命运究竟如何，当时的德国民众中至少有三个层次的认知。第一层认知就是简单的“眼之所见”。很明显，犹太人都已经不在原处了。如同盖耶教授所说：“邻居们都不是原来的邻居了，大家都很清楚，他们的犹太邻居们不会再回来了。”可以说，每一个德国人都有这样的认知。更为极端的是，可能有相对少数的民众已经知道了灭绝营的存在。对于这些灭绝营来说，没有一个位于战前的德国边境之内，此外，甚至有一些高层军官故意使用隐语来描述那里发生的情况，比如艾希曼的万湖会议备忘录中就使用了“疏散”一词。对于拥有第二层认知的德国人来说，他们知道针对这些犹太人发生了一些“不好的事情”。这一层认知比较微妙，也很难量化。既然犹太人已经从城市、村庄中全部消失，普通德国民众很难不对这些人的最终命运做一些猜想。但是，如果他们对此进行了考虑的话，他们真的会想到这些犹太人的可怕命运吗？自1933年的抵制运动开始，犹太人就是纳粹公开迫害的对象。希特勒曾经在1939年宣称，如果犹太人最终引发了一场世界大战的话，那么欧洲的犹太人将会被“消灭”。关于东方的情况，普通民众即使不知道犹太人具体遭遇了什么，但是，关于前方将士的暴行他们多少是知道的，所以，大多数民众只要稍微动脑想一想就清楚了，至少他们可以知道，发生了一些针对犹太人“不好的事情”。

据1942年12月来自德国南部弗兰肯的一份纳粹报告显示，纳粹自身也很关注民众要是知道了犹太人在东方被大规模屠杀后会是怎样的反应。报告中这样写道：“对于教会力量和普通民众来说，如果他们从苏联方向获得消息，知道我们在射杀、灭绝犹太人的话，他们会感到非常不安。这些消息会在他们当中产生很大的焦虑、担忧和关注情绪。这些普通民众大多数都不确定德国是否能赢得战争，他们害怕万一德国战败，这些犹太人会返回德国向他们报复。”[2]

但是，关于纳粹迫害犹太人一事，在德国只有零星的一些抗议行动。其中最为知名的行动由汉斯和索菲·肖勒所组织，他们二人都是慕尼黑大学的学生。在战争期间，纳粹号召德国青年人“立即站起来”去建立一个“圣洁的新欧洲”，这两人印发传单对此表示抗议。他们在传单中声称：迫害犹太人、杀戮波兰的知识分子是诋毁人类尊严的最恐怖的犯罪。这两人最后都遭到了纳粹的审判，受尽折磨，最后被处决。在狱中，索菲·肖勒对另外一名狱友说，她所受的判决将会成为德国数千民众质疑纳粹行动的开端。但是，1943年2月22日，也就是在她被处决的那天，慕尼黑大学的学生们却集体向纳粹政权宣誓效忠。如历史学家伊恩·克肖所说：“针对希特勒的抗议行动并没有得到广大民众的积极声援，不仅如此，就连任何有推翻这一体制危险的被动支持也非常地稀缺。”[3]

德国民众所能做的，就是到当地的电影院中观看“警示片”，这些“警示片”告诉他们，千万不要搞什么个人英雄主义，否则就会落得和这两个学生一样的下场。此时，纳粹的新闻“纪录片”还不遗余力地向公众宣传，国家在怎样和苏联红军进行着殊死搏斗。苏联红军成了德国民众最恐惧的敌人，他们害怕万一布尔什维克获得胜利后不知道会给德国带来怎样的恶果，所以，受这种心理的强大驱使，他们支持德国的战争，进而支持纳粹的领导。

时任德国军官的格拉夫·冯·基尔曼斯埃格说：“有人也许会问，德国将士们是为了什么而战，又是为了打击什么目标？在我看来，最为关键的原因是，那些已经在苏联作战的德国将士们至少知道，布尔什维克思想如果来到德国的话会带来怎样的后果……如果对手是英国或法国的话，我们本可以更简单、更迅速地杜绝这种情况，我们不是要专门针对苏联，只不过是布尔什维克思想刚好在苏联。”曾在东线参战的赫尔曼·特舍马赫说：“我们告诉自己，一场风暴已经席卷亚洲，随后，它有可能会来到德国。如果它真的到来的话，残忍的清洗、虐待和屠杀将会接踵而至，我们都知道这一点。所以，我们将会全力抵抗，直至最后一刻，我们必须要忠于自己曾经的誓言。如果布尔什维克思想真的占领德国的话，那将是最糟糕的结果，在此之后，整个欧洲都会陷落。但是，我们眼下最应该考虑的是自己以及我们的国家，这也就是我们要坚持抵抗到最后一刻的原因。”

1944年夏，在防止“布尔什维克的风暴席卷德国”的过程中，希特勒遭遇了整个战争中最为严重的一场失败，这场失败使得他的虚无理论变得更加扭曲了。我们此处所说的德军重大挫败并不是指盟军于当年6月6日成功进行诺曼底登陆，而是指苏联和希特勒的中央集团军群于6月22日在白俄罗斯的一场战役，这场战役较少有人提及。在英国和美国的民众心目中，对东线战事的关注并不多，我们可以拿法国的“霸王行动”（诺曼底登陆的代号）和苏联的“巴格拉基昂行动”（前文所述在6月22日的这场战役）做一比较。关于“霸王行动”，在西方基本是家喻户晓；而说到“巴格拉基昂行动”，恐怕大多数时候只有历史学家才会知道。需要注意的是，德国在西线战场（不包括意大利在内）只投入了三十几个师的兵力，以此来应对盟军部队对欧洲的渗入，但是，他们在东线战场却投入了一百六十五个师的兵力，这一数字是前者的五倍还多。与盟军诺曼底登陆后消灭德军的人数相比，“巴格拉基昂行动”所消灭的德军人数是前者的三倍还多。（“巴格拉基昂行动”由斯大林命名，名称来源于1812年同拿破仑作战的巴格拉基昂这位英雄，同斯大林一样，巴格拉基昂也有格鲁吉亚血统。）

当年以一名年轻的红军军官身份参加这场行动的马哈茂德·加里夫说：“巴格拉基昂行动是一场经典战役，所有的一切都考虑得非常完备。”斯大林此时已一改1941年那段时期的无能、刚愎自用，变得愈发运筹帷幄。行动开展前，他充分听取了康斯坦丁·罗科索夫斯基关于战术方面的意见，此人是苏联在白俄罗斯前线第一方面军司令。罗科索夫斯基认为，苏联红军应将力量平分成两路来打击中央集团军群，一路从南边进攻，另一路从北边开战。斯大林一开始认为红军兵力不应该被分散，让罗科索夫斯基回去再想一想。但这位司令在第二次汇报的时候，依然重复了自己的观点——必须要进行两路打击。最终，斯大林同意了他的观点，原因在于：在20世纪30年代的清洗运动中，当时还是一名初级军官的罗科索夫斯基坐过牢，也受到过严刑拷打，他自己肯定清楚，万一此刻战术预判失误，等待自己的将是什么样的下场。所以，他之所以再三坚持该计划方案，一方面他肯定做了充足的准备，另一方面，他肯定也会尽职尽责地确保该计划的实现。

在“巴格拉基昂行动”的准备阶段，为了隐藏真实意图，苏联红军也将迷惑与欺骗战术发挥到了极致。当时，最高领导层制订了复杂的欺骗计划，而真实的作战目标只有很少的一些高级官员清楚。苏联红军的基层连队白天通过伪装来隐身，只在晚上行进，并且保持着最为严格的无线电静音。而在远离既定打击范围的其他前线地带，苏军故意在白天行进，充分暴露在德国侦察机的视野之下，到了夜晚，他们则又秘密地从这里撤出，随后在第二天又重复同样的步骤。在这样的欺骗战术下，德军既无法知道苏军的既定打击区域，也无法掌握对方的兵力规模。

此外，在1944年5月至6月，即使是红军内部也不完全知道有一百四十万战士将要参加“巴格拉基昂行动”。同时，德国陆军司令部所收集到的情报也让德国做出了误判，他们认为苏联计划在南部朝着巴尔干地区发动一场攻击。到了5月底，中央集团军群下属的一些部队已经猜出了苏军的真实意图，但是，希特勒对此却并不相信。他命令中央集团军群坚守原地，万一遭到打击的话，将重点防御一些关键性的要塞。同年3月8日，希特勒在一道指令中说道：“这些关键性要塞此前都发挥过堡垒作用，它们能够阻止敌军进入具有决定性战略意义的地带。此外，它们还能形成合围之势，从而能遏制对方的大军压境，并为开展反击创造有利条件。”[4]

中央集团军群对于希特勒让他们镇守原地的命令感到不满，这一点从德国第9军司令约尔丹将军在1944年6月的记录中就能看出来。他在记录中写道：“第9军位于一场恶战的边缘，战争规模和持续时间都难以预料……第9军认为，即使在现有的条件下，我们还有可能遏止敌人的进攻，但是，如今上级却命令我们进行绝对的防御……第9军认为只关注重点防御地带是非常危险的，如果是这样的话，我们这一仗并不好打，这道命令会使我们的战术行动偏离正轨，在此前我们取胜的战斗中，都不是这样操作的……”[5]

一位名叫韦尼阿明·费奥多罗夫的当年的红军战士参加了“巴格拉基昂行动”。他说：“1944年，我们的行进和1941年的德军如出一辙，战斗在1944年6月22日打响，就在三年前的今天，德国入侵了苏联。德国驻守要塞的行为非常地愚蠢……我们的炮火几下就将他们摧毁了。当时，密集的火炮齐齐发射，除了连天的轰鸣声，你的耳畔再无其他声响。要塞地带被彻底打个稀烂，他们完蛋了……德军坚守阵地直到最后一刻，他们注定是死路一条。”

海因茨·费德勒当年是德国第9军的一名士兵，他和战友们奉命守卫博布鲁伊斯克的要塞地带，抵御苏军的进攻。此前，费德勒曾参加多次战斗，经验告诉他，最高指挥部的命令非常地荒谬。他对此感到非常愤怒：“我还记得有一次，眼看着一个据点能重新夺回，但是少尉指挥官却没有把握住战机主动出击，因为他的部下大约有一大半人已经战死。等到不得不发动进攻的时候，却早已无力回天，最后他们全都战死了。这种情况可能会让你感到困惑，但是，这就是德国指挥官的水平。他们能做的可能就是在沙盘上插些小旗子，然后在地图上指指点点，嘴里嘟囔着某个地方要绝对保住，至于会造成多大的牺牲，他们可能从来没有考虑过。”

海因茨·费德勒此前也算是经历过很多场恶战了，但是和这次的关键要塞被围困相比，一切都不算什么了。费德勒说：“眼前简直是尸横遍野，到处都是死伤的士兵，还有他们凄厉的哀号。你在那一刻仿佛已经麻木了，不再有任何知觉——冷暖不察、昼夜无视、饥渴不知。你好像连上厕所的需要也没了，我也不知道怎么解释，也许是在极端情况下的一种高度紧张吧。我们被包围了，前方是苏军的坦克，你所能看到的就是铁流滚滚。苏军疯狂地向我们开火，他们的弹药储备极其充裕，简直令人难以置信。而我们的身后，则是战友们在不停地紧张大喊：‘我们没有燃烧弹了！我们的弹药不够了！’你所能听到的全是这些令人丧气的话。你可以想象一下，这会给大家带来多大的心理压力。战争时期，我故意没有结婚，因为万一你战死，一个寡妇再带着孩子重新改嫁那是很困难的事情。但是战友中有结婚的，一方面，他们的妻儿在家中焦急盼望他们能平安归来，另一方面，他们在此时又要服从命令誓死守卫阵地，他们的心理压力可能更难以言表。”海因茨·费德勒承认，自己在那一刻感觉被最高指挥部“抛弃”和“背叛”了。他说：“那些在元首指挥部里的官老爷们只会轻松地动动嘴皮子，如果你在那里工作久了，你也会变得圆滑世故，你可能也会发出和他们一样的命令……但是，正是对你们这些老爷们的绝对服从，我们才成了‘炮灰’，落得个如此惨痛的下场，纳粹国防军的辉煌不再，你在世上再也找不到一支像我们这样的部队了。”

苏联的第65军不仅痛击了德国在博布鲁伊斯克的兵力，同时还对德国在东部的其他军队构成了威胁。德国第9军（也就是海因茨·费德勒所在分队的上级）司令约尔丹将军对最高指挥部的愚蠢命令感到震怒，他在作战日志中写道：“第9军指挥部早就意识到了这些命令会带来怎样的灾难性后果，这一苦果再难咽我们也得自己咽，但是，这些指令明显不合理，却能一路绿灯地下给指挥部，这当中没有一个人会据理力争，试图做出哪怕一点点的改变，从这一点上我们可以看出，指挥官们根本没有把心思真正放在作战目标的实现上，他们只知道一味地盲从，只知道按命令执行就可以了。”[6]

希特勒对约尔丹将军感到不满，因为他在战斗中按照自己的想法对装甲第20师进行部署。希特勒斥责他是“胆小鬼”，解除了他的司令职务，重新任命尼古劳斯·冯·福曼掌管第9军残部。但是，改变了指挥官，却改变不了这样一个事实——他自己关于镇守关键要塞的政策被证明是错误的，产生了灾难性的后果。在博布鲁伊斯克，撤退的德国军队妨碍了守卫者们的行动，他们仓皇拥进这个城镇寻求庇护，把重型武器都落在了身后。最后，除了仍有一个师奉命驻守原地，战斗到最后一刻之外，上级允许他们尝试突围。接到突围命令的时候，海因茨·费德勒说：“上级的命令终于下来了，我们把装甲车损毁，把战马打死，尽可能地肩扛手提轻型武器，每一个人都在努力自救！”

在这些队伍中，最后只有少数部队冲出包围圈，抵达由德军所掌控的靠近西部的安全地带，大多数人要么被苏军的战机炸死，要么被地面的红军部队大规模地歼灭。海因茨·费德勒说：“我们尝试着突围，但周围都是枪林弹雨，大家都非常恐慌。我看到有一个年轻的列兵，整个人瘫倒在一棵桦树下，肠子已经从肚子里流了出来，他痛苦地呼喊着：‘给我来枪痛快的！’但是，所有人都无动于衷，从他身边匆匆跑过。我想停下来，但要开枪杀了他，我做不到。此时来了一位少尉，朝着他的太阳穴怜悯地扣响了扳机。看到这一幕，我失声痛哭，我想，他的母亲如果知道自己的孩子是怎么死的，她会怎样地悲痛欲绝……不过，她最后肯定也和其他人一样，只会收到一纸冰冷的通知书，上面写着：‘你的儿子为了德国的荣誉，倒在了战场。’”

海因茨·费德勒是成功突围的少数人之一，但是，曾经强大的第9军此刻已基本全军覆没。在这场战役中，德国的中央集团军群有十七个师全军覆没，另有五十个师大约折损了一半的兵力。

自1919年开始，纳粹就非常恐惧和仇视布尔什维克思想，如今，令他们感到不安的布尔什维克分子眼看就要朝着德国长驱直入，此时，他们的恐惧和仇视情绪又会提升到怎样的程度？眼看周围已是危机重重，成千上万的非德国人也加入了抵抗苏联红军的行列。和传统观点不一样的是，要想成为希姆莱的纳粹党卫军中的忠实一员，你不一定非要是德国人。雅克·勒罗伊当时是一名年轻的比利时人，曾经因为“良好举止”获得赞赏，后来成为纳粹党卫军的一员。他之所以要加入党卫军，是因为“想同共产主义和布尔什维克思想开战”。我们问他：“你是否觉得自己是叛徒？”他生气地回答：“叛徒？什么是叛徒？！先生，请你告诉我，什么是叛徒？你会在十六岁的年纪当一个叛徒吗？我并没有穿过比利时的军装。如果你摒弃了欧洲的主流思想并为此而战，你才是叛徒；如果你接受了‘外族的异端思想’，你才是叛徒。我从未把自己定义为叛徒，我是在向共产主义宣战。”

战争结束了五十多年之后，雅克·勒罗伊仍然是一名公开的种族主义者。即使在今天，他依然固守着当时在党卫军中所持有的很多观点。他说：“高等种族和低等种族的区别就在于，前者都是白人。这就是如今很多外国人都想去白人国家的原因……当时，我们都以自己的白人身份而感到骄傲。”

雅克·勒罗伊曾参加过东线的很多血腥战斗，他的动力来源于对种族主义的坚持以及对共产主义的仇视。在1945年1月14日的特科里诺战斗中，他所在的分队遭遇了埋伏在森林里的苏军部队，对方的兵力至少有三个团。他们奋起反抗，最后大约折损了60%的兵力。战斗中，勒罗伊突然发现一名苏联战士半跪在一棵桦树后面，紧接着，他感觉自己的身体仿佛遭了“一阵电击”，步枪也跌落在地。他说：“就在那时，我看见鲜血滴在了雪地上，我流血了，敌人用子弹打伤了我的一只眼睛。”最终，勒罗伊失去了一只眼睛和一条胳膊，但是，在医院刚躺了没几个星期，他就主动要求重回党卫军部队，而上级也批准了他的这一请求。勒罗伊说:"尽管我失去了一只眼睛和一条胳膊,但是你看,当你年轻的时候,你不会被这些磨难压垮的,你比那些老人要强得多。"我们问他,为什么想要重新回到党卫军部队。他说:"为了不因此而碌碌无为,为了能和我的战友继续战斗,我不想无所事事、浑浑噩噩地过一生。如果是这样的话,你生命的意义何在?舒服地躺在沙发上看电视可不是生活的全部!你需要思考,你需要观察,你必须要有一个目标。"

在苏联红军朝着德国境内步步紧逼的时候,纳粹党卫军将士们顽强抵抗、寸土必争,贝恩德·林就是他们当中的一员。1945年4月29日,贝恩德·林和战友们参加了哈尔伯战役。当然,在整体的战争已经进入尾声的时候,纳粹此时的武装抵抗任凭有多么"英勇",最终依然是徒劳。在哈尔伯战役中,贝恩德·林的分队奉命"实施突围,不惜一切代价"——任何人在听到这一命令的时候,都知道大势已去,战斗败局已定。

贝恩德·林说:"当时的哈尔伯已成人间地狱,四周全都是呼啸的炮火。在作战的中心地带,我看到了一辆德国'虎式坦克',它此时已经被打得千疮百孔,无法前进,却依然在朝着对方开火。在它的身后躺着一名中尉,一条腿已被炸飞了,但还没有死。我跑到他的身边问他,'我能帮你做些什么吗?'他回答说,'是的,请把我那条腿拿过来'。我想把他拖上车照顾他,但是他说,'我们必须服从命令,不管遭受了什么样的损失都要突围,请把我的腿放到我的身边'。这名中尉死了以后,德国的红十字护士拿起了武器。我递给一名护士一只火箭筒。此时,苏军朝着我们大喊:'投降吧!'我则回答道:'绝不!我们会突围的!'"采访过程中,我们追问贝恩德·林为什么会战斗到最后一刻,他试图想向我们解释清楚。依据他的表述,我们所理解的意思是:他之所以这样做,是因为他是一名忠诚的纳粹战士,这些都是他的职责而已。

考虑到纳粹的宣传中不遗余力地把苏联人丑化成“下等人”，且大肆渲染如果这些共产主义分子朝着西方挺进会带来怎样残忍的暴行，所以，这些德国军队能够如此“英勇”地抵抗就不足为奇了。毕竟，他们还能有其他什么选择吗？上级告知他们，如果投降的话，苏联肯定会残酷地虐待他们，就像他们此前对待苏联人那样。每一名战士入伍之初就被洗脑，对苏联充满仇视，他们认为，如果向苏联投降的话，作为战俘的他们同样也是生不如死。德军在东方战场的表现，不仅是出于对布尔什维克思想的恐惧，同时也有一丝残念在驱动着他们，在败局已定，盟军持续要求他们无条件投降的情况下，他们依然梦想着英国、美国、法国会邀请德国共同打击共产主义。

不过，德军将士之所以顽抗到最后一刻，这些还不是全部原因。意大利在1943年就已经退出了战争，德国军队却殊死抵抗到1945年5月，最后被迫投降。面对美国、英国这些强大到“令人敬畏”的对手，如果愿意的话，他们早就可以丢盔弃甲了。有些人可能认为早点投降并不是德国人的做派，但是不要忘了，在第一次世界大战中，德国有近一百万将士投降。而反观第二次世界大战，这种情况即使是在意大利也没有发生。

纳粹思想在第一次世界大战中萌芽，当时德国遭受了战败的耻辱，他们不希望1918年的情况重演，在意大利的德国士兵和在东线战场的德国士兵都知道1918年的惨败结果，纳粹精英们所要做的就是确保不再发生同样的情况。纳粹一直认为犹太人在第一次世界大战中大肆渔利，导致他们备受创伤，所以，针对犹太人所开展的大屠杀，其实有一部分原因是为了确保他们不再继续“浑水摸鱼”，以绝后患。这种说法是有据可循的。对犹太人的偏见和仇视听起来十分荒谬，却是很多纳粹分子根深蒂固的思想，让人难以置信的是，有些人直到如今还公开表达这种观点。德国军队没能阻止盟军的挺进，没能避免自己被击溃的命运，他们唯一的力量支撑就是，即使输也要输得有尊严，不要再重新经历第一次世界大战的耻辱。这一次，德国士兵听到德国宣布投降时，他们并不感到惊讶。

随着整个战争已逐渐进入尾声，希特勒成为德军将士心目中的关键性存在。在最后的几个月内，瓦尔特·费尔瑙成为纳粹一名教习军官，他负责给德军战士们做鼓动宣传，告诉他们为什么要继续战斗。他说："我的任务是给连队层级的战士们做演讲，号召他们看清形势。活动很有仪式感，有乐手在部队面前拉手风琴，大家高唱纳粹军歌，整个气氛非常庄严、振奋，随后，我对大家说，战士们，我们今天之所以集会在此，并不是为了简单地唱首歌。我必须告诉你们当前所面临的形势，如果我们对当前战况稍有了解的话，就会清楚地知道，美国人或英国人如今已在我们的边境。我们知道，苏联人正朝着柏林挺进；我们知道，在南部，美国人已经控制了罗马。更进一步来说，无数的飞机不分昼夜地飞过我们国家的上空，投下炸弹对城市进行轰炸。此时此刻，我们当中没有人知道，自家的房屋是幸免于难，还是已被炸成废墟。如果让我来评价当前的整体局势，我最想使用战士们的一句脏话：'这都是狗屎！'但是，越是在这个时刻，我们越是要巩固元首作为最高指挥者的地位。也许，他掌握的情况比我们所知道的还要糟糕，也许，他掌握的情况比我们所知道的要好。不管情况如何，他如今依然要求我们忠实履行自己的职责，这也就意味着，我们当中的有些人会身受重伤，甚至会因此而献出自己的生命。但是，为了战争能有一个好的结局，他只能这样要求我们。你们会不会临阵动摇，想着要回家？如果是这样的话，等到战争结束，元首会过来问你：'我希望有一个好的结果，但是你却扔掉了武器！'到那时，你是否能经受住众人的谴责？"对瓦尔特·费尔瑙来说，他那时对希特勒的情感十分单纯。他说："对我们来说，他就是偶像。"这种偶像膜拜的情感一直在影响着瓦尔特·费尔瑙。我们问他："为什么在第一次世界大战期间，德国士兵们纷纷投降，而在第二次世界大战时，却一直奋战到最后一刻?"费尔瑙直截了当地回答："因为在第一次世界大战时，我们没有希特勒。"

依据汉斯·冯·赫尔瓦特的观点，德军将士奋战到最后一刻，尽管遭受了巨大的人员伤亡，但还是有一些积极影响的。他说："如果不是如此的话，那么新的'背后捅刀'的论调又会重新抬头……德国很多妇女在战争中失去了自己的儿子或是兄弟，她们无法想象这一切其实都是徒劳的，这些人是为错误的理由而死，她们无法相信这一点。"如果希特勒在1944年被刺杀，随后换来和平的话，那么过不了几年，也许有人就又会说："如果德国在当时能够继续战斗的话，那么它不一定会输掉这场战争。"反事实的历史已经无法求证，只会引起更多的猜疑。由此可能还会有人问：在这种情况下，到了战争的末期，西方国家的盟军会调转枪头对准苏联吗？德国人一定会制造出包括V1、V2火箭在内的"梦幻武器"而改变结局吗？这些讨论如今仍在继续，尤其是在极右翼团体中更为激烈。颇具讽刺意味的是，战斗到最后一刻，还可以防止在战争中再涌现出一个"希特勒"，即使新的"希特勒"要背负大屠杀遗产的负担。

尽管情况是这样，但是，德国如果真的能在1944年实现和平的话，依然有巨大的好处，不仅可以避免大量的战士被对方所歼，同样还能使很多的德国民众免遭纳粹的毒手。在战争的最后一年，纳粹的恐怖行动在德国已经达到了失控的状态。从维尔茨堡的一份档案中我们看到了一起令人震惊的事件，由此也可以看出：在战争败局已定的时候，纳粹是如何将魔爪伸向了德国的普通民众。[7]事件的主人公叫卡尔·魏格莱因，他是采林根的一位农夫，采林根是一个距离维尔茨堡几公里远的村庄。1945年，魏格莱因已经五十九岁了，但此时，他仍被征召至人民冲锋队（纳粹在战争末期所成立的国家民兵部队）中作战。他所在连队的领导是一位当地的教师，名字叫作阿尔方斯·施密德尔，此人是一名狂热的纳粹分子，他同时还领导着当地的希特勒青年团。3月25日，大约是下午两点钟的时候，部队全体集合，聆听营长穆尔—库勒的简短训话，营长在讲话中表示：随着战争逐渐进入尾声，各项规章制度也会更加地严格，如果有人违反指令将会遭到枪决。包括卡尔·魏格莱因在内的一群人回答道："遵命！"与此同时，其他队伍从附近的公路上移除了一些阻止坦克行进的障碍物，有人谣传，障碍设置一事和卡尔·魏格莱因有关。3月27日，为了阻止美军的前进，纳粹炸毁了连接采林根和邻村雷茨巴赫的一座桥梁，而魏格莱因的家离这座桥很近，他愤愤地对一位邻居说："施密德尔和穆尔—库勒这两个蠢货为什么要炸桥？他们都应该被绞死！"施密德尔碰巧听到了魏格莱因的抱怨，立即把情况报告给了穆尔—库勒。

第二天晚上，埃尔温·黑尔姆少校的飞行军事法庭就来到了卡尔施塔特。面对即将到来的溃败，纳粹组建了这些飞行军事法庭以负责纪律执行，它拥有和常规军事法庭同等的权力，而黑尔姆少校领导的这个飞行军事法庭尤为臭名昭著，当地人都把它叫作"私刑之所"。黑尔姆少校以其残忍的虐待行为被人所熟知，此前，有人曾听见他对一个十七岁的少年说："你选好了要绞死你的树枝了吗？"还有一次，他对其下属说："看看这个孩子脖子上的绞痕，真好看！"

为了杀一儆百，黑尔姆少校和穆尔—库勒决定处决卡尔·魏格莱因。卡尔·魏格莱因被迅速从当地的警察局提审出来，飞行法庭连夜进行了审判。黑尔姆命令他的下属恩格尔贝特·米查尔斯基中尉来主持整个流程，当地的两名农夫——安东·舒贝特和西奥多·维特曼——被指定为“陪审员”。而瓦尔特·费尔瑙此时也是黑尔姆少校的下属，他奉命充当“检举人”。费尔瑙说：“黑尔姆当时对我说，‘我安排你来负责检举，这是没有丝毫疑点的一个案子，我会将执行分队一并带上’。”在开庭之前，黑尔姆甚至就签好了死刑宣判书。但后来还是出了一个纰漏，那两名农夫陪审员拒绝给卡尔·魏格莱因判处死刑。[8]黑尔姆无视他们的抗议，随后又威胁他们，如果再要反抗，将把他们两人也一并打入军事法庭审判。最终，魏格莱因被判有罪，瓦尔特·费尔瑙知道魏格莱因此时是死路一条。他说：“即使你现在认为我是助纣为虐的狗腿子，我也不想过多辩解，但是，那时的情况真的特别艰难，人人自危……司法机构认为飞行军事法庭有判决的权力，我还能怎么说，难道我还要请求法庭只判他几个月的监禁吗？我哪有资格说出那样的话？那时，我多希望能有这样的宣判：‘你被飞行法庭宣判有罪，将会坐六个月的牢，在此期间，战争已经结束，有些人会在战争中死去，而你则不会。’你现在能理解我的意思吗？即使是在今天，也有很多人认为，当时的特殊情形需要特别［残忍］的手段，虽然我对此并不认同，但我同时也深知，当时的法律就是这么规定的，我做不了任何改变。”谈话中，瓦尔特还讲到了他在东线战场所见证的恐怖行径，这些经历促成了他对飞行军事法庭的态度。他说：“战争中，我看到很多战友就在我眼前死去，最后的结果，可能就只剩一具残缺的皮囊……他们朝着对方开火，最后又死在了对方的炮火下，这是很惨痛的一件事。但是，假以时日，我们可能对此都会渐渐习惯。如果你在苏联战场，看见苏联人朝你奔过来，越来越近，甚至已经亮出了他们的刺刀，随后，你扣响扳机，接连向他们扫射，看着他们一个一个倒地，你会非常有成就感，你在心里会说，‘太好了！’这种情况要是发生在现在，有人能理解吗？看见一个人倒地死亡，有人会感到高兴吗？”

次日凌晨一点三十分，卡尔·魏格莱因被带到一棵梨树下，这是黑尔姆为了实施绞刑特地为他挑选的一棵树。此时，魏格莱因的脖子上被套上了一块牌子，上面写着：“因破坏战斗力被判处死刑。”这棵梨树离魏格莱因的家只有五米之遥，行刑前，魏格莱因呼喊着自己的妻子：“多拉，多拉！他们要绞死我了！”他的妻子打开厨房的窗户，朝黑尔姆和其他人大声地喊道：“放开我的丈夫！他没有做任何对不起你的事！”米查尔斯基反驳道：“闭嘴！关上你的窗户！”就这样，魏格莱因被绞死在自己的妻子面前。对瓦尔特·费尔瑙来说，他在东线战场已经见证了很多的残忍场景，即便如此，他对卡尔·魏格莱因被绞死一事也感到不安。他说：“有人认为这是纳粹的耻辱，一个女人，亲眼看着自己的丈夫被绞死，这个人可能与她已经生活了四十几年，而如今，他就在自己的眼前被处以极刑。”魏格莱因的尸体被挂在树上示众三天，这期间有两名战士负责看守。

战争结束后，再回过头来想想当时的场景，瓦尔特·费尔瑙感到有些伤感。他说：“这是我参与的最后一场宣判，我对此感到非常地遗憾，但是，当时的那些人，他们只是犯了一点小小的过失就被残忍地处决，你现在只是说‘对不起’‘我对此感到遗憾’，那实在还是有些轻描淡写了。如果你把人家的车玻璃给砸了，你可以说‘对不起’，但是，一个人的命都已经没了，你还能这样说吗？我也在不停地思考，这些事情当时究竟该如何处理？这实在是一个很难回答的问题，直到如今我也在追问自己，我又该怎么做？”

在这些行凶者当中，很多人都没有被定罪。而黑尔姆少校则于1953年被东德法庭判处终身监禁，只不过，因为东德的秘密情报机构“斯塔西”希望黑尔姆能为他们所用，所以，黑尔姆只服刑三年后就被释放。瓦尔特·费尔瑙因为参与军事法庭事务而被判处六年监禁，后来在刑满几个月前被释放。

在战争结束前夕，纳粹残忍地镇压本国民众，这样的血腥故事并不少见。在德国境内阿尔卑斯山脚下的彭茨贝格，当地居民为了保护他们的煤矿，群起抗议希特勒的“焦土政策”，纳粹不顾美国军队即将到达，硬是从慕尼黑迅速派出一支执行分队，残忍地枪决了带头肇事的人。随后，他们又抖出一份“政治不可靠”人员名单，将名单上的人全部绞死。

面对这些恐怖行径，大多数民众都是敢怒不敢言。举例来说，约翰内斯·察恩就表示：“我从心底里极度谴责希特勒，在战争败局已定时，他就应该说，‘好吧，我放弃，我接受和平，我撤兵，我承认自己的失败’。他本应该这样做，但不幸的是，他没有这样健全的人格。”像察恩这样的人并不敢公开反抗，他们都是出于现实的考量。察恩说：“如果一个国家出现了像斯大林或是希特勒这样的小集团，当这些集团一旦掌权，他们就会唯我独尊、滥用权力。这种情况下，大多数人都会说，‘抗争毫无意义，我不会去冒什么险’，因为对任何人来说，冒险做任何事情都有可能招来杀身之祸。我们已经看到了很多这样的先例。即使那些暴力机器中的人都不敢这样做，何况我们这些平头百姓又怎么敢主动惹祸上身呢？”察恩奉行的是一套只求自保的哲学。他说：“对抗他们？我可不会冒这个险，我只求平安度过这段时间就万事大吉。大多数人都是这样想的，大家的处世哲学都是不说、不看、不传。”有一次在采访中，我们采访了一位当时“十分配合政府”的德国人，我们问他当时是什么感想，为什么要如此顺从，他则愤怒地回答：“你现在说得倒很轻巧，你根本没有经历过那样的事情，你根本不知道当时是怎样地人人自危！”

在战争的最后几个月，卡尔·勃姆—泰特尔巴赫离开了柏林，奉命北上诺伊施塔特—弗伦斯堡。在行进途中，他和下属们抽空去拜访了希姆莱，这注定是他和这位纳粹党卫军头目的最后一次会面。尽管第三帝国大厦将倾，但是，希姆莱却依然不失军人风度。泰特尔巴赫说："希姆莱看我又冷又饿，让我先喝杯热茶暖暖身子，接着，他注意到我穿的是短袖衬衫，里面还是夏季的内衣，他不太满意，然后对我说，'你看看你现在的样子，现在你要去弗伦斯堡了，在弗伦斯堡有一家军品供应站，你届时到那里拿一些冬天穿的衬衫和内衣吧'。后来，我带着希姆莱亲笔签名的介绍信去了那家军品站，他们给了我三件衬衫和三套内衣，这些都是拜希姆莱所赐。"

勃姆—泰特尔巴赫的这则逸事表明：在战争即将进入尾声的时候，希姆莱深知自己在大屠杀中血债累累，日后必难逃一劫，但在此时，他依然要保持风度，依然要树立关心下属的良好形象。

希特勒直到最后一刻还把持着真正的大权，但是，在战争的最后两年，他的身体状况开始急剧恶化：因为1944年7月曾受的伤，他的左胳膊会不住地颤抖；此外，他还经常感到头晕目眩和恶心，一发作就是好几个小时。他的私人医生莫雷尔给他开了很多药，但是都不见好转。军备部长阿尔贝特·施佩尔感觉希特勒的生命如油灯将枯。尽管希特勒的身体情况不容乐观，但是，他的下属仍对其忠心耿耿。用下属们的话来说就是："希特勒依然还在，局势虽然杂乱如麻，但是，他依然是唯一的主宰，我们依旧绝对服从他的命令。"[9]

1945年4月16日，斯大林下令对柏林发动最后一击。斯大林审慎地组织了这场战斗，为的是不让自己手下任何一位将领独占军功。朱可夫元帅和乌克兰前线第一方面军司令科涅夫元帅奉命联合战斗，攻克柏林。马哈茂德·加里夫说："他们两支部队在攻打柏林时画了一道分界线，斯大林把这条分界线标出并说道，'谁第一个到达柏林，就让谁取下柏林’。这造成了两路军队之间的嫌隙，斯大林故意这样做，以防止任何一位将领功高盖主。此时，他甚至已经在考虑，如果到了战后，朱可夫的势力过于壮大应该怎么办。”

斯大林考虑的这些事情完全符合他本人的性格，同样，希特勒也是如此，眼见着东线、西线的战事都将一败涂地，希特勒觉得德国民众对他的领导已开始产生抵触情绪。于是，他的复仇不再只针对犹太人和其他所谓的“下等人”，而是拓展到了德国的所有人。在3月19日元首令中，他宣布：对于德国的所有物品，但凡能被敌人所用并发挥作战效益的，都要尽数摧毁。这道命令也被称作“尼禄命令”(Nero Order)，它和希特勒此前的“焦土政策”一样，都是在即将战败的情况下，将自己的设施全部损毁，防止被对方所用。纳粹军备部长阿尔贝特·施佩尔希望能把这道命令对德国自身所造成的损害降至最小，他坚持该命令的施行需要与自己的部门协调，但是，“尼禄命令”本身的措辞可是毫不含糊的。在4月18日的一次军情分析会上，希特勒进一步表明了自己的态度，他说：“如果德国人民输掉战争，那么对我来说，他们都将毫无价值。”[10]

就在希特勒坐在帝国总理府天天为民众的抵触情绪大发雷霆的时候，朱可夫和科涅夫也深知斯大林在他们两者之间开展“攻克柏林的竞赛”会带来怎样的结果。斯大林标注了一条分界线，科涅夫的部队位于帝国国民议会大厦以西一百米处，而拿下国民议会大厦就是凯旋的标志。朱可夫与科涅夫的军队本来与德军已经在开战激烈的巷战，但此时，他们还要为分界线的划分对谁有利而明争暗斗。朱可夫的白俄罗斯前线第1集团军旗下的，由崔可夫领导的近卫第8集团军，越过了科涅夫的乌克兰前线第1集团军旗下的，由卢钦斯基领导的步兵分队的势力范围。

在攻打柏林的战斗中，阿纳托利·梅利什科隶属于崔可夫的部队，该部队也是朱可夫第1集团军的一部分。梅利什科亲自见证了斯大林是如何让自己的将领们“同室操戈”的。他说：“有一次，崔可夫派我去柏林郊区的一处地带，去看看那里停着谁的坦克，我带上机枪驾着车就出发了。到了目的地以后，我同坦克里的战士们攀谈了起来。其中有一个人说，‘我来自白俄罗斯前线第1集团军’，而另一个又说，‘我来自乌克兰前线第1集团军’。我接着问他们，‘那你们谁是第一个到的？’他们都回答说‘不知道’。我又问当地的民众，‘谁的坦克先开到这里的？’他们的统一回答都是‘苏联的坦克’。其实，不要说老百姓了，就连一个军人也很难说出这些坦克之间的区别。于是，回去以后，我就汇报说是朱可夫的坦克先到那里，随后才是科涅夫的坦克。随后，莫斯科的一次焰火庆典就以朱可夫命名。在那时，莫斯科举行焰火庆典时都有一个传统，冠名时都说，‘为庆祝某某某部队攻占柏林某某地带，特举行此次庆典’。”到了4月28日，斯大林终于下了一道清晰的命令，授权朱可夫的部队攻占柏林中心地带。

1945年4月30日，下午三点三十分不到的时候，随着苏军逼近国民议会大厦，希特勒自杀。他对纳粹党的把控随着自己的死而终于落幕。在战争的后期，希特勒把自己泄愤的情绪也扩大到其所统治的德国人身上，这团怒火最终也将他本人烧成灰烬。纳粹生于危机和仇恨，最终也在危机和仇恨中灭亡。

希特勒饮弹自尽后，苏联红军上下都举行了庆祝仪式，其中也包括驻守在东德代明市的红军部队。攻克柏林的取胜并没有完全满足苏军战士们复仇的愿望，他们希望每一个德国人都要为纳粹的罪孽付出代价。在这当中，有很多无辜的德国人遭受了牵连，瓦尔特劳德·雷斯基就是其中的一员，当时，她是住在代明市的一位十一岁的女学生。随着柏林被苏联红军攻占，她和家人们听到了一则可怕的消息：苏军将火烧代明市三天，同时，妇女在这三天内可被任意凌辱。

在这样的极度绝望之下，代明市的很多民众都跳河自尽了。尽管在后来，有一些苏军士兵因为此类行为受到了军事法庭的审判，但是，我们有足够的证据表明，当局对此事是睁一只眼闭一只眼的。有人曾告诉斯大林，一些红军战士虐待德国难民。斯大林则回应道："我们对战士们的说教已经够多的了，让他们有点主动精神吧。"[11]

大约在四年前，纳粹怀着对苏联的极端仇视而发动战争，而战争的结尾却以苏联红军对代明市普通百姓的刻意复仇而收尾，这种结果颇出乎预料，同时，以怨制怨、以暴制暴的做法也让我们替双方所有无辜的人感到唏嘘。瓦尔特劳德·雷斯基说："希望这一切永远不要再发生，相互之间不要再发动战争，同时要记住，敌对的那一方也有无辜的百姓。"

究其根源，给德国造成巨大创伤的是纳粹自己。在纳粹的十二年的统治中，他们展示了人类的兽行可以怎样地毫无底线，他们奉为圭臬的"收起你怜悯的心，勇猛地行动"[12]的蛊毒给世界带来了怎样的灾难。无论何时，纳粹的行为都是一个沉痛的历史警示。

希特勒死后没多久，德国正式投降，卡尔·勃姆—泰特尔巴赫看着受降书，突然意识到：在不到三十年的时间里，德国已经输掉了两场世界战争。他的脑海中也一直在思索："我不太确定，一场战争，各方都付出了极大的代价，苏联方面，德国方面，还有美国、英国和法国方面，莫不如此，而这一切的一切，是否值得？对你自身而言，你也许选错了职业，从现在开始，重新为自己考虑一下吧，再也不要从军了。"

战争结束后，卡尔·勃姆—泰特尔巴赫负责运营泛美航空公司的纽伦堡办事处。

注　释

第一章　获取权力

1. 约翰·拉芬,《希特勒给我们的警告》(Brassey's,1995),第31页。
2. 出处同上,第33页。
3. J.诺阿科斯、G.普利德汉姆编,《纳粹主义:记录读本1919—1945》(University of Exeter Press,1984),第2卷第572页。
4. 伊恩·克肖,《希特勒》(Longman,1991),第33页。
5. Bundesarchive Lichterfelde,档案号R43,I/2696。
6. 布丽奇特·哈曼,《希特勒的葡萄酒》(R. Piper GmbH,1996)。
7. Bayrisches Hauptstaatsarchiv,第4卷第3071页。
8. 约阿希姆·费斯特,《直面第三帝国》(Penguin Books,1972),第211页。
9. 出处同上,第208页。
10. 出处同上,第115页。
11. *Marktbreiter Wochenblatt*,1923年10月26日,Bayrisches Hauptstaatsarchiv,Microfiche 1,Akt. Minn73725。
12. Zentrum für Antisemitismusforschung, Technische Universität Berlin (海因里希·比多尔最初出版的小册子,莱比锡)。
13. J.诺阿科斯、G.普利德汉姆编,《纳粹主义:记录读本1919—1945》,第1卷第35页。
14. 《希特勒的桌边谈话》(休·特雷弗—罗珀导读)(Oxford University Press,1988),第39页。
15. 奥托·迈斯纳,*Staatssekretär* (Hoffmann und Campe Verlag,1950),第240页。
16. 理查德·贝塞尔,《纳粹党的崛起和纳粹宣传的秘密》,Wiener Library Bulletin (1980),第23期,no.51/51。

17. 弗朗茨·冯·帕彭,*Der Wahrheit eine Gasse* (Paul List Verlag,1952) ,第249页。
18. 第三帝国财政部长卢茨·格拉夫·冯·什未林—克洛斯齐格在1932年12月2日批签,引自沃尔夫拉姆·皮塔,《帕彭的应急军事准备》,Militärgeschichtliche Mitteilungen MGM51 (1992) ,第141页。

第二章 混乱与趋同

1. J.诺阿科斯、G.普利德汉姆编,《纳粹主义:记录读本1919—1945》,第1卷第169—170页。
2. 这些关于布隆贝格的情况,引自约阿希姆·费斯特,《希特勒》(Harcourt Brace Jovanovich,1974) ,第453页。
3. 阿尔贝特·施佩尔,《第三帝国的内幕》(Orion,1995) ,第84页。
4. 出处同上,第194—195页。
5. 伊恩·克肖,"为元首工作",《现代欧洲史》(Cambridge University Press,1993) ,第2卷第2辑,第103—118页。
6. 《乱世佳人》,关于戈培尔为何如此喜欢这部电影的更多细节,参见《政治兜售》(BBC Worldwide,1992) 。
7. 基于BBC对盖拉特利教授关于维尔茨堡档案的访谈。亦见盖拉特利教授,《盖世太保和德国社会》(Oxford University Press,1991) 。
8. 罗伯特·盖拉特利,《盖世太保和德国社会》,第55—56页。
9. "儿童安乐死计划":这些年代大事记的数据来自J.诺阿科斯、G.普利德汉姆编,《纳粹主义:记录读本1919—1945》,第3卷;J.诺阿科斯对我们的电视系列片《纳粹警示录》第2集中关于儿童安乐死政策内容的建议。

第三章 错误的战争

1. 《希特勒的桌边谈话》,第15页。
2. 出处同上,第24页。
3. J.诺阿科斯、G.普利德汉姆编,《纳粹主义:记录读本1919—1945》,第2卷第263页。
4. 罗伯特·威斯特里奇,《纳粹德国:谁是谁?》(Routledge,1995) ,第202页。
5. 《希特勒的桌边谈话》,第635页。
6. J.诺阿科斯、G.普利德汉姆编,《纳粹主义:记录读本1919—1945》,第3卷第615页。
7. 出处同上,第3卷第614页。
8. 约阿希姆·冯·里宾特洛甫,《里宾特洛甫回忆录》(伦敦,1954) ,第41页。
9. 罗伯特·威斯特里奇,《纳粹德国:谁是谁?》,第202页。
10. 出处同上,第202页。
11. J.诺阿科斯、G.普利德汉姆编,《纳粹主义:记录读本1919—1945》,第2卷第

278页。

12. 出处同上,第2卷第281页。
13. 出处同上,第3卷第680页。
14. 出处同上,第3卷第680页。
15. A.J.P.泰勒,《第二次世界大战的起源》(Hamish Hamilton,1961),第2章。
16. J.诺阿科斯、G.普利德汉姆编,《纳粹主义:记录读本1919—1945》,第3卷第696页。
17. 出处同上,第688页。
18. 费斯特,《希特勒》,第543页。
19. 出处同上,第544页。
20. J.诺阿科斯、G.普利德汉姆编,《纳粹主义:记录读本1919—1945》,第3卷第739页。
21. 费斯特,《希特勒》,第546页。
22. 约阿希姆·费斯特,《希姆莱的秘密演讲》(Propyläen Verlag,1974),第49页。
23. 达夫·库珀,《被遗忘的老人》(Rupert Hart-Davis,1953)。
24. J.诺阿科斯、G.普利德汉姆编,《纳粹主义:记录读本1919—1945》,第3卷第739页。
25. 本书作者与汉斯·奥托·迈斯纳在1991年的采访实录。

第四章　野蛮的东线

1. 《希特勒的桌边谈话》,第19页;1941年8月1日。
2. 克里斯托弗·布朗宁,《灭绝之路》(Cambridge University Press,1992)。
3. 格赖泽尔于1942年11月21日致希姆莱的私人信件(柏林档案中心)。
4. J.诺阿科斯、G.普利德汉姆编,《纳粹主义:记录读本1919—1945》,第3卷第938页。
5. 出处同上,第940页。
6. 出处同上,第954页。
7. 1942年6月的公开讲话,Institut für Zeitgeschichte,DokI—176,第29页。
8. J.诺阿科斯、G.普利德汉姆编,《纳粹主义:记录读本1919—1945》,第3卷第949页。
9. 出处同上,第949页。
10. 克里斯托弗·布朗宁,《灭绝之路》,第13页。
11. J.诺阿科斯、G.普利德汉姆编,《纳粹主义:记录读本1919—1945》,第3卷第965页。
12. 1943年1月19日的信函(柏林档案中心,BDC,SS-HOI/4701)。
13. 卢茨扬·多布诺斯奇编,《罗兹犹太人居住区1941—1944年大事记》(Yale University Press,1985),第37页。

14. 克里斯托弗·布朗宁,《灭绝之路》,第36页。有关在罗兹犹太人居住区建立工厂的决策过程讲述,亦见该书第28—56页。
15. 出处同上,第37页。

第五章　寄予厚望

1. 罗伯特·塞西尔,《希特勒入侵苏联的决定》(Davis-Poynter,1975),第167页。
2. 罗伯特·塞西尔,《希特勒入侵苏联的决定》,第15页;劳施宁,《希特勒的话语》(Thornton Butterworth,1939),第140页。
3. 巴利·里奇,《德国对苏联的策略:1939—1941》(Oxford University Press,1973),第14页。
4. 萨里斯伯里,《朱可夫元帅的伟大战役》(Harper & Row,1969),第154页。
5. 哈尔德,*Spruchkammeraussage*,1948年9月20日,IfZ ZS 240/6,第23—24页。
6. 查尔斯·布尔迪克、汉斯·阿道夫·雅各布森编,《哈尔德作战日志:1939—1942》(Greenhill,1988),第220—221页。
7. 出处同上,第446页。
8. 弗朗茨·哈尔德1941年7月3日致路易斯·冯·本达的信。
9. 罗纳德·格里戈尔·苏尼,"斯大林和斯大林主义:1930—1953",引自伊恩·克肖、莫舍·勒温,《斯大林主义和纳粹主义》(Cambridge University Press,1997),第30页。
10. 出处同上,第49页。
11. 斯德罗布·塔尔伯特编,《赫鲁晓夫不会忘记》(Deutsch,1971),第307页。
12. *Trotsky Moyazhizn*,第2卷第213—214页,引自季米特里·沃尔科戈诺夫,《斯大林:凯旋与悲剧》(Weidenfeld & Nicholson,1991),第57页。
13. 莫舍·勒温,"旁人视角下的斯大林",引自伊恩·克肖、莫舍·勒温,《斯大林主义和纳粹主义》,第109页。
14. 伊恩·克肖、莫舍·勒温,《斯大林主义和纳粹主义》,第124页。
15. 引自季米特里·沃尔科戈诺夫,《斯大林:凯旋与悲剧》,第279页。
16. 拉夫·鲁斯,《戈培尔日记》(慕尼黑,1990),第3卷第198页;1937年7月10日。
17. 1934年的"罗姆暴动"是一个例外,尽管组织方是纳粹自己的冲锋队(又称"褐衫队"),而不是德国陆军。颇具讽刺意味的是,斯大林在听说"罗姆暴动"后,对此深表认同。
18. 阿兰·布洛克,《希特勒和斯大林:平行人生》(HarperCollins,1991),第731页。
19. 引自费斯特,《希特勒》,第644页。
20. 参见克里斯蒂安·斯特赖特,《德国陆军和灭绝政策》,第8页。
21. 厄尔克·弗勒利希,"约瑟夫·戈培尔和他的日记",*Vierteljahrshefte für Zeitgeschichte*,35(1987)。
22. *Voenno-istoricheskii Zhurnal*,9(1987),第49页,引自季米特里·沃尔科戈诺夫,《斯

大林：凯旋与悲剧》，第37页。
23. 季米特里·沃尔科戈诺夫，《斯大林：凯旋与悲剧》，第369页。
24. 理查德·奥弗里，《苏联的战争》(Allen Lane，1998)，第74页。
25. 约翰·埃里克森，《苏联最高指挥部》(Weidenfeld & Nicholson，1983)，第574页。
26. 阿兰·布洛克，《希特勒和斯大林：平行人生》，第768页。
27. 詹姆斯·巴罗斯、理查德·格雷弗，《双重欺骗：斯大林、希特勒及入侵苏联》(Northern Illinois University Press，1995)。
28. 帕维尔·苏多普拉托夫，《特别任务》(Warner Books，1995)，第145—147页。
29. 季米特里·沃尔科戈诺夫，《斯大林：凯旋与悲剧》，第413页。
30. 需要注意的是，有人估计约六十万苏联战俘在1941年7月17日被移交给海德里希的看守队伍，海德里希就苏联战俘制定了处理原则，需要处决的不仅仅是疑似的政委军官，还包括战俘中的"知识分子"。参见克里斯蒂安·斯特赖特，《德国陆军和灭绝政策》，第8页。
31. 行政官员和军事官员在1941年5月2日一次会议的纪要，《纽伦堡审判档案》，第31卷第84页。
32. 《纽伦堡审判档案》，第36卷第135—157页。
33. 引自戈茨·阿里，《最终解决》，第201页；拉夫·鲁斯，《戈培尔日记》，第4卷，1645。
34. 哈罗德·C. 多伊奇、丹尼斯·E. 肖瓦尔特编，《第二次世界大战如果有战略替代方案?》(Emperor's Press，1997)。
35. 引自理查德·奥弗里，《苏联的战争》，第94页。
36. 阿兰·布洛克，《希特勒和斯大林：平行人生》，第811页。
37. *Voenno-istoricheskii Zhurnal*，10 (1991)，第335—341页。

第六章　不同的战争

1. 关于有多少民众死亡这一问题是有争议的，参见理查德·奥弗里，《苏联的战争》，第288页。这一预测来自同约翰·埃里克森教授的商议结果。
2. 引自费斯特，《希特勒》，第655页。
3. 出处同上，第654页。
4. 拉夫·鲁斯，《戈培尔日记》。
5. 《希特勒的桌边谈话》，第38页；1941年9月23日。
6. 出处同上，第69页；1941年10月17日。
7. 蒂莫西·帕特里克·马利根，《政治欺骗与帝国》(Praeger，1988)，第11页，来自维尔纳·克彭的批注，1941年9月19日。
8. 引自亚历山大·达林，《德国在苏联的规则：1941—1945》(Macmillan，1981，第二版)，第163页。
9. 科赫在1943年3月5日的演讲内容，引自蒂莫西·帕特里克·马利根，《政治欺骗与帝国》,第68页。

10. 引自罗伯特·威斯特里奇,《纳粹德国:谁是谁?》,第142页。
11. 《希特勒的桌边谈话》,第319页;1942年2月19日。
12. 出处同上,第587—589页;1942年7月22日。
13. 鲍曼致罗森贝格的信,1942年7月23日,引自亚历山大·达林,《德国在苏联的规则:1941—1945》,第457页。
14. 欲知详情,见亚历山大·达林,《德国在苏联的规则:1941—1945》,第454—458页。
15. 克里斯蒂安·斯特赖特,"战争中的游击队、反抗和战俘",引自J.维克琴斯基编,《巴巴罗萨行动》(盐湖城,1993)。
16. 阿兰·布洛克,《希特勒和斯大林:平行人生》,第824页。
17. 阿姆斯特朗,第21—27页。
18. 戴维·格朗茨上校所做的预估,见格里奥尼德·格伦科维奇,《苏联游击队运动:1941—1944》(Frank Cass,1999)。
19. 季莫申科在采访中声称,如果能有一条安全线路的话,他们会把德国的战俘送回去。但是,这种说法值得怀疑,因为对一支在敌后作战的游击队来说,他们可能早就把战俘杀了。
20. 引自蒂莫西·帕特里克·马利根,《政治欺骗与帝国》,第137页。
21. 国家安全人民委员会在1945年3月17日的报告,明斯克中央档案馆。
22. 乌克兰内政部于1949年2月15日递呈乌克兰第一党组书记的报告,基辅档案馆。
23. 沃洛迪米尔·柯西克,《第三帝国和乌克兰》(Peter Lang,1993),第621页。
24. 出处同上,第554页。
25. 引自蒂莫西·帕特里克·马利根,《政治欺骗与帝国》,第139页。
26. 出处同上,第139页。
27. 出处同上,第142页。
28. 1944年1月3日递呈中央集团军群的报告,报告内容是关于1943年12月开始的"奥托行动"。
29. 引自蒂莫西·帕特里克·马利根,《政治欺骗与帝国》,第143页。

第七章　潮头忽转

1. 理查德·奥弗里,《苏联的战争》,第160页。
2. 引自库珀,《德国陆军:1933—1945》,第443页。
3. 约翰·基根,《第二次世界大战全景》(Times Books,1989),第104页。
4. 瓦尔特·瓦利蒙特,《走进希特勒总部:1939—1945》(Presido Press,1964;Bernard & Graege Verlag首版,1962),第303—306页。
5. 数据引自安东尼·比弗,《斯大林格勒》(Viking Press,1998),第415页。

第八章　通往特雷布林卡之路

1. 恩斯特·克里、威利·德雷森和沃尔克·里斯,《昔年往事》(Hamish Hamilton, 1991;S. Fischer Verlag GmbH首版,1988),第293页。
2. 菲利普·布林,《希特勒和犹太人》(Edward Arnold,1994),第38页。
3. J.诺阿科斯、G.普利德汉姆编,《纳粹主义:记录读本1919—1945》,第3卷第1200页。
4. 出处同上,第1075页。
5. J.诺阿科斯、G.普利德汉姆编,《纳粹主义:记录读本1919—1945》,第3卷第1091页。
6. 恩斯特·克里、威利·德雷森和沃尔克·里斯,《昔年往事》,第27页。
7. 出处同上,第28页。
8. 出处同上,第31页。
9. 出处同上,第90页。
10. 出处同上,第90页。
11. 出处同上,第96页。
12. 出处同上,第51页。
13. 戈茨·阿里,"犹太人的再安置",引自赫伯特编,《灭绝政策》,第71页。
14. 引自克里斯托弗·布朗宁,《最终解决方案的起源:纳粹1939年9月至1942年3月对犹太人政策的演进》(William Heinemann,2004),第318页。
15. 来自博迈斯特在1961年1月24日的证词。
16. 《希特勒的桌边谈话:1941—1944》(Phoenix Press,2000)。
17. 引自彼得·朗格里希,《口头命令》(Tempus,2001),第78页。
18. 杰哈德·温伯格,"盟军与大屠杀",引自迈克尔·J.纽菲尔德、迈克尔·贝伦鲍姆编,《盟军与奥斯维辛轰炸下的大屠杀》(St Martin's Press,2000),第20页。
19. J.诺阿科斯、G.普利德汉姆编,《纳粹主义:记录读本1919—1945》,第3卷第1126页。
20. 引自彼得·朗格里希,《口头命令》,第92页。

第九章　恶有恶报

1. 伊恩·克肖,《希特勒秘史》(Oxford University Press,1989),第218页。
2. 伊恩·克肖,《犹太人所受的迫害与第三帝国的公众舆论》(Yearbook of Leo Baeck Institute,1981,第26卷),第284页。
3. 伊恩·克肖,《纳粹的独裁统治》(Bloomsbury Academic, 2015),第177页。
4. 引自保罗·阿达尔,《希特勒的大挫败》(Arms and Armour Press,1994),第66页。
5. 引自厄尔·齐姆克,《从斯大林格勒到柏林:德国在东线的挫败》(华盛顿特区,

1987),第316页。

6. 引自保罗·阿达尔,《希特勒的大挫败》,第117页。
7. 这一档案最初由盖拉特利教授向我们推荐,最后由BBC的副制片人德特勒夫·西伯特完成整个研究工作。
8. 瓦尔特·费尔瑙在战后接受了审判,他就当年飞行军事法庭所发生的情况进行了辩护,但是,审判员提供的证据表明,费尔瑙当年参与了飞行军事法庭的工作。
9. 休·特雷弗—罗珀,《希特勒的最后岁月》(Macmillan,1947)。
10. 米兰·豪纳,《希特勒编年史》(Macmillan,1983)。
11. 引自理查德·奥弗里,《苏联的战争》,第261页。
12. J.诺阿科斯、G.普利德汉姆编,《纳粹主义:记录读本1919—1945》,第3卷第743页。

亲历者名录

基拉·帕夫洛夫娜·阿利卢耶娃—波利特科夫斯卡娅(Kira Pavlovna Alliluyeva-Politkovskaya)

生于1922年，斯大林的外甥女，也是帕维尔·阿利卢耶夫 (Pavel Alliluyev) 的女儿，阿利卢耶夫系斯大林第二任妻子娜杰日达·阿利卢耶娃 (Nadezhda Alliluyeva) 的兄弟。战前，在父亲疑似被毒死在克里姆林宫之后，基拉和母亲遭逮捕，随后，她被流放五年半时间。

弗里茨·阿尔特博士(Dr Fritz Arlt)

1929年加入希特勒青年团，时年十七岁，1932年加入纳粹冲锋队，1936年获得博士学位。1939年至1940年间，他成为普通政府内政办公室负责人口事务与福利的主管。1940年成为帝国办公室主管，负责犹太人再安置政策的行政管理。1943年转入纳粹党卫军工作。

鲁迪·班贝尔(Rudi Bamber)

1920年出生于纽伦堡的一户犹太人家庭，在一所综合学校接受教育，直到1936年。1935年，他的父母在纽伦堡开了一家犹太咖啡馆和旅社。他的父亲曾在第一次世界大战中获得铁十字勋章，在“水晶之夜”被冲锋队所杀。1939年7月，鲁迪·班贝尔设法逃出了德国。

兹比格纽·巴扎尔尼克(Zbigniew Bazarnik)

在战争开始时，巴扎尔尼克刚十四岁，自1941年开始，他在汉斯·弗朗克位于克拉科夫郊外的克热绍维采的宅邸中工作，主要从事一些手工劳动，并给电气工打打下手。

伯恩哈德·贝希勒(Bernhard Bechler)

生于1911年，在1940年秋至1942年春期间，他替欧根·缪勒(Eugen Müller)将军从事“特别工作”。1942年3月起，他成为第6军第3步兵团的一名上尉。1943年1月28日在斯大林格勒被俘。

卡尔海因茨·本克(Carlheinz Behnke)

生于1922年，在1933年参加希特勒青年团，1940年自愿加入纳粹党卫军。自巴巴罗萨计划初期就开始参加战斗，最初系党卫军装甲旅第5炮兵团的一名列兵，最后成为党卫军装甲掷弹兵师的一名初级军官。

贡特尔·冯·贝洛(Günther von Below)

生于1905年，于1925年加入纳粹国防军。在对法国作战中担任第4兵团的军需官，随后在斯大林格勒战役中成为第6军的一名高级军官。1943年至1955年，成为苏联的战俘。

格尔达·伯恩哈特(Gerda Bernhardt)

弱智儿童曼弗雷德·伯恩哈特的姐姐。在希特勒的“儿童安乐死计划”中，曼弗雷德·伯恩哈特在艾普勒贝克医院被秘密处死。直到1989年，艾普勒贝克医院谋杀儿童的整个真相才浮出水面。

玛娅·伊诺夫娜·贝尔吉纳(Maya Ianovna Berzina)

生于1910年，她的父亲曾是列宁的亲密同事，也是第一批大使名单当中的一位。1938年，她的父亲在大清洗运动中因其“疑似立陶宛人”的身份而被枪杀。1941年10月，她经历了莫斯科的大恐慌，随后与丈夫和孩子从莫斯科南部港口坐船逃亡。

查尔斯·布勒克尔—科尔萨特(Charles Bleeker-Kohlsaat)

1928年出生于波兰波兹南一户富裕的德裔家庭，波兹南在第一次世界大战前曾属于德国。科尔萨特后来加入了希特勒青年团，见证了这些德裔家庭的再安置。

卡尔·勃姆—泰特尔巴赫(Karl Boehm-Tettelbach)

生于1910年，在纳粹掌权前就已加入德国空军，在苏联秘密接受飞行员训练。在1938年曾担任过陆军元帅冯·布隆贝格的副官。在战争期间，他在东普鲁士“狼穴”的元首指挥部工作。1944年7月20日，希特勒遭人刺杀未遂的时候，他当时也在指挥部附近。

阿列克谢·布里斯(Aleksey Bris)

1922年生于乌克兰，在德军占领乌克兰期间，他帮助德军提供翻译工作。1942

年，在亲眼看见德军残酷对待自己的同胞之后，他转而加入了乌克兰民族主义游击队。

梅切斯洛·布罗泽克教授（Professor Mieczyslaw Brozek）

他是克拉科夫的杰格隆尼大学一名年轻的哲学系副教授，在纳粹迫害波兰知识分子期间，他与同事们在1939年11月被捕，先后被关进多个集中营，包括达豪集中营。在1940年末，纳粹迫于国际压力释放了他和他幸存的同事们。

阿道夫·毕希纳（Adolf Buchner）

1923年生于慕尼黑，后来在马尔克托贝尔多夫学习农业。1942年，因为被人指控收听国外广播而被捕。1944年2月，参加纳粹党卫军在前线的清洗行动，曾参与对列宁格勒附近村庄的清洗。

艾伯特·勒沃维奇·博尔科夫斯基（Albert Lvovich Burkovski）

1928年生于斯大林格勒，战争开始时，他的祖母被炸死，他孤身一人被遗弃在这座城市，后来被苏联红军收养，投入杀敌战斗。

保罗·埃格特（Paul Eggert）

出生于一个破碎的家庭，在十一岁的时候被纳粹实施了绝育手术，后来曾在艾普勒贝克医院的儿童病房待过三个月的时间，在那里，他见证了很多儿童的“突然消失”。

艾尔玛·艾吉（Irma Eigi）

出生于爱沙尼亚的一户德裔家庭，1939年底，也就是在她十七岁的时候，她和家人因为苏德条约中的秘密协定，被重新安置到了瓦尔特高，他们也是波罗的海地区第一批被重新安置的德裔家庭之一。

约瑟夫·费尔德（Josef Felder）

生于1900年，在希特勒1933年1月成为德国总理时，他是德国社会党的一名议员。在纳粹掌权后，他遭到逮捕，被关进了达豪集中营。在达豪集中营待了十八个月后被释放，在纳粹统治德国期间，他离开了政坛。

瓦尔特·费尔瑙（Walter Fernau）

1920年生于梅尔松根，以第14装甲兵团一名装甲兵的身份参加巴巴罗萨计划，从莫斯科撤退途中受伤。1944年成为一名中尉，1945年春加入黑尔姆少校的单位，该单位负责归拢零散的战士，随后成立“飞行军事法庭”。在此期间，他成为黑尔姆少校的副官，并被推举为纳粹教习军官。在飞行军事法庭的很多审判中，他担任了检举人的角色。

海因茨·费德勒（Heinz Fiedler）

生于1922年，随后加入托尔高地区的第10骑兵团，学习无线电操作技术。在1944年夏的“巴格拉基昂行动”中，他参加了对苏联红军的战斗，后从博布鲁伊斯克的要塞地带逃离。

埃斯特拉·弗伦基尔（Estera Frenkiel）

出生于罗兹的一户犹太人家庭，1940年春，她的家庭和其他犹太人家庭一样，被迫迁移到指定的罗兹犹太人居住区。在纳粹的犹太人居住区管理机构，她设法找到了一份文秘工作，因此她后来有机会见过犹太人居住区管理头目汉斯·比伯。在犹太人居住区关闭之后，她和母亲被转移到拉文斯布吕克集中营。

韦尼阿明·波利卡尔波维奇·费奥多罗夫（Veniamin Polikarpovich Fyodorov）

生于1924年，后来以第77近卫步兵团一名列兵的身份参加了“巴格拉基昂行动”。

马克·拉扎列维奇·加莱（Mark Lazarevich Gallay）

生于1914年，1936年起在苏联的空气动力中央学院从事飞行试飞员工作。20世纪30年代末期，他见证了苏联的大清洗运动对军事航空领域所造成的后果。

马哈茂德·阿赫梅多维奇·加里夫（Makhmud Alchmedovich Gareev）

1923年出生于一户鞑靼家庭，在苏联红军部队服役达五十多年，官衔直至苏联武装部队总参谋部副总参谋长。1942年，他以一名上尉的身份领导着第120步兵旅第3营，至1944年，他晋升为第45步兵团总部的一名负责作战指挥的少校军官。

茵娜·弗拉基米罗夫娜·加夫里尔琴科（Inna Vladimirovna Gavrilchenko）

生于1926年，经历了哈尔科夫被德军占领时期，亲眼看着父亲在1942年5月被活活饿死。

伊万·伊万诺维奇·戈洛科连科（Ivan Ivanovich Golokolenko）

生于1921年，于1941年6月自愿参战加入战斗。在1942年秋，他以第26坦克兵团第19坦克旅一名中尉的身份加入了苏联的“天王星行动”。

尤扎斯·格拉玛乌斯卡斯（Juozas Gramauskas）

生于1920年，生活在立陶宛一个名叫布特里莫尼斯的村庄。1941年9月，他见证了立陶宛士兵奉德国人的命令对当地犹太妇女、儿童进行的屠杀。

彼得·冯·德·格罗本（Peter von der Groeben）

生于1903年，战争期间，他是德国的一名高级军官。1943年至1944年间，他是中央集团军群的作战主官,随后成为第3骑兵师的少将。

阿纳托利·马科维奇·古列维奇(Anatoly Markovich Gurevich)

生于1916年,第二次世界大战期间担任苏联军方在法国和比利时反情报机构的负责人。1940年,他得知德国入侵苏联的企图,并将情报传回莫斯科。1942年底遭盖世太保逮捕。战后他受到内务人民委员会指控并遭囚禁十二年,1991年被平反。

布鲁诺·哈赫内尔(Bruno Hähnel)

生于1911年,1927年加入纳粹冲锋队的青年分支机构,随后负责希特勒青年团在威斯特伐利亚的事务直至1945年。

汉斯·冯·赫尔瓦特(Hans von Herwarth)

生于1904年,1929年进入德国外交机构工作。1931年至1939年间在德国驻莫斯科大使馆工作,亲历了《苏德互不侵犯条约》的签署。1939年至1945年间在纳粹国防军工作。

格哈德·欣登朗(Gerhard Hindenlang)

生于1916年,以第71步兵师一名中尉的身份参加巴巴罗萨行动。到1943年1月,他以一名营长的身份在斯大林格勒作战。1943年至1950年间,以战俘身份存在。曾获德军最高荣誉之一的金十字勋章。

沃尔夫冈·霍恩(Wolfgang Horn)

生于1920年,曾是第10装甲师的一名初级军士,指挥一个六人火炮小组。他参加了中央集团军群对莫斯科的挺进,他所在的分队一度距离莫斯科只有三十公里。

弗朗茨·雅格曼(Franz Jagemann)

1917年出生于一户德国人家庭,但父亲是波兰人。自1940年10月起,曾在瓦尔特高地区的纳粹军队中担任翻译官。

安娜·杰佐科沃斯卡(Anna Jeziorkowska)

1929年出生于波兹南的一户波兰人家庭,1939年11月,她和家人被残忍地驱逐出原先的住所,乘坐运送牲口的车辆来到普通政府辖区。

塔玛拉·巴蒂尔贝科夫娜·卡尔米科娃(Tamara Batyrbekovna Kalmykova)

生于1925年,在斯大林格勒保卫战中曾在苏联第64军担任通信官,于1942年11月负伤。

瓦尔特·卡莫尔林(Walter Kammerling)

1923年出生于维也纳的一户犹太人家庭。在十五岁的时候,他见证了德国吞并奥地利,以及纳粹在维也纳街巷对犹太人的迫害。1938年10月,他设法逃离了奥地利。

弗拉基米尔·克里斯塔波维奇·康托夫斯基(Vladimir Kristapovich Kantovski)

生于1923年,因为散发传单抗议政府逮捕他的一位老师而被判十年艰苦的劳动改造。1942年,他主动要求上战场,以第54惩戒连的一名战士身份参加作战,首次作战即身负重伤。1944年重新遭到逮捕,被判监禁六年多。

约翰—阿道夫·格拉夫·冯·基尔曼斯埃格(Johann-Adolf Graf von Kielmansegg)

生于1906年,1926年加入德国陆军,1939年成为总参谋部的一员。

埃米尔·克莱因(Emil Klein)

生于1905年,在"啤酒馆暴动"期间,他参与了慕尼黑的游行活动。在20世纪20年代初期加入纳粹冲锋队,1925年后成为纳粹宣传部的一名新闻发言人。

厄纳·克兰兹(Erna Kranz)

出生于巴伐利亚的一户中产阶级家庭,少女时期,曾经在1938年参加过慕尼黑举行的"亚马孙之夜"活动。

玛利亚·特里西亚·克劳斯(Maria Theresia Kraus)

生于1920年,此前曾是托茨克的邻居,托茨克成为告发活动的牺牲品,最后死在纳粹的一个集中营里。依据维尔茨堡的档案,我们得知,当年克劳斯曾在告发托茨克的文书上签过字。

瓦伦蒂娜·德米特耶夫娜·科鲁托娃(Valentina Dmitrievna Krutova)

生于1931年,当德军朝斯大林格勒挺进的时候,她才十一岁。她和兄弟不幸陷入了德军控制的地带,但幸运的是,尽管没有了祖母的照顾,他们最后依然存活了下来。

雅克·勒罗伊(Jacques Leroy)

1924年生于比利时的法语区,法国陷落后,他加入了纳粹党卫军。在作战中失去一只眼睛、一条胳膊后再次主动要求上战场,因其在纳粹德国保卫战中英勇作战在1945年4月20日获骑士十字勋章。

欧根·列维涅(Eugene Leviné)

生于1916年,他的父亲曾是一名犹太裔政客,在1919年遭处决。欧根·列维涅后来加入德国共产党，并于1933年逃离德国。

贝恩德·林(Bernd Linn)

20世纪20年代成长于一户巴伐利亚家庭，孩提时代，他见证了所谓的“东方犹太人”的抵达。后来，他加入了纳粹党卫军并参与了东线的作战。

贡特尔·洛泽博士(Dr. Günter Lohse)

20世纪30年代加入纳粹党，并在德国外交部门工作。他见证了希特勒执政时期的低效混乱场景。

莉娃·洛桑斯卡娅(Riva Losanskaya)

生于1918年，在立陶宛士兵对布特里莫尼斯村的犹太人进行大屠杀时，她是十六名幸存者中的一员。

玛利亚·毛特(Maria Mauth)

生于1924年，战争期间她在帝国劳动部工作。

瓦尔特·毛特(Walter Mauth)

生于1923年，曾是德国第30步兵师重型机枪连的一名下士。1943年至1944年间，他参与了德国“焦土政策”下的撤退行动。

胡贝尔特·门策尔(Hubert Menzel)

生于1908年，1927年加入德国陆军，1941年4月至10月间，作为德国陆军总部总体作战部门的一名高级官员，他参与了巴巴罗萨计划的制订。1942年11月，在斯大林格勒战役中，他被任命为第16装甲师的作战总长。1943年至1955年，以战俘身份存在。

阿纳托利·格里格利耶维奇·梅利什科(Anatoly Grigorievich Mereshko)

生于1922年，是一名坚定的共产党员，以一名年轻军官的身份参与对抗德军的“蓝色行动”，随后加入斯大林格勒保卫战，从那时起直至战争结束，一直在崔可夫的指挥部执行“特别任务”。战后晋升为华沙条约组织的军方副总长。

亚历山大·安德烈维奇·米哈伊洛夫斯基(Aleksandr Andreevich Mikhailovski)

生于1921年，德军在白俄罗斯的马克西莫夫斯卡村发动反游击队的清洗行动时，他和他的聋哑兄弟被德军所抓，在乡间小道充当“人肉探雷器”为他们排雷。

斯捷潘·阿纳斯塔瑟维奇·米高扬(Stepan Anastasevich Mikoyan)

生于1921年，是苏联共产党政治局委员阿纳斯塔斯·米高扬的长子，他从小在克里姆林宫的大院里长大，和斯大林的孩子们一起玩耍。长大后，与斯大林的儿子瓦西利基一同进入飞行学校，后来在战争中从事飞行员工作。

安娜·米雷克(Anna Mirek)

战争开始时她刚二十七岁，在汉斯·弗朗克位于克拉科夫郊外的克热绍维采的宅邸中担任厨师工作。

苏伦·加里金诺维奇·米尔佐扬(Suren Gareginovich Mirzoyan)

生于1923年，自1942年5月任苏联第62军第33近卫步枪师的一名列兵，负责侦查巡逻工作。他先后在高加索、卡拉奇、斯大林格勒和乌克兰作战。

格哈德·明希(Gerhard Münch)

生于1915年，在1941年，他成为第71步兵师第194步兵团的一名副官。1942年，他所在的部队第一个到达斯大林格勒的伏尔加河。1943年1月22日，他逃出了斯大林格勒的包围圈。战后成为西德陆军的一名将军。

娜杰日达·瓦西里耶夫娜·娜菲奥多娃(Nadezhda Vasilievna Nefyodova)

生于1927年，生活在白俄罗斯明斯克东部五十公里处的一个叫作乌斯亚察的村庄，当德军踏入这个村庄时，她刚好十四岁。她的一家蒙受了巨大的苦难，她的兄弟被德军所杀，姐姐被苏联游击队所杀。

弗拉基米尔·蒂莫费维奇·奥格里兹科(Vladimir Timofeevich Ogryzko)

生于1917年，在1939年成为内务人民委员会莫斯科分部的一名初级官员。在1941年10月莫斯科的恐慌气氛中，他负责指挥一个秘密的安全机构，帮助维护社会的日常秩序。1941年冬，作为内务人民委员会的一名官员，他同后卫师在莫斯科前线并肩作战。

罗穆亚尔德·皮拉辛斯基(Romuald Pilaczynski)

1927年出生于彼得哥什的一户波兰中产阶级家庭，在纳粹重新界定波兰边境之后，这一地区成为阿尔贝特·福斯特的管辖范围。他的家庭被纳粹划分为“第三等德国人”。

奥托·皮克哈姆(Otto Pirkham)

作为一名奥地利的外交官员，他见证了希特勒和奥地利总理许士尼格于1938年2月12日在贝格霍夫的会面。

尼古拉·瓦西里耶维奇·波诺马廖夫(Nikolay Vasilievich Ponomariev)

生于1916年，战前是总参谋部的一名通信官，自1941年7月起担任斯大林的发电专员直至战争结束。

季娜伊达·格里戈利耶夫娜·皮特基娜(Zinaida Grigorievna Pytkina)

生于1921年,以苏联第88坦克旅一名护士的身份参加了斯大林格勒保卫战。1943年以一名中尉和反情报官员的身份被选调至"SMERSH"组织工作,同第3坦克军第54坦克旅总部一同开展工作。

吕迪格·冯·赖歇特(Rüdiger von Reichert)

生于1917年,1936年加入纳粹国防军,1941年成为德国中央集团军群第4军第268步兵师的一名炮兵军官。战争末期,他成为总参谋部一名少校,战争结束后,他逐步晋升为西德陆军的一名将军。

瓦尔特劳德·雷斯基(Waltraud Reski)

生于1934年,苏联红军于1945年焚烧了她位于东德代明市的家园,当时她仅有十一岁,她的母亲遭苏军士兵多次强奸。

阿纳托利·伊万诺维奇·列娃(Anatoly Ivanovich Reva)

生于1935年,在德军占领乌克兰东部哈尔科夫时他只有六岁,他的父母一死一伤,他只好流落街头,后来被安置到孤儿院,在那里他差一点被饿死。

赫伯特·里希特博士(Dr Herbert Richter)

生于1899年,曾以一名士兵身份参加第一次世界大战。1924年进入德国外交系统,先后驻在罗马、孟买和科伦坡。

尤塔·吕迪格(Jutta Rüdiger)

自1937年至1945年担任"德国少女联盟"(BDM,希特勒青年团的年轻女性分支组织)的领头人,孩提时代见证了法国占领德国鲁尔。

瓦尔特·谢弗—科内尔特(Walter Schaefer-Kehnert)

生于1918年,以第11装甲旅一位炮兵军官的身份先后在基辅、乌曼、维亚济马和莫斯科作战,1944年5月,他所在的部队被派往法国。

阿尔贝特·施奈德(Albert Schneider)

生于1923年,以德军第201炮兵营一名战士的身份先后在明斯克、鲍里索夫、斯摩棱斯克作战,部队后来曾一度距离莫斯科仅有三十公里。1942年,他被调至第101炮兵营,该营部署在斯大林格勒附近。

曼弗雷德·弗赖赫尔·冯·施罗德(Manfred Freiherr von Schröder)

生于1914年,于1933年11月加入纳粹党,1938年进入德国外交部。1937年至1938年间,他是纳粹党卫军骑兵队的一员,1942年5月至1943年8月,加入纳粹国防军在东线作战。

苏西·塞茨(Susi Seitz)

生于1923年,1938年3月,林茨市的民众列队热烈欢迎希特勒进入奥地利,当时她才十五岁,也站在欢迎队伍中。后来,她成为奥地利的希特勒青年团的一名骨干。

格奥尔吉·瓦勒利耶维奇·塞门亚克(Georgy Valerievich Semenyak)

生于1921年,后来成为苏联第204师的一名战士。随后参加了在白俄罗斯的战斗,于1941年7月6日在明斯克附近被德军俘虏,他同时也是在战争早期被德军俘虏并最终存活下来的少数人之一。战争结束后,他在工作岗位上因曾经当过俘虏而受尽歧视。

梅莱蒂·塞梅纽克(Meleti Semenyuk)

生于1912年,生活在乌克兰格洛霍夫附近的一个小村子里。战争期间,他加入了乌克兰民族主义游击队,同时抗击德军和苏联游击队。

维耶拉·西尔基奈特(Viera Silkinaite)

生于立陶宛的考纳斯,在十六岁的时候,她见证了德军占领初期在此对立陶宛犹太人的杀戮。

弗里多林·冯·斯鲍恩(Fridolin von Spaun)

生于1900年,第一次世界大战后,自愿加入右翼的巴伐利亚自由军团,并曾参与针对波兰的行动。在希特勒掌权后,他主要致力于纳粹在德国的宣传工作。

莱因哈德·施皮茨(Reinhard Spitzy)

出生在澳大利亚,后来加入纳粹党卫军,在20世纪30年代任约阿希姆·冯·里宾特洛甫的下属。战争期间,他在德国的情报部门工作。

约阿希姆·施滕佩尔(Joachim Stempel)

生于1920年,曾任第14装甲师第108装甲投弹团的一名中尉。后来在斯大林格勒被围困,他的父亲作为一个步兵师的总指挥在围困中自杀。1943年至1949年间,他以战俘身份存在。

维克多·阿道夫维奇·斯特拉兹多夫斯基(Viktor Adolfovich Strazdovski)

生于1923年,于1941年自愿加入苏联红军,以第32军第18师第52步兵团一名列兵的身份先后在维亚济马、斯大林格勒和库尔斯克作战。

费奥多·达维多维奇·斯维尔德洛夫（Fyodor Davidovich Sverdlov）

生于1921年，后来成为苏联第49军第19步枪旅一个步兵连的指挥官。1941年冬，为保卫莫斯科，他和战友们在库宾基一带作战。

阿尔农·塔米尔（Arnon Tamir）

1917年生于斯图加特，曾经热衷参加希特勒青年团运动。1938年纳粹大举将犹太人驱逐到波兰，塔米尔也是遭驱逐人群中的一员，但他后来设法逃到了巴勒斯坦。

威廉·泰尔—尼登（Wilhelm Ter-Nedden）

生于1904年，1937年加入纳粹党。1941年夏，他成为东部地区负责经济事务的副主管，在东部德占区，他还曾任罗森贝格的下属。德国占领乌克兰期间，他见证了罗森贝格和科赫之间极度不和谐的关系。

赫尔曼·特舍马赫（Hermann Teschemacher）

在20世纪20年代曾是活跃的右翼分子，随后加入纳粹党。战争期间，他曾在东线作战。

沃尔夫冈·托伊贝特（Wolfgang Teubert）

20世纪20年代末期在德国东部加入纳粹冲锋队，战争期间加入德国陆军在东线作战。

米哈伊尔·伊万诺维奇·季莫申科（Mikhail Ivanovich Timoshenko）

生于1909年，后来被编入第44乌克兰师参加对芬兰的作战。1941年6月，他和战友们共同抵御德国对苏联边境的首轮进攻，结果铩羽而归。1941年末，他成为敌后游击队中的一名政委。

瓦尔特·特拉彭勒（Walter Traphöner）

生于1908年，后来成为纳粹党卫军骑兵团的一名列兵，1942年12月在战争中受伤，后被送回德国。

伊万·斯捷潘诺维奇·特列斯科夫斯基（Ivan Stepanovich Treskovski）

生于1928年，生活在白俄罗斯的明斯克东部五十公里处的一座叫乌斯亚察的小村子里。他和村民娜杰日达·娜菲奥多娃一样，也见证了德军和苏联游击队的凶残。

斯坦尼斯洛·乌尔班奇克教授（Professor Stanislaw Urbanczyk）

他是克拉科夫的杰格隆尼大学的一名学者，后来被纳粹关进萨克森豪森集中营，在那里待了十四个月后，于1940年圣诞节被释放。

鲍里斯·弗拉基米罗维奇·维特曼（Boris Vladimirovich Vitman）

生于1920年，曾在西南前线担任第6军总部的一名情报官。1942年参加了以失败收场的哈尔科夫战役，在德军对巴尔文科沃一带实施包围时被俘。

赫尔穆特·瓦尔茨（Helmut Walz）

生于1922年，曾是第305步兵师的一名列兵，1942年10月，参加了在斯大林格勒与苏联红军进行的短兵相接的战斗，于10月17日身受重伤，战争的后半程在医院度过。

塞缪尔·维伦贝格（Samuel Willenberg）

1923年出生于波兰的一户犹太人家庭，1942年被纳粹赶入特雷布林卡灭绝营，在经历一系列惊险事件后于1943年成功逃脱，后来加入波兰地下组织，打击纳粹势力。

加布里埃莱·温克勒（Gabriele Winckler）

20世纪30年代期间在德国从事文秘工作。

约翰内斯·察恩教授（Professor Johannes Zahn）

生于1907年，1929年获法学博士学位。1933年至1934年间，他在德国银行中央联合会工作，1935年任德国银行学会执行主任。1939年至1945年间，他在纳粹国防军内部工作，在此期间，他同时还是比利时英资银行、美资银行的德方行政主管。

彼得拉斯·基里扬卡（Petras Zelionka）

1917年出生于立陶宛的一户农民家庭，1941年加入立陶宛军队，作为一名犹太人居住区守卫，他见证了军队在考纳斯第七要塞残杀犹太人的场景，后来他本人也参与了无数次与此类似的屠杀。1948年，依据苏联审判结果，他被发配到西伯利亚劳动改造二十年。

欧根·齐尔克（Eugen Zielke）

他生活在波兰的罗兹，有日耳曼血统，父亲开了一家食品店。1940年，也就是在他刚二十几岁的年纪，当地的很多犹太人被赶进了罗兹的犹太人居住区，他们一家通过向犹太人高价售卖商品而大发横财。